洪巍城 著

新时代
中国公务员
职业道德建设研究

上海三联书店

摘　　要

公务员职业道德是指公务员在职业活动中应当遵循的道德准则与道德规范，以及与之相适应的行为及其品质和情操的统称。公务员职业道德是在现代社会的职业分工基础上发展而来的，对国家经济运行和社会道德环境具有巨大的影响。公务员职业道德建设关系着党的执政基础的稳固性和国家治理体系与治理能力现代化，新时代的到来对我国公务员职业道德建设又提出了诸多新的挑战，迫切需要进行新的理论探索。现有的研究大多从行政伦理和政治伦理的角度对公务员职业道德建设进行了深入研究，但从马克思主义视角进行的研究尚不多见，尤其是从思想政治教育视角进行的论述较少，本书对此进行了较新的尝试。

本书以新时代中国公务员职业道德建设为论题，采用文献分析法、历史研究法、多学科综合研究等方法对公务员职业道德建设的历史、现状和趋势进行了深入考察，对公务员职业道德建设的经济基础、政治基础和社会文化环境进行了探讨，对影响公务员职业道德建设的制度因素、组织因素和个体因素进行了分析，对职业道德形成与发展的各个阶段进行了深入剖析。在借鉴中国古代官德建设经验和国外公务员职业道德建设经验的基础上，提出了综合性、系统性的建设对策。本书主要分为七个部分：

第一部分,绪论。主要阐述了本研究的缘起和意义,对国内外研究现状进行了评述,对核心概念进行了辨析,阐明了本研究的重点难点和研究的创新之处,对本书的多种研究方法进行了阐述。

第二部分,新时代中国公务员职业道德建设的概说。从分析新时代公务员职业的特点入手,对我国公务员职业道德的主要内容和具体特点进行了阐述。

第三部分,新时代中国公务员职业道德建设的理论基础和借鉴。主要挖掘了马克思主义经典文献对道德和公职人员道德的有关论述,运用历史唯物主义这个主要工具对公务员职业和职业道德的形成、内在矛盾及其解决进行了分析。重点论述了我们党员领导干部道德建设思想和公务员职业道德建设的思想,借鉴了西方行政伦理学的有益的方法。

第四部分,中国公务员职业道德建设的历史回顾与经验。该部分以中国化的马克思主义干部道德思想发展为红线,考察了新中国成立以来中国干部道德建设、公务员职业道德建设的成就和历史,总结了建设过程中取得的经验和教训。

第五部分,当前我国公务员职业道德建设存在的问题和面临的挑战。该部分在国内重要的系列报告等文献数据的基础上、结合我国有关部门的公开数据深入分析了我国公务员职业道德建设的现状、存在的主要问题和新时代条件下所面临的挑战。

第六部分,古今中外公务员职业道德建设的经验借鉴。对我国传统官德建设经验进行了考察,对国民党统治时期公务员职业道德建设的历史教训进行了分析,考察了以美国代表的欧美国家公务员职业道德建设的经验,深入分析了和中国文化背景有渊源的日本、新加坡和韩国公务员职业道德建设经验,从不同的角度启示了我国公务员职业道德建设的方法与路径。

第七部分,新时代中国公务员职业道德建设的原则和路径。本章论述了公务员职业道德建设要遵循的几个原则,然后重点从国家、组织部门和公务员个体三个层面、内化和外化两个阶段论述了如何进行公务员职业道德建设,阐明了公务员职业道德建设的前提、方法、主要途径和关键之处。本书较为全面而又有所侧重地论述了公务员职业道德建设的各个方面,强调了个人修身养性的重要性和制度建设的基础性。

关键词:新时代;公务员;职业道德;建设

目　录

绪　　论

　　公务员是国家干部队伍的核心组成部分,他们的职业道德水平体现了国家行政道德的整体水平。同时,公务员也是整个社会人群的核心群体,他们的职业道德状况对其他群体具有巨大的示范、引导作用。抓好公务员职业道德建设是实现中华民族伟大复兴、建设中国特色社会主义事业的重要抓手。上世纪 90 年代以来,中国公务员以总体良好的职业道德支撑了中国近 30 年来改革开放的巨大发展,中国公务员的良好服务与其他因素一起推动和支持了中国的迅速崛起,否定这一点就无法正确认识公务员制度建立以来的巨大成就。

　　公务员职业道德涉及政治信念、个人修养、职业操守、组织文化、政治制度、社会环境等诸多方面,影响公务员个人道德和行政组织道德的因素纷纭繁杂。人们往往根据自己的经验和知识结构提出各种见解和解决方案,观点和立场具有高度的丰富性、层次性。但是无论怎么解释和分析,人们都一致同意公务员职业道德的核心规范是廉洁、高效、为民。广大人民群众对公务员群体诟病最多的是个别公务员的腐败和道德失范问题。在实践中,有人认为公务员职业道德建设就是反腐倡廉,以反腐倡廉建设代替公务员职业道德建设,这是有失偏颇的。

　　十八大以来的反腐倡廉工作确实取得了举世瞩目的成就,习近平总书记在中国共产党第十九次全国代表大会上也指出:"坚持反腐败无禁区、全覆盖、零容忍,坚定不移'打虎'、'拍蝇'、'猎狐',不敢腐的目标初步实现,不能腐的笼子越扎越牢,不想腐的堤坝正在构筑,反腐败斗争压倒性态势已经形成并巩固发展。"①党的反腐工作确实赢得了广大人民的心,也获得了广大公务员的热烈拥护,群众对清除党员干部队伍中的害群之马纷纷拍手称快。应当说十八大以来的反腐败斗争大大推进了党的各方面建设,也加强了党和群众之间的血肉联系,夯实了党和国家的执政基础,但是反腐败并不是公务员职业道德建设的唯一内容。"如果把公务员职业道德建设停留在消除腐败现象的手段上,停留在人们对自身利益的关注上,就不可能熏陶、培养起高尚的行政伦理人格,不能培养出言行一致、表里如一的道德上的真君子,公务员的自由、全面发展也就不可能得以实现。"②十八大以来我国各项发展都呈现欣欣向荣的趋势,即使世界经济连续多年低迷,我国经济一直在压力下保持较高的增长速度。国家发展总体态势向好、中短期下行压力较大的情况下,公务员却是不易受经济影响的职业,理应更加体现出公务员勤政廉政,但事实上在前几年仍然有个别部门和个人不仅不为国分忧,反而趁此大搞权力寻租。一些部门的个别公务员和少数党员领导干部出现了懒政、庸政、怠政的现象,不贪污但也不干事,"脸好看、门好进、话好听,事难办"。甚至极个别公务员和领导干部打着反腐、维稳的旗号阻挠改革和各项建设,大大延误了社会主义事业的发展,给党和国家造成巨大的损失。李克强总理曾经强调:"拿

---

① 《中国共产党第十九次全国代表大会文件汇编》,人民出版社 2017 年版,第 7 页。

② 刘余莉:《高度重视公务员职业道德教育》,《长白学刊》2012 年第 2 期,第 135—138 页。

着俸禄不干事也是一种腐败。"①习近平也指出："我们大多数领导干部能够做到责任在心、担当在肩，但的确也有一些领导干部不思进取、为官不为，抱着'当一天和尚撞一天钟'的心态，只要不出事，宁愿不做事，满足于做四平八稳的'太平官'。"②在这个迫切需要打破束缚，创新经济发展模式的新时代，这一小撮人的懒政怠政成为阻碍全面建成小康社会和实现中国梦的因素之一。因此，公务员职业道德建设并非可以用反腐败取而代之。相反，反腐败只是公务员职业道德建设的手段之一而不是目的。在反腐败的基础上建立一个廉洁、高效、为民的公务员队伍是推进国家治理体系和治理能力现代化的必然途径。正是在这个意义上，公务员职业道德涉及政治、经济、文化、教育、行政体制、制约监督机制、道德伦理等多方面的因素，是一个复杂的多维度系统，深入研究公务员职业道德建设具有重要的意义。

公务员职业道德建设涉及哲学(伦理学)、思想政治教育学、政治学、法学、经济学、公共管理学等诸多学科，是一个交叉性的领域，以马克思主义理论统领这个跨学科的研究，对公务员职业道德的产生、发展、趋势和各种影响因素进行分析，深入开展新时代公务员职业道德建设研究对马克思主义理论发展和中国特色社会主义现代化建设都具有重要的意义。

一、选题的缘由及研究意义

道德是调节社会关系的重要手段，职业道德更是现代社会得以正常运行的关键，其中以公务员职业道德为首要。自古以来社会管理者的道德水平对整个社会的道德状况具有举足轻重的影响，公务员职业道德在今天的社会道德中仍然处于核心地位，是国家政治和社会生活

---

① 《李克强：拿着俸禄不干事也是一种腐败》，中央政府网，2015 年 2 月 10 日。http://www.gov.cn/xinwen/2015-02/10/content_2817231.htm。

② 习近平：《习近平谈治国理政》(第二卷)，外文出版社，2017 年版第 146 页。

中最重要的职业道德。加强对公务员职业道德建设的研究是思想政治教育领域的学者不可忽视的工作。

（一）选题缘由

人类社会有明确文字记载的历史已经超过 5000 年，统治者、管理者或者官员的为政之德伴随了整个人类文明史。为了使社会更加稳定、人们的生活更加幸福，古今中外的先贤们对如何搞好管理者职业道德进行了持续不懈的努力，提出了无数的解决方案，但直到今天，全世界的官员道德、公务员的职业道德经历了数千年的探索后依然是一个未能解决的重大问题。那么究竟是什么原因导致这个问题无法解决？这是本研究置之其上的千古疑问。本研究试图在马克思主义理论指导下对其窥探一二，这是其一。

其二，自西方国家公务员制度产生以来，公务员职业道德建设就一直是世界各国政治与行政领域的改革重点之一。西方国家基于各自不同的国情，创造出了无数约束和激励公务员的体制机制，就是为了实现资本主义国家的公务员为社会提供良好的公共服务，以实现资本主义国家的长久统治。但西方国家数百年来的公务员职业道德建设并未杜绝公务员腐败、渎职和态度消极、职业倦怠等问题，即使是西方号称最清廉的北欧国家也承认腐败和道德失范仍然是公务员队伍中的一个需要长期努力的课题，号称"民主自由"的美国从上世纪的"水门事件"到克林顿的性丑闻，再到这两年特朗普的各种"不靠谱"行为，美国最高领导人的职业道德问题一直是世界关注的重大新闻。为何号称最发达的资本主义也无法解决统治者的道德失范问题？为什么西方发达国家付出了数百年的努力只是一定程度上遏制了腐败和道德失范的高发，还根本远远谈不上彻底解决这个问题，其背后的最根本的政治和社会经济原因是什么？本研究试图对此探究一二。

其三，马克思恩格斯在著作中提出过要对公职人员进行监督和限制,苏联共产党在执政的 70 多年实践中也多次努力消除腐败,赫鲁晓夫甚至还因为试图与特权现象做斗争而下台。但直到苏联解体也始终未能建立起有效的反腐败和道德监督机制,这很大程度上导致了苏联的崩溃,导致苏共失去了民心。中国共产党也是一个执政已经 70 多年的大党,但是我们党并没有如西方所希望的那样因蜕化、堕落而崩溃,相反,我们党在伟大的社会主义建设和斗争中越来越兴旺,人民越来越支持我们党和国家,干部群众越来越凝心聚力,为实现中华民族伟大复兴而共同努力。那么为什么同样是社会主义大国、共产主义大党,苏联、苏共却因为无法解决公职人员的职业道德问题和腐败而崩塌,而我们中国、我们中国共产党却能欣欣向荣? 这是本书研究努力探究的问题。

其四,我国上世纪 80 年代以来的干部人事制度改革的重要目的之一,就是把我国公务员队伍从国家干部队伍中分离出来,以便进行有效的管理,提高公务员职业道德水平,促进为人民服务水平的提高,以实现党和国家的高效治理、发展中国特色社会主义事业。我国公务员制度产生以来也在实践中不断探索公务员职业道德建设的途径,通过各种制度建设和教育培训,取得了较好的成效。可以说,我国公务员的良好素质和道德水平是支撑中国 20 多年来国家迅速发展的重要支柱之一。取得的成就不容否认,但是相对人民群众的期望,公务员职业道德水平还存在较大的差距。传统的教育和管理方式并没有取得预期效果,甚至有一个时期公务员的职业道德失范问题成为全社会关注的焦点,导致一方面公务员的辛苦劳动有效地支持了中国社会的迅速发展,另一方面在群众中的口碑却不太佳,其原因值得深思。令人振奋的是,十八大以来的公务员职业道德状况在党的治理下发生了重要转变,公务员职业道德建设取得了较大的进展,人民群众的满意度迅速上升。那么,同样是这一群公务员,为何在党的十八大前后发生如此大的转变？这也是本研究所要重点解决的问题之一。

最后，新世纪以来，公务员职业道德问题一直是社会关注的焦点，各种"艳照门""日记门"事件层出不穷，人民群众对此类现象深恶痛绝，党和国家高度重视，掀起了一次又一次的反腐败高潮和干部思想道德教育高潮。十八大以来，党和国家反腐的力度空前加大，腐败分子不断被揪出曝光，从普通科员到中央政治局常委都一视同仁，表明了党和国家对腐败的零容忍态度，也表明了对国家干部尤其是公务员道德失范现象的高度重视。近年来，党和国家新修订了《中国共产党纪律处分条例》《中国共产党廉洁自律准则》《党政领导干部生态环境损害责任追究办法（试行）》等体现新时代发展理念的法纪法规，可以说将制度的笼子扎得越来越紧，从治标走向了治本。即便如此，仍然有不少公务员敢冒天下之大不韪顶风作案，贪污受贿、跑官卖官、违反八项规定等事件仍然时有发生。十八大之后到今天，公务员道德建设越来越好，成绩获得全体党员和人民群众的充分肯定，在社会道德生态中起到了中流砥柱的作用，那么如何进一步抓好新时代公务员职业道德建设、以什么做为"抓手"，走什么方法路径？这是本文研究的主要内容。

种种迷惑，万般解释，在众说纷纭的背后必定有一个多维度的真相，本研究试图以思想政治教育学和伦理学交叉的视角对这个事实的背后真相窥探一二，旨在对新时代中国公务员职业道德建设的理论与实践有所创新。

（二）研究意义

1. 实践意义

公务员职业道德建设研究首先是加强国家公务员队伍建设、推进国家治理体系和治理能力现代化的需要。公务员队伍是代表统治阶级具体履行国家权力的群体，他们的职业道德状况体现了党和国家建设与治理的水平。当代中国正在进行深刻的现代转型,经济范畴的转型升级、政治范畴的民主法治建设、文化范畴的传统文化的当代复兴以及社会治理和生态文明建设都强烈呼唤新的公务员职业道德出场。原有的公务员职业道德建设水平已不能适应时代的发展和要求,国家和社会都亟需公务员队伍能提供更好的服务以促进社会主义建设事业的发展。新华社曾点名批评少数干部"没想法、没办法、没担当",对创新发展方式不善干,其实就是在于部分干部在新常态下的不适应表现,最主要的是思维方式和思想觉悟没有跟上。① 当前仍然有少部分公务员思想觉悟不高、形势认识不清、作风不佳,个别还有得过且过、混日子的苗头涌现,用所谓"干净就不干事、干事就不干净"的借口而懒政怠政、精神懈怠、没有担当,加上少部分腐败分子因恐惧反腐而混淆视听,抵制反腐风暴、推诿工作责任,甚至有极个别公务员暗中抵制国家正在大力推进的政府改革行动,成为"大众创业、万众创新"的阻力。因此,当前及今后一个时期亟需大力推进公务员职业道德建设,及时化解公务员道德领域出现的新情况,对维护社会公平公正、推动经济发展、促进就业创业、推进政府"放管服"改革具有重要的现实意义。

其次,进行公务员职业道德建设研究是巩固党的执政基础的需要。党的长期执政需要一系列、多维度的建设才能实现,其中包括国家治理能力建设、党的自身建设、国家与社会整体的意识形态建设等等,这其中就包含着公务员队伍的执政能力建设和职业道德建设。党的十九大指出:中国特色社会主义已经进入了新时代,"我国社会主要矛盾已经转化为人民日益增长的美好生活需要和不平衡不充分的

---

① 《工人日报:"没想法没办法没担当",请"对号入座"!》人民网,2015 年 12 月 16日。

发展之间的矛盾。"①"我国社会主要矛盾的变化是关系全局的历史性变化,对党和国家工作提出了许多新要求。"②新时代对包含公务员职业道德建设在内的一系列关键性建设提出了新的要求,要求公务员既要继承社会主义道德和优秀传统道德,又要提升和发展新的职业道德水平,这是关系到党能否长期执政、执政基础是否稳固的重大问题。

再次,新时代进行公务员职业道德建设研究是社会主义意识形态建设的需要。当今世界意识形态的斗争仍然激烈,社会主义国家和资本主义国家之间的意识形态斗争并未因苏联的解体而终止,中国仍然面临巨大的斗争压力,国家和社会整体的意识形态水平关系着执政的稳固性,而公务员职业道德建设的水平密切关系着党的执政合法性、稳固性。十九大报告指出,当前世界的主体仍然是和平与发展,但"意识形态领域斗争依然复杂,国家安全面临新情况。"③首先,西方国家对我国进行意识形态的渗透和演变的行为仍然没有放松,对我国进行意识形态的打压和斗争仍然存在甚至更尖锐,迫切需要我们党员、国家公务员能以具有底气的现实状态对压力进行回应,同时也要求我们理论工作者对中国公务员职业道德建设的历史经验和优势进行总结和提升,形成中国公务员的特色与核心竞争力,这对中国的国家竞争力乃至国家的崛起具有重要意义。再次,恐怖主义、宗教分裂主义仍然潜流奔腾。新世纪以来,随着世界恐怖主义活动的升级、中国在全球世界利益的拓展、边疆宗教与民族问题的凸显、社会阶层利益分化内部矛盾加大等一系列国际国内因素作用下,当前及今后一段时期,中

---

① 《中国共产党第十九次全国代表大会文件汇编》,人民出版社 2017 年版,第 9 页。

② 《中国共产党第十九次全国代表大会文件汇编》,人民出版社 2017 年版,第 9 页。

③ 《中国共产党第十九次全国代表大会文件汇编》,人民出版社 2017 年版,第 8 页。

国的政治安全、社会安全、经济安全、网络安全与生态安全等各种安全
形势处于一个形势严峻的时期。国外恐怖主义势力与国内极端宗教
势力和分裂势力纠缠在一起,宣扬极端宗教思想、制造新的恐怖主义
活动,妄图挑起民族矛盾、宗教矛盾而扰乱人民思想、分裂中国。从世
界恐怖主义的发展趋势来看,从中国现代化、全球化和民族融合的大
历史阶段来看,我国恐怖活动的阴影在未来一段时间内依然阴魂不
散。这些势力在国际国内污蔑党和国家的借口之一就在于个别党员
干部的腐败问题,他们将少部分党员干部、国家公务员的腐败与国家
政治制度联系起来,将少数民族发展不平衡的问题和民族制度联系起
来,从而否定党和国家的领导。因此,研究如何加强新时代公务员队
伍的职业道德建设对提高各地区干部尤其是基层干部的积极性、提升
党员干部形象、改善党和国家对边疆地区的治理水平具有重大的现实
意义,对改善党和国家在国际上的话语权也具有重要的支撑作用。

　　另外,在当今世界,中国的快速发展对西方国家来说被认为是一
种实际的威胁,对他们来说中国的政治体制和文化是异质性的,对中
国的发展而惴惴不安。也正是在这样的背景下,美国和欧洲等国家对
中国的崛起持有强烈的怀疑态度和阴暗的揣测,打压中华文化、遏制
中国发展或许是未来数十年的欧美国家的重要考量。对我国来说,虽
然在短短四十年的时间里迅速崛起,但我国的文化传统依然在坚守与
流变中前行,短短几十年的惊涛骇浪极大的改变我国的传统文化中的
某些因素,但对数千年来形成的文化来说尚算短暂的改变,大量糟粕
与优秀传统都同时继承下来了。中华民族经历了灾难深重的民国时
期,受到了多国的入侵差点亡国灭种,从五四运动到建立新中国,革命
文化、社会主义文化大大影响了传统文化,中国人的民族心理和精神
在一百多年的历史中发生了巨大改变。旧的文化意识已经破灭,新的
文化意识尚未稳固。当改革开放的市场经济裹挟西方个人主义、拜金

主义等各种思潮涌入中国的时候,不少人未能坚守和继承优秀的传统文化和社会主义文化,使得包括不少公务员在内的大量人民群众产生了文化意识困惑,道德领域也是如此。因此,我国的公务员职业道德建设不仅仅关系着公务员自身的道德状况,还需要通过对优秀传统文化的继承,社会主义道德文化的弘扬,将新的文化沉淀下来成为民族的记忆和基因,从根本上慢慢改善道德水平,防止传统糟粕再次死灰复燃,以马克思主义和传统文化相结合支撑中国的崛起和中华民族的伟大复兴。因此,本书研究对弘扬中华文化、提升中国文化在世界上的地位具有重要意义。

最后,进行公务员职业道德建设研究是服务国家发展和深化改革的需要。中国近年来跃升为世界第二大经济体,成为世界经济发展的火车头和世界贸易的重要支柱,中国对外投资与贸易往来日益深化,以美国为首的西方世界对中国的崛起充满警惕与不安,尤其是欧美国家总有少部分利益集团和个人对中国的发展充满偏见和冷战思维,认为中国的崛起和欧美的崛起一样将会发动资源争夺的战争,炮制所谓"修昔底德陷阱",加紧了对中国的政治、经济围堵和军事威胁。以习近平为核心的党中央以极高的智慧和政治能力,以"一带一路"倡议、建设亚洲投资银行等为代表的一系列战略举措化解围堵中国的利益联盟。欧美国家还有少部分人以充满傲慢与偏见的方式面对中国的崛起,他们不是以求同存异的精神面对世界全球化发展的过程,而是以文明的冲突阐释世界的发展;他们认为中国的发展模式是对欧美民主体制和普世价值的威胁,时刻不忘加大对中国进行意识形态的宣传与渗透。美国政界自特朗普上台以来,其对待中国的战略态势从接触转向遏制,开启了全面转变对华态度的转型,中国将面临越来越复杂的世界局势。在这种情形下,中国要继续加大发展,党和国家继续坚持走中国特色社会主义道路,需要一方面要加大马克思主义理论教育和宣传力度,同时要坚持继承优秀传统文化,另一方面也要继续吸收世界一切文明成果为我所用,而肩负这项重大历史使命的最重要的主体之一就是中国公务员。公务员队伍是执政的主要力量,是中国特色社会主义的捍卫者和执行者,无论是进行"一带一路"大开发还是捍卫政治文化自主与领土完整,都需要公务员队伍提供领导、服务和支持,因此加强公务员队伍的思想政治工作和职业道德建设也是保障党的领导、坚持社会主义方向的重大举措。

2008年国际金融危机以来,世界政治经济形势发生了深刻的变化,中国的发展方式也转入一个"提质换挡"的时期,主要表现为原有的靠要素投入而增加发展速度的模式已经失灵,当时国家和地方投入巨额资金应对经济危机、提升经济发展,取得了巨大成效,但是也留下了大量的后遗症,并且近几年的事实表明,通过扩大出口、增加投资、扩大货币供应量等方式刺激经济发展已难以为继,这就是习近平总书记所提出的"新常态"经济背景。在新常态条件下,党和国家提出以"供给侧结构性改革"的方式提升经济,具体表现为淘汰落后产业、清理僵尸企业、提升老产业的科技含量与生产力、加大扶持新兴产业、培育新的经济增长点、改革国有企业、简政放权、土地改革、金融改革、提升创新能力等等,也就是要提高全要素生产率,提高各个环节的发展质量和效率。供给侧改革的关键之一在于政府改革、政治改革,以放松管制、提供优质高效的公共服务、提供公平公正的发展环境来促进经济发展。这对政府本身提出了更高的要求,必须一方面砍掉自身的部分权力,一方面增加服务的供给,同样这也是对公务员队伍提出的更高要求。从另一个层面来说,新常态的经济发展问题也是政治问题。一方面,中国必须保持较高的发展速度以体现社会主义制度的优越性,另一方面必须保持一定的速度以实现党和国家发展目标的政治承诺。中国如果在近阶段发展速度低于一定的水平,不但不利于各种社会矛盾、发展矛盾的缓解，而且会导致党的执政合法性的削弱。从目前的社会舆论与工作现实来看，人民群众与被服务单位、企业对公务员队伍的评价与党和人民对其的期待还有着巨大差距，这说明公务员队伍所提供的服务人民群众还不够满意，还有些不该管的管得多，该管的管得少。这些都从一定程度上影响到党的执政基础的稳固。公务员职业道德建设是关系到党和国家长治久安的重要内容，公务员队伍亟需加大思想解放、迫切需要更主动负责、更优质高效的职业素养来应对这一切。从某种程度上说，供给侧的改革，就是政府改革、就是公务员队伍改革，也是公务员职业道德建设体系的改革，研究公务职业道德建设对服务经济服务社会具有强烈的现实作用。

2. 理论意义

首先，公务员职业道德建设研究丰富思想政治教育学科理论，促进学科发展。职业道德建设研究是思想政治教育理论视域中不可缺少的部分，对思想政治教育学科的发展具有促进作用，新时代公务员职业道德建设的研究是当代马克思主义实践研究的重要领域之一。马克思主义经典作家并没有留下专门论述道德伦理的著作，而他们丰富的伦理思想散见于《德意志意识形态》《神圣家族》为代表的一系列著作当中，如何精炼出来并形成系统的马克思主义伦理学是众多马克思主义者奋斗终生的任务。苏联的季塔连科、阿尔汉格尔斯基，我国的李奇、周原冰、沈善洪、陈瑛、朱贻庭、章海山、罗国杰、宋希仁、唐凯麟为代表的诸多著名马克思主义伦理学家前赴后继地做出了巨大的贡献，建立了一个马克思主义伦理学框架，但是在这个框架内还留有诸多的研究空间让后人探索。另外，我国思想政治教育学科的开拓者张耀灿、郑永廷、林泰、陈秉公、吴潜涛、罗洪铁等学者也对职业道德的有关问题进行过涉猎，尤其是道德教育这部分内容非常重视，不过由于学校德育的主阵地作用，他们都相对关注学生群体的道德教育，对社会群体的道德教育关注相对不多,因此针对公务员群体的职业道德教育和职业道德建设的研究在思想政治建设领域还有待深化,本研究对此进行具体研究,也是为思想政治教育学理论的发展略尽绵薄之力。

其次,新时代中国公务员职业道德建设研究是落实研究习近平新时代中国特色社会主义思想的具体举措。邓小平指出:"中国的事情能不能办好,社会主义和改革开放能不能坚持,经济能不能快一点发展起来,国家能不能长治久安,从一定意义上说,关键在人"。① 公务员是办好中国事情的关键人群,他们的职业道德归根结底是其道德的内化问题,外在的规范固然非常重要,但最终必须形成内在的理解和外在的行为,达到外在规范的内化"随心所欲而不逾矩",这样才能从不敢腐、不能腐走向不想腐的境界。我国公务员的职业道德既发扬社会主义道德,又继承优秀传统文化中的精华,是马克思主义道德理论在中国实践中的具体体现。毛泽东、邓小平等老一辈无产阶级革命家对干部道德、社会主义道德进行了有益的探索,开创了新中国的崭新风气和道德风尚。江泽民、胡锦涛等党和国家领导人根据时代的变化对公务员职业道德建设进行了巨大的努力,取得了辉煌的成就。十八大之后,以习近平为核心的党中央领导全国人民迈入了中国特色社会主义新时代,公务员职业道德建设迈上了新台阶。可以说,我国公务员职业道德建设伴随、体现了中国特色社会主义理论的各个阶段,它是马克思主义中国化的产物,反过来它的进步体现了中国化的马克思主义的发展和创新。在这个波澜壮阔的新时代,公务员职业道德建设亟需进行新的理论总结和提升,对新时代公务员职业道德建设思想进行解读、阐释和弘扬,就是具体落实研究习近平新时代中国特色社会主

---

① 《邓小平文选》(第3卷),人民出版社,1993年版,第380页。

义思想的现实举措,具有重要理论和实践意义。

二、国内外研究现状述评

国内外对公务员职业道德建设的研究可以说成果丰硕,从政治学、伦理学、公共管理学、公共行政学、心理学和思想政治教育学等诸多学科都对公务员职业道德问题有所涉猎,其中最重要的成果集中在思想政治教育学、伦理学和政治学领域,尤其是国内的思想政治教育学和国外的行政伦理学对此课题研究较为深入。

(一)国内研究现状及述评

国内对公务员职业道德的研究是随着我国公务员制度的逐步形成而兴起的,尤其是 1993 年《国家公务员暂行条例》的颁布标志着我国公务员制度的正式诞生,公务员职业道德问题也逐步纳入主流学者们的研究范畴。同时代的美国学者库珀的《行政伦理学:实现行政责任的途径》一书被翻译介绍到国内学术界,开阔了当时国内学者的视野,使我国公务员职业道德问题与国际前沿接轨。由于"公务员"概念是舶来品,是近现代社会的产物,具有典型的时代含义,而职业道德则是自古就存在的传统精神,尤其是我国优秀传统文化中的官德更是当代中国行政人员的精神养分,加上经过中国化的马克思主义的职业道德观,共同构成了我国公务员职业道德的三大精神资源。不同的研究者从不同的角度出发,他们研究当代中国公务员职业道德建设也各自有所侧重。有的是以西方公共管理伦理学或行政伦理学为主要指导理论,以"人性的自私""人的理性"为基本前提,追求对公务员职业道德现象和道德问题进行类似自然科学的实证研究或至少进行以"自私人"为前提的规范性分析;有的是侧重于中国传统伦理文化模式下的道德研究,主要特点是以个人的修身为本,以儒家的"修齐平"为路径,试图以道德教育和修养实现公务员职业道德的提升;有的是坚持马克思主义立场,不预设人性和道德立场,在具体的历史环境下科学分析公务员职业道德的现象和问题,坚持继承传统道德的精华、坚持弘扬现代社会主义道德文化。这些研究各有千秋的学者经过时代的磨砺,思想观点互相借鉴、互相竞争,形成了各自的特点和长处。三者都承认对当代公务员职业道德建设亟需加强,建设的途径也都认为教育、制度、机制等等都需要改进与完善,不过三者的侧重点有所区别,各自内部也分为不同的研究类型。当前国内涉及公务员职业道德的文献从阐述角度来说主要从行政伦理、行政道德的视角、职业道德的视角、思想政治教育视角、党员干部的廉政教育和理想信念教育的视角等几个方向来阐述公务员职业道德建设。

通过中国知网的主题检索和相关文献检索,发现国内研究情况如下:截至 2018 年 6 月 30 日,以"公务员职业道德"为"主题"在中国知网进行搜索,共有文献 688 条,其中期刊论文 372 条,硕博士论文 266 篇,博士论文 20 篇,2013 年以来博士论文 10 篇;以"公务员职业道德"为"关键词"在中国知网进行搜索,共有文献 15 条,其中期刊论文 8 篇,硕士论文 5 篇,无博士论文;以"公务员职业道德建设"为"主题"进行搜索,相关文献共有 468 条,其中期刊 236 篇,硕博士论文 156 篇,其中博士论文 13 篇(2013 年以来共 6 篇);以"公务员职业道德建设"为"题名"在中国知网进行搜索,共有相关文献 234 条,其中期刊 150 篇,硕博士论文数同上。

截至 2018 年 6 月 30 日,以"官德建设"为"主题"进行搜索,相关文献共有 932 条,其中期刊 674 篇,硕博士论文 104 篇,其中博士论文 24 篇(2013 年以来共 12 篇),十年内与本文相关性较强的论文有 12 篇;以"官德建设"为"题名"在中国知网进行搜索,共有相关文献 932 条,其中期刊 674 篇,硕博士论文 22 篇,其中博士论文 6 篇。以"行政道德"为"主题"进行搜索,共有文献 2671 篇,其中期刊 1748 篇,硕博士论文 851 篇,其中博士论文 97 篇,2013 年以来共计 38 篇;以"行政道德"为"关键词"进行搜索,共有文献 460 篇,其中期刊 348 篇,硕博士论文 85 篇,其中博士论文 1 篇,2013 年以来共计 1 篇;以"行政道德"为"篇名"进行搜索,共有文献 759 篇,其中期刊 669 篇,题目含"行政道德"的硕博士论文 65 篇,其中博士论文 3 篇,2013 年以来共计 1 篇;以"行政伦理"为"主题"进行搜索,共计文献 3786 条,其中期刊 2542 篇,硕博士论文 1119 篇,其中博士论文 156 篇,2013 年以来博士论文 67 篇,但是本词条的检索大部分博士论文仅仅内容中包含"伦理"二字,且大部分论文与本主题无关。以"行政伦理"为"关键词"进行搜索,共计文献 1687 条,其中期刊 1198 篇,硕博士论文 333 篇,其中博士论文 9 篇,2013 年以来博士论文 3 篇,检索到的 9 篇博士论文中 6 篇与本主题相关性较大。

经过笔者阅读分析,以目标词汇进行主题搜索得到的文献与本文相关性最高,且论文数量最丰富,考虑到本书的时效性、阅读量本身的有限性,笔者通过相关性和重要性筛选,总共选取了 80 篇左右的博士论文进行参考,其中 30 多篇重要的论文作为参考文献,选取期刊文章约 130 篇进行了参考,其中约 70 篇作为参考文献。由于笔者的水平和能力有限,论文的选取和阅读可能有所疏漏,亟待有关专家批评指正。

当前我国对公务员职业道德建设进行相关研究的学者主要分布在马克思主义理论(含思想政治教育、政治学、马克思主义伦理学)、行政伦理学、公共管理伦理学和相关学科领域,尤其是马克思主义理论领域的学者对此进行了很多相关研究,如道德教育、政治伦理和行政伦理等主题的相关文献不少,但是直接研究公务员职业道德建设的尚不多见。本文将相关文献大致分为三类:

第一类是基于马克思主义原理,对公务员职业道德建设提出了具有历史唯物主义批判性看法的著作。这些著作的研究者认为道德是基于经济基础和阶级利益所决定的意识形态,任何伦理观念和道德信条都是由该社会的生产方式和统治阶级的切身利益所决定的,道德具有时代性,不是抽象的而是具体的历史的道德,他们反对抽象的道德语言和宗教迷惑,认为对具有生命力的传统道德需要在扬弃基础上的继承,而社会主义道德具有真实性的集体利益基础上的人道和公正,社会主义道德是承认个人价值基础上的集体主义的道德观。当代公务员必须以马克思主义理论为指导,坚持全心全意为人民服务,坚持群众是历史的创造者的观点,坚持群众路线和实事求是的品格,在道德实践中发展社会主义道德观念。

基于马克思主义理论指导的关于公务员职业道德建设的重要专著很多,主要集中在思想政治教育领域,他们主要从道德教育的角度进行了论述。陈万柏、张耀灿教授所著的《思想政治教育学原理》(第三版)认为:"思想政治教育是指社会或社会群体用一定的思想观念、政治观点、道德规范,对其成员施加有目的、有计划、有组织的影响,并促使其自主地接受这种影响,从而形成符合一定社会一定阶级所需要的思想品德的社会实践活动"。① 这显然将公务员职业道德教育内在地包含于其中。孙其昂教授的《现代思想政治教育学前沿》、邱伟光教授的《思想政治教育学概论》等著作均将职业道德教育包含于思想政治教育当中,从思想政治教育的整体角度指明了公务员职业道德教育与建设的模式与途径;韦冬雪教授在《对"道德教育"、"德育"和"思想政治教育"概念之辨析》一文中清晰地指出了这种概念的包含性。② 谭培文教授在《利益认同机制研究》一书中阐述了"反腐倡廉是社会主义

---

① 陈万柏、张耀灿:《思想政治教育学原理》第三版,高等教育出版社 2015 年版,第4 页。

② 韦冬雪:《对"道德教育"、"德育"和"思想政治教育"概念之辨析》,《探索》2007年第 1 期,第 120—123 页。

价值认同的重要利益机制"的观点,对公务员的廉政道德提出了基于利益视角的看法,他在《行政伦理是一种责任伦理》一文中以黑格尔的自由意志发展三个阶段的理论论述了公务员应当将以责任为核心的道德义务上升为行政伦理,[1]另外他又在《"懒政怠政"行为的责任良心的拷问》一文中深刻揭露了现阶段公务员"懒政怠政"行为的危害,进行了道德拷问,并针对这种行为提出了具有高度现实性和可操作性的解决办法:建立政府责任清单、进行公务员职业伦理教育、狠抓正面榜样示范和反面典型警示教育。[2] 张治忠的《生态文明视野下的行政价值观研究》从生态文明的视野提出行政伦理的生态化理念和"生态价值观应体现在公共行政人员的职业精神中"的观点。[3] 这类的专著和文章都具对公务员职业道德建设提出了具有重大研究价值的观点和方向,但是因为这些论著主题焦点不在于公务员职业道德建设,只能对公务员职业道德这个主题发出零星的、耀眼的闪光,未能继续深入阐述公务员职业道德的建设体系和理论基础。

基于马克思主义范畴的、研究公务员职业道德的相关博士论文不太多,但大多具有较高的研究水准。杨鑫(2009)的博士论文《我国公务员行政道德建设研究》从我国古代官德建设、国外公务员行政道德的理论与实践、国内行政道德建设的现状与发展等角度,考察了行政道德的历史来源和现实发展,总结了其存在的缺陷,在此基础上提出了当代公务员行政道德建设的选择路径。[4] 该博士论文考察行政道德的历史比较详实,缺陷总结到位,提出的解决方案具有一定的现实性,

---

① 谭培文:《行政伦理是一种责任伦理》,《成都行政学院学报》,2003 年第 9 卷第 1 期,第 8—9 页。

② 谭培文:《"懒政怠政"行为的责任良心拷问》,中国社会科学网,2015 年 6 月 23 日。http://www.cssn.cn/zzx/zgzz_zzx/201506/t20150623_2043516.shtml。

③ 张治忠:《生态文明视野下的行政价值观研究》,湖南师范大学 2011 年博士论文。

④ 杨鑫:《我国公务员行政道德建设研究》,中共中央党校 2009 年博士论文。

唯有在公务员行政道德的学理性挖掘上稍显不够,马克思主义的学科属性未能凸显。张永远(2010)的博士论文《马克思主义人学视域中的现代官德问题研究》以马克思主义人学观对现代官员道德进行了透视,其核心观点认为官德的形成需要考虑到人的需求和人自身的缺陷与特点,要以人为本来进行建设。该文对公务员职业道德建设具有较大的借鉴意义,对公务员的主体性进行了凸显,最终以达到人的全面的自由为目的,有较深的理论和现实意义。但是该文侧重于人的需求、人的本性、人的主体性等方面对官员道德的影响和诉求的研究,对官德的内部矛盾及其运动没有展开分析,因此论文的讨论尽管是有益的,但仍然有隔靴搔痒之遗憾,另外采用"官德"一词来继续描绘现代公务员职业道德已不妥当,其含义无法突破传统官德的影响,"官民"二分的范式难以摆脱,这与中国特色社会主义的现状不太符合。贾金易(2011)的博士论文《当代中国官德建设研究》以具有较宽泛含义的"官德"一词来研究公务员和其他行政人员的道德,对传统官德和西方官德进行了深入分析和借鉴,尤其是单独辟出一节论述巴黎公社和苏联时期的官德建设经验,针对中国官德的现状提出了他的见解,主要是着眼于完善权力运行体制、加强监督机制、强化规范、加强思想教育和政治教育。[①] 该论文在思想政治教育专业的博士论文中还是属于比较少见的,比较全面而且试图做出马克思主义的有关分析,其中有不少中国特色社会主义的相关分析,但遗憾的是未能真正将马克思主义的原理渗透到各个部分中去,思想政治教育的学理性尚未充分揭示出来。另外,该文以"官德"一词涵盖西方行政道德和国际共产主义运动中的公务员道德是不够恰当的。张丽娟(2011)的博士论文《我国党政领导干部道德评价标准研究》详细论述了细化、落实党政领导干部道

① 贾金易:《当代中国官德建设研究》,东北师范大学 2011 年博士论文。

德评价标准,对包含公务员职业道德评价在内的干部道德评价如何落实在干部考核当中进行了考察和努力,在一定程度上对公务员职业道德评价和考核的可操作化进行了发展。[①] 刘畅(2015)的博士论文《我国公务员职业伦理精神培育研究》认为公务员职业伦理的精神是需要培育的,把外在的制度规范转化为公务员自觉行为,核心是公务员职业伦理精神的内化。该文以哲学、伦理学以及心理学理论为基础,考察国内外公务员职业伦理精神培育经验教训,对我国公务员职业伦理精神培育提出了对策建议。[②] 该论文以公务员职业伦理精神作为切入点来研究如何培育公务员职业道德,与公务员职业道德建设的研究范畴有一定的重合,对本书的研究也有很大的借鉴作用,但该文过分注重精神现象的分析和解决途径,相对忽视了精神背后的重要物质和制度基础,马克思主义理论的深刻作用尚未贯彻到底。

褚玉清(2012)的博士论文《中国新时期官德建设研究》对新时期官德的基础理论、内外部机制进行了论述,论证了官德建设的实践路径。[③] 刘彦芬(2013)的博士论文《新时期中国官德建设研究》对当代领导干部官德的现状进行了考察,对官德建设理论进行了较为详细的分析,对官德失范的原因进行了深入分析,认为领导干部官德失范的主要原因是由现代社会的转型、监督机制的缺位、市场经济的负面影响、多层次的文化冲突和思想道德教育的失误所导致的,在此基础上提出了较为全面的一系列官德建设的对策和路径。[④] 褚玉清、刘彦芬的博士论文从实践和机制层面深入研究了官德建设的各个方面,但是对官德失范的机理分析有待进一步运用马克思主义基本原理进行分析。

① 张丽娟:《我国党政领导干部道德评价标准研究》,中共中央党校 2011 年博士论文。
② 刘畅:《我国公务员职业伦理精神培育研究》,东北师范大学 2015 年博士论文。
③ 褚玉清:《中国新时期官德建设研究》,大连海事大学 2012 年博士论文。
④ 刘彦芬:《新时期中国官德建设研究》,中共中央党校 2013 年博士论文。

张国辉(2012)的博士论文《公务员政治素养研究》从公务员的政治意识素养、执政素养和政治发展素养三个方面论述了公务员的素养问题,并提出了通过政治体制改革、法律素养提升、加强教育培训和强化党性教育等四个途径来提高公务员政治素养问题。① 该文将公务员运用权力过程中的大部分问题涵盖在政治素养当中,这一方面固然抓住了政治素养的重要性一面,但也因此失去了对公务员实际工作当中真实性的把握,没有抓住部分公务员职业精神不够、贪污腐化的主因在于外部制度不完善和内部道德不规范这两大根本性因素上,拔高或者说夸大了政治素养的影响力。同时,该文对政治素养的理论分析也未能进行马克思主义的深入分析,将政治素养分解为政治理论素养、政治法律素养、政治道德素养和政治心理素养,试图以政治道德素养完全涵盖公务员道德素养或者公务员职业道德素养,有以局部涵盖整体的嫌疑。对公务员职业道德建设的研究必须以马克思主义基本原理出发、逐步挖掘现实问题的根源才能使论文具有浑厚的学理性。吕鹏(2014)的博士论文《权力与道德——以制度伦理为视角的权力道德研究》从制度伦理的角度对权力产生、运行和结果进行了道德透视,对权力道德进行了马克思主义伦理学的阐述,并从权力和道德的现实平衡角度提出了道德教育的解决途径。该文从权力的来源、权力和道德的复杂关系角度进行了详细的历史考察,对马克思主义的制度伦理进行了初步探讨,认为马克思主义制度伦理强调的是人的生存方式的道德性,这从一定程度上揭示了现代公务员职业道德的真谛,应该从人的现实生活中去寻找答案而不是从心理学或者精神领域去寻找。这对公务员职业道德建设课题的探讨具有极大的可借鉴性。杨海龙(2015)的博士论文《公务员思想政治教育时代性研究》从公务员思想

----

① 张国辉:《公务员政治素养研究》,东北师范大学 2012 年博士论文。

政治教育的角度对公务员应有的职业道德进行了论述，指出了公务员思想政治教育和道德等都应根据时代要求而变化的特点，"立足于公务员当下的生活世界，满足公务员个体的时代诉求，确立与时俱进的教育目标，把握知、情、意、行的时代性统一，使其更具有'立德树人'的时代性和实践针对性"。① 该论文是基于思想政治教育视角下的公务员道德和理想信念的教育问题，它的主题在于时代性的变迁对思想政治教育的要求变化，从而提出新常态下的公务员思想政治问题的解决方案，具有较强的现实意义。该论文的瑕疵在于：在当代政治和行政领域西方话语的强势语境下，未能深入分析这些话语体系的背景的情况下、未加批判地接受了一些西方公共行政和行政伦理的话语，并以此提出一些公务员思想政治教育包括道德教育的解决方案，难免有一些隔靴搔痒的感觉，对党的十八大之后的公务员思想政治教育的现实进步解释力尚有所欠缺。帅全锋（2017）的博士论文《当代中国领导干部廉政道德建设研究》也通过梳理中国传统廉政建设和西方廉政建设有关经验，并充分论述了马克思、列宁、毛泽东、邓小平和中国特色社会主义廉政建设的思想理论，借鉴当代欧美和东南亚国家的经验，提出了"通过加强教育、完善制度、强化监督、发挥廉政道德文化功能、构建廉政道德考评体系等'五位一体'运行模式"来完善中国廉政建设的途径。② 该文的突出亮点是对马克思主义的廉政思想进行了系统性的梳理，并尝试用一个系统性的方案来解决廉政问题，但是该文将廉政建设主要归咎于思想政治建设之外的制度问题，对人的内在的、道德的解决方案研究不足，对东西方廉政建设的内在根源进行马克思主义的深入挖掘稍显不够。角云飞（2017）的博士论文《基层公务员职业道

---

① 杨海龙：《公务员思想政治教育时代性研究》，中国地质大学（北京）2015 年博士论文。

② 帅全锋：《当代中国领导干部廉政道德建设研究》，河北大学 2017 年博士论文。

德建设研究》以公务员群体中占大多数的、非领导职务的基层公务员为视角,考察了他们的职业道德水平和建设情况,指出了基层公务员职业道德存在的问题和解决途径,具有一定的新颖性,但从职业道德建设的角度来说,该文未能凸显基层公务员独特的心理、角色特征,也未能提出与中低层公务员领导干部不一致的道德问题解决方案。[①]　田训龙(2017)的博士论文《十八大以来我国社会主义道德建设思想研究》从时代背景、建设内容、实践路径和理论创新等各个角度对我国十八大以来的社会主义道德建设进行了深入研究和新的解读,对新形势、新常态下的道德建设路径进行了新的理解和构想,尤其是对我们党新时代的道德理论进行了总结和提炼,具有新时代马克思主义伦理学的气息。[②]　该文主要是针对时代性整体社会道德的研究,研究重点在于创新性,马克思主义学理性有待进一步发挥。

第二类文献主要借鉴西方公共管理伦理学、行政伦理学的理论来分析我国公务员职业道德建设,其理论前提以防范人性恶为特点,注重人的理性精神和制度建构。他们的著作大多以既有的私有制或混合所有制为前提,注重对人的自私本性(或者说理性)进行遏制,主张通过制度建设而制约人的权力滥用。有部分学者也主张提高人的能动性,但同样基于私有制条件下的权力制衡或责任建构,都以防范人性恶为目的,强调大社会小政府。这种范式是目前全世界公务员职业道德建设研究的主流,我国的政治伦理、公共行政伦理(行政伦理)、公共管理伦理、公共伦理、职业伦理、公民道德等各个研究领域的著作大部分都属于此类范围,国内关于行政道德或者公务员职业道德研究的

[①] 角云飞:《基层公务员职业道德建设研究》,中国矿业大学(北京)2017 年博士论文。

[②] 田训龙:《十八大以来我国社会主义道德建设思想研究》,北京交通大学 2017 年博士论文。

著作和论文大部分也都是属于这种强调外部制度约束权力以提高道德水平的模式,一方面反映了我国法律制度和行政制度的不健全,另一方面也反映了我国总体道德建设水平不高。

此类专著(和极具影响力的教材)较多,大多从公共管理和公共管理伦理等学科视角来论述我国公务员职业道德建设。万俊人教授主编的《现代公共管理伦理导论》是进入新世纪以来具有代表性的公共管理伦理教材,由国内颇具影响力的十多位公共管理学和伦理学专家共同撰写,被众多高校选为教材或必读文献。该书明确提出:"现代公共领域的基础是国家或者公共社会的基本结构或基本制度的普遍正义,它要求以民主作为其公共组织(即国家)和公共管理(政府和政府部门)的政治前提,以开放的经济制度(市场经济)作为其公共经济生活的基本经济秩序,以多元而开放的文化体制和文化价值观念作为其公共文化生活的基本原则,从而满足社会公共领域的政治生活、经济生活和文化生活的基本需求,并以此实现社会公共领域之共同繁荣与公平正义的基本价值目标。"①"公共管理的首要目标是公共社会的正义秩序,也就是罗尔斯教授所反复强调的'良序社会'。"②"正义的公共秩序是公共管理最基本、最直接的价值目标,当然也是公共管理伦理的首要理念。"③可以看出,公共管理伦理学界提出公共管理的前提不外乎是政治民主化、经济市场化、文化多元化,而所谓的正义的价值目标实际就是私有制下的权利正义,具有明显的西方政治伦理痕迹。也因此他们对公共管理伦理的理解必然基于唯一的基础——人性自私(或者说私有制)之上的制度经济学主义的阐释,认为公共管理伦理实质是一种软的制度,是"集体行动控制、解放和扩张个体行动",是"适

---

① 万俊人:《现代公共管理伦理导论》,人民出版社 2005 年版,第 8 页。
② 万俊人:《现代公共管理伦理导论》,人民出版社 2005 年版,第 18 页。
③ 万俊人:《现代公共管理伦理导论》,人民出版社 2005 年版,第 19 页。

应现代社会新的秩序要求所产生的新的公共社会治理方式"。① 在这种理论视野下,公务员职业行为必然被解释为扩张了的私人行动的管理行为,公务员职业道德也就成了管理私利集合体的道德,而该道德的目标就是对全体私人提供正义的秩序。这种解释一方面指出了西方公务员职业道德的部分实质,另一方面又混淆、模糊甚至扭曲了中国公务员职业道德的部分实质,造成了理论上的混乱和学生价值观教育的西方化弊端。张康之(2004)在《公共行政中的哲学与伦理》一书中对公务员所掌握的权力进行了与西方"三权分立""权力制约权力"等不同视角的解读,他借鉴马克思对资本主义经济中商品二重性的分析,②将权力也进行了区分,认为权力分为抽象权力和具体权力,抽象权力是制度性的权力,具体权力是和个人有关的具体领导权力。③ 在对权力进行二重分析的基础上,他提出了权力制约的新思维,"抽象权力主要是一个怎样建设的问题,而具体权力则主要是一个如何规范的问题",④抽象权力转换为具体权力靠的是具有主体性的人,转换的过程就是从法律制度向伦理转化的过程,人将法律变为具体的职业行为必须谋取道德力量的规范和制约。⑤ 他也将公共性、公共领域和私人领域分开,并提出具有自利性的活动只能在私人领域,而公共领域必须排除自利性的干扰,将世界的道德领域分割为私人领域的自利性和

① 万俊人:《现代公共管理伦理导论》,人民出版社 2005 年版,第 11 页。

② 张康之:《公共行政中的哲学与伦理》,中国人民大学出版社 2004 年版,第 64—67 页。

③ 张康之:《公共行政中的哲学与伦理》,中国人民大学出版社 2004 年版,第 72—76 页。

④ 张康之:《公共行政中的哲学与伦理》,中国人民大学出版社 2004 年版,第 93 页。

⑤ 张康之:《公共行政中的哲学与伦理》,中国人民大学出版社 2004 年版,第 94—95 页。

公共领域的公共性。① 这样，公务员所在的行政领域被分割为具有公共精神的道德领域，公务员必须以培养公共精神为导向，以"行政人"而不是"经济人"为道德原点，②通过重塑行政人员的道德意识、道德判断和道德理性，并改变和完善有效的道德监督保障机制、推动行政文化从权力文化转变为能力文化，从而实现行政人格的塑造。③ 该著作对公务员职业道德的形成、发展和监督的机理进行了较为深入、新颖的论述，虽然提出了不少如何改变现行行政体制机制和文化的设想以改变公务员的道德状况，它希望通过制定法律、政治改革和政府改革的方式改变权力运行体制来促进公务员职业道德的改善、通过改变文化氛围和民主氛围促进道德意识与判断等方式来推进道德进步，已经临近突破但仍然没有破除对公务员职业道德的运行机制和影响因素的西方式分析路径，一方面没有进一步运用马克思主义理论科学分析公务员职业道德的所有制根源和各种影响途径，导致分析没有深入到现代所有制改革的高度上来，另一方面忽视了党的领导在行政伦理或者说公务员道德改善中的重要作用，对党的重大政治领导和政治改革缺乏深入阐述。在张康之教授的其他著作和主编的教材中，也存在类似的问题。他的《论伦理精神》和《行政伦理的观念与视野》两书从宏大的世界历史发展高度、从人类文明进化的角度对行政伦理进行了阐释，认为行政伦理是人类治理发展的必然趋势，提出了公共行政"伦理治理"和"伦理救治"的观点。

另外高兆明教授的《管理伦理导论》、王伟教授的《行政伦理学》和

---

① 张康之：《公共行政中的哲学与伦理》，中国人民大学出版社 2004 年版，第 34—56 页。

② 张康之：《公共行政中的哲学与伦理》，中国人民大学出版社 2004 年版，第 284—291 页。

③ 张康之：《公共行政中的哲学与伦理》，中国人民大学出版社 2004 年版，第 314—335 页。

《公共行政伦理读本》也基本遵从了这种行政与政治二分基础上的伦理范式：行政人员伦理学和行政组织伦理学，公务员职业道德、公务员行政道德属于行政人员伦理的范畴。这种范式的核心理念在于责任感的培育，讲求从现实的行政伦理冲突案例中学习伦理准则和伦理选择，从内部控制和外部控制两个途径实现伦理教育的内化和伦理行为习惯的养成。俞可平教授的《论国家治理现代化》一书从国家和全球治理的角度论述了政府的公共服务问题，认为提高公务员的职业道德水平是重要的治理方式、治理手段，也是衡量治理水平的标准之一，认为公务员职业道德内在地蕴含于治理体系之中，是一个伴随政治改革的过程。黄明理教授的《以法制化方式推动公务员职业道德》一文对公务员职业道德法制化的原因与途径进行了深入分析，并认为以前公务员职业道德建设问题的根源不是柔性的教育少了，而是刚性的法治少了。石国亮教授的《服务型政府——中国政府治理新思维》一书将公务员职业道德作为服务型政府的内在条件之一，通过法律和行政法规将公务员的行为纳入制度化的轨道，其与张超、徐子梁合著的《国外公务服务理论与实践》、汪来杰教授的《公务服务——西方理论与中国选择》、杨正联教授的《现代公共行政的制度逻辑》等类似的著作，均将现代管理理论、现代西方经济学理论引入公务员管理制度，将理性的公共人、理性的经济人视为公务员群体的最重要特征，这种范式将中国人事管理体制比较含混的状态逐步清晰化，具有强烈的现代化意义，是对干部管理制度的巨大推进，但是另一方面，在其视角下的公务员的职业道德一定程度上只是在制度支配下的因变量，相对忽略中国实践下的人的主观能动性，将职业道德一定程度上看成制度决定的产物，带有一定程度的制度决定论的色彩。

　　侧重"理性人"分析研究的博士论文主要来自法学、政治学等专业。左秋明（2011）的博士论文《道德何以成为法律——以美国公务员道德立法为视角》通过公务员道德的视角论述了道德和法律之间的复杂关系，并借鉴美国公务员道德立法的教训，该文认为"美国出现公务员道德立法的现象事过表明：在物欲社会和以科层制为主要管理模式而缺乏道德雨露滋润的机械性法治社会中，美国政府官员或者雇员的行政道德水准已经降到非常低下的程度。从这一角度讲，美国公务员道德立法实乃不得已而为之，这是从现实角度的分析；从金规则的角度来讲，美国公务员道德立法仅是行政道德金规则的无害原则的强化，是对作为国家行政权力代表的公务最基本最起码的职业道德要求。……美国公务员道德立法并不能证明美国政府有多么高的道德境界或者欲意在公务员中树立多么高大的道德形象，而是行政道德法治建设常态化过程中各种行政道德规范及准则的强化和法律化。"①有鉴于此，该文认为中国公务员职业道德建设的趋势仍然首先是加强立法。该文学理性较强，笔者功底深厚，对法律和道德的关系论证严密，但由于该论文是法学理论研究的范畴，主要以法哲学和法伦理学为理论背景，未能运用马克思主义伦理学和基本原理进行分析，对笔者的公务员职业道德建设的课题而言是留有遗憾的。李敏杰（2014）的政治学博士论文《论廉洁政治的制度基础——当代中国廉政建设研究》认为反腐倡廉需要"干部清正、政府清廉、政治清明"三个层面的配合，而"把权力关进制度的笼子里"才是廉洁政治的最根本策略。该文认为廉政制度的四个环节（教育、预防、监督、惩处）和廉洁政治的三个层面共同组成了系统的反腐败体系。"在廉政教育环节，干部要加强官德教育，政府要加强廉洁、高效、有限政府观念的培养，政治领域要突出民主、公正、法治的内容；在廉政预防环节，着重制定针对干部的限制特权、财产申报、规范行为等制度，政府领域进行机构改革、政务公

---

① 左秋明：《道德何以成为法律——以美国公务员道德立法为视角》，西南政法大学 2011 年博士论文。

开、财务审计等创新，政治领域严格规范政党行为、加强新闻自由、实现公民参政等；在廉政监督环节，充分调动政府、媒体、社会团体和个人对廉洁政治建设的参与；在廉政惩处环节，通过党纪处分、行政处罚、法律制裁等手段，为建设廉洁政治提供有力保障。"①该文认为通过这种严密的制度建设，可以较为完美地解决反腐倡廉问题，公务员职业道德问题也将随之被解决。姜彦国(2014)的博士论文《重塑中国官德研究》针对时代变化中的官德失范，提出中国官德秩序的重建一定要摒弃基于反道德、非精神和无灵魂的"经济人"假设以及霍布斯式的个人主义社会的意识形态，反思现代性的缺失、回应物欲主义的挑战和提出人生的意义和方向等问题，要借助丰富的古今中外古典智慧和现代工具理性下的制度建构的双重保护，解答当前中国在德性伦理领域里提出官德失范的解决之道，重塑官德的良好形象。② 其他专业涉及公务员职业道德的论文有戴秀河(2015)的博士论文《〈彭尔顿法〉研究——兼论美国文官制度的形成》从法律史的角度阐述了美国文官制度形成的关键法律和重要过程，③虽然其主要目的不是为了研究制度对公务员职业道德的影响，但无疑也提出了公务员职业道德应当在法律法规的框架下进行完善，属于外部因素影响道德的分析范式(即制度分析范式)，认为制度和文化才是影响公务员职业道德的关键。

第三种论文和著作侧重于中国传统文化基础上的修身养性来提高官员道德，主要是从传统的伦理学研究视角转换而来，以传统伦理思想在现代行政领域的借鉴与应用来理解公务员职业道德建设。在这个范式下的学者还有不少是杰出的马克思主义伦理学家，他们为中

---

① 李敏杰：《论廉洁政治的制度基础——当代中国廉政建设研究》，华中师范大学2014 年博士论文。
② 姜彦国：《重塑中国官德研究》，吉林大学 2014 年博士论文。
③ 戴秀河：《〈彭尔顿法〉研究——兼论美国文官制度的形成》，华东政法大学 2015年博士论文。

国的传统伦理和马克思主义伦理学进行了融合转化,成为当代中国特色社会主义伦理学。罗国杰教授的《伦理学》一书从大伦理视角对行政伦理进行了阐述,认为行政伦理、公务员职业道德是伦理学在行政、司法领域的具体实现与发展。唐凯麟教授的《伦理大思路——当代中国道德与伦理学的理论审视》一书也持类似观点。他们都是杰出的马克思主义伦理学家,且传统文化的功底深厚,将传统的伦理原则与当地公务员职业道德较好地融合在一起,但他们更多的是深厚的伦理原则与伦理精神的分析,相对较少阐述实际的公务员职业道德建设问题。龙静云(2015)《道德治理:国家治理的重要维度》一文将公务员职业道德建设问题置于国家治理方式的视角下,既结合了传统德治文化,又融入了现代国家治理理论,并以马克思主义的观点把握了道德治理的重点问题。①

伦理主义范式下的博士论文也很多,其中,匡烈辉(2015)的博士论文《〈贞观政要〉政治伦理思想研究》对唐太宗时期的政治伦理思想进行了深入分析,认为唐太宗君臣对德法关系的认识承袭了儒家"德主刑辅"的理念。《贞观政要》政治伦理思想强调明德慎刑、反腐倡廉,要求立法宽平简约、司法公正严格、诚信遵守法令、有贪必反,加强对官员考核的制度化、常态化和多样化。该文认为《贞观政要》提出了"忠诚信义、才德兼具"的臣德思想,认为作为臣子最重要的品质就是忠义且敢于直谏,其次就是要勤政清廉。该论文通过对以《贞观政要》为代表的传统政德伦理思想的论述,提出领导者的德性和示范作用在今天仍然具有重要的意义,并指出忠诚、担当、清廉是当代领导人(公务员)仍然可以继承借鉴的重要精神资源。② 该论文以《贞观政要》的

---

① 龙静云:《道德治理:国家治理的重要维度》,《华中师范大学学报(人文社会科学版)》2015年第54卷第3期,第53—58页。

② 匡烈辉:《〈贞观政要〉政治伦理思想研究》,湖南师范大学2015博士论文。

政治伦理思想这个点为突破口而窥得了中国传统政德的重要精神宝库之全貌,是关于传统政德研究的一个精彩案例,但是由于该文是伦理学的相关研究,主要针对的是伦理精神的继承与发扬问题,因此还是在精神建构的圈子里言说,未能探讨封建历史条件下政德建设的虚伪性和无效性,仍然在一个英雄主义历史观的思维定式里进行评论和研究,无法对封建传统政德进行历史唯物主义的深入挖掘,因此对现代公务员职业道德建设的借鉴作用也就逊色不少。唐利斌(2006)的博士论文《官德建设问题探究》从伦理学的角度对官德问题进行了研究,影响官德和官德建设所需要的几个因素,尤其是以道德发生学和培育道德的途径等方面对官德进行了论述,对公务员职业道德建设具有学理性的借鉴作用。① 该论文侧重于伦理学的分析,并将伦理学的有关原理运用到官德建设上来,是具有现实意义的探究,但是也缺乏对现代公务员职业道德的内在矛盾分析,同时"官德"一词的运用在现代中国特色社会主义语境下已经逐步与时代发展有些不适宜。王家荣(2014)的博士论文《官德建设研究》、徐云鹏(2003)的博士论文《中国现代官德建设研究》均存在类似的问题,其论述路径也差异不大,所不同的是由于论文成文时间不同,中国特色社会主义行政道德的时代要求有所区别,故而内容上存在一定的差异性,但是其论证方式和模式是相似的。

另外,王中原(2010)的博士论文《王阳明政治伦理思想研究》从王阳明伦理思想的角度论述了传统政德,论述了王阳明所推崇的"廉洁、谦虚、忠诚、勤政和勇于负责"的为官之德和"立志、改过、静坐与事上磨炼"官德修养理论,将儒家传统政德在理论和实践上进行了发展和创新,做到"知行合一",在传统官德史上具有重要地位。② 张国立

---

① 唐利斌:《官德建设问题探究》,湖南师范大学 2006 年博士论文。
② 王中原:《王阳明伦理思想研究》,中南大学 2010 年博士论文。

(2011)的《纪昀伦理思想研究》从清代纪昀个人伦理思想研究的角度出发,探讨了传统儒家文化影响下官员从政道德的规范、表现和践行情况。他"恪守'为政以德'的官德原则。力主'明德'、'民本'、'身正'、'善策'、'任能而后刑'的官德规范。根据自己为官多年的经验,提出忠君爱国,以民为本,修德务实,秉公去私,死而后已,修身正己,明理察情,科学断案的官德标准"。"纪昀的伦理思想是在地域文化、家族传统、清朝政治文化统治和社会思潮的影响下形成的。纪昀伦理思想的基础、核心和实现方式都渊源于儒家伦理道德思想。"①上述论文从个案研究的角度出发,指出了传统官德文化如何影响后人的路径,对今天我们公务员职业道德建设借鉴和继承古人的智慧具有一定的意义。李明辉(2007)的博士论文《通向善政之途——论廉政道德建设》从中国古代的"仁政"传统和西方"廉政立法"建设的借鉴出发,深入论述了东西方不同文化环境中行政人员廉洁执政的道德问题,对现实廉政问题进行了探讨和总结,较为完整地探讨了廉政道德建设的理论和实践问题,②但有所遗憾的是该文仅仅局限于一般伦理学的应用和探讨,未能对马克思主义理论或马克思主义伦理学进行深入研究和讨论,因此不可避免地忽视了中国共产党的马克思主义特征在廉政道德建设中的重要作用。

综合分析国内外公务员职业道德建设的论著,总体上有三个维度的缺失:一是缺乏从马克思主义原理角度出发阐述公务员职业道德建设,即从公务员职业道德的根本矛盾及其运动出发提出为何要进行公务员职业道德建设、公务员职业建设何以可能、公务员职业道德建设如何进行的问题。总体来说,目前国内外公务员职业道德建设基本

---

① 张国立:《纪昀伦理思想研究》,中南大学 2011 年博士论文。
② 李明辉:《通向善政之途——论廉政道德建设》,湖南师范大学 2007 年博士论文。

上都是从现象出发,分析公务员职业道德失范的体制机制和个人道德原因,最后提出解决的方法,唯独较少对现象背后本质的分析,没有深度阐述道德失范的根本原因。因此本文试图从马克思主义基本原理的角度对公务员职业道德建设进行一点研究;另一个是缺乏从党政关系的角度来论述公务员职业道德建设,即很少从中国共产党领导公务员队伍建设的角度对其进行深入阐述。应当说,党的领导是中国公务员职业道德建设的特色,但大部分文献止步于党管干部、党管人才、党内监督培训体系对公务员队伍的影响等角度进行论述。而中国共产党如何通过深度嵌入公务员队伍的体系来实现执政、进而深度影响公务员队伍的道德建设,则很少有所论述。囿于笔者检索阅读所限,目前尚未看到从这个角度进行阐述的论文;第三个维度是较少文献对十八大以来公务员职业道德的发展趋势、理论重心的转化进行论述。十八大之前我国公务员职业道德的核心是责任,以公平公正、廉洁高效的服务为职业道德建设的方向。而十八大之后世情、国情、党情都进入了新时代,这是中国发展必须经历的、不以人的意志为转移的发展阶段。这个阶段中对公务员职业道德的要求也发生了一定的变化,廉洁高效、公平公正的服务当然要继续改进,但是出于新时代改革进入深水区的特性和时代要求,公务员职业道德规范的重心发生了转移,公务员职业道德建设也必须进行创新,从责任转向担当。也就是说,对存在的困难和难以改革的各种深层次问题,公务员的道德主体性要更加凸显,各级公务员必须更主动地为人民服务,各级公务员干部必须更主动承担自由裁量权范围内的、工作相关的责任和义务,以推动改革的进一步拓展,为实现中国梦贡献自己的主动性力量。

(二)国外研究现状及述评

西方的公务员制度起源于 19 世纪的英国,从 1805 年英国设立第一个常务次官的公务员岗位开始,到 1870 年英国正式建立公务员制度,这一时期是公务员职业形成的萌芽时期,尚未论及职业道德问题。19世纪末期到20世纪上半叶,随着资本主义的发展,公务员职业道德的研究在行政学的研究中慢慢产生。在公务员制度正式建立之前,已经有部分学者对公职人员的职业道德问题进行了研究,其中就有黑格尔、马克思和马克斯·韦伯这三位在人类思想史上熠熠生辉的大师。

西方较早对公务人员的道德进行了阐述的大师是黑格尔,在他的大成之作《法哲学原理》中专门论述了行政权的相关问题,从287节到297节,以11节(包括附释)的篇幅论及了公务人员的选拔、职业特征、职业道德、管理等问题。不过,由于时代的限制,在黑格尔那里"公务人员"的概念与现代"公务员"的概念有所区别,但大体上有很大的相似之处,都是指执行国家意志(在黑格尔那里是王权)的行政人员。黑格尔从责任与权力、精神和意志自由的角度对公务人员职业道德精神进行了论述,较早提出了公务人员的职业精神和市民社会的基础——私人权利及其自由是有深厚联系的,并认为没责任的公务人员就没有权力。黑格尔指出了公务人员只是国家意志的执行者,从事的是特殊的职业,但这里所指的"国家意志"具有强烈的保守性,它是特指普鲁士王国。黑格尔高度赞扬"资产阶级与贵族阶级联合"专政的政体,反对民主制,认为君权就是国家意志,公务人员只是君权的傀儡。在黑格尔的语境中,"公务人员"已经具有了现代西方公务员工具性道德的因素。他认为公务人员的选拔应该以才能为标准:"行政事务带有客观的性质,它们本身按其实体而言是已经决定了的,并且必须由个人来执行和实现。行政事务和个人之间没有任何直接的天然的联系,所以个人之担任公职,并不由本身的自然人格和出生来决定。决定他们这样做的是客观因素,即知识和本身才能的证明;这种证明保证国家能满足它对普遍等级的需要,同时也提供一种使每个市民都有可能献身于这个等级的唯一的条件。"①他认为让公务人员廉洁奉公的途径就是保证其本身的利益,而公务人员的个人利益权利是受限的:"奉诏担任一定官职的个人,以恪尽职守为本人收入的来源(这是担任官职的条件),这就是他地位中的实体性因素。由于这种实体性的地位,个人就获得生活资料,保证他的特殊需要得到满足,使他的处境和公职活动摆脱其他一切主观的依赖和影响。"②"国家职务要求个人不要独立地和任性地追求主观目的,并且正因为个人做了这种牺牲,它才给予个人一种权利,让他在尽职履行公务的时候、而且仅仅在这种时候追求主观目的。于是也就从这方面建立了普遍利益和特殊利益之间的关系,这种联系构成国家的概念和内部巩固性。"③黑格尔论述公务人员职业道德的一大特点是强调公务人员与国家之间的伦理性特征,他反对的恰恰是现代行政学说中的契约论:"又担任公职不是一种契约关系,虽然这里存在着双方的同意和彼此的给付。"④他认为公务人员履职不是出于交换,而是出于内在:"公务人员所应履行的,按其直接形式来说是自在自为的价值。"⑤因此,黑格尔认为:"有些公务人员仅仅为了生计才担任职务于是没有真实责任感、也没有权利。"⑥他敏锐地注意到公务人员对公民的态度具有重要的意义:"官吏的态度和教

①　[德]黑格尔著,范扬、张企泰译:《法哲学原理》,商务印书馆 2011 年版,第 353—354 页。

②　[德]黑格尔著,范扬、张企泰译:《法哲学原理》,商务印书馆 2011 年版,第 354 页。

③　[德]黑格尔著,范扬、张企泰译:《法哲学原理》,商务印书馆 2011 年版,第 355 页。

④　[德]黑格尔著,范扬、张企泰译:《法哲学原理》,商务印书馆 2011 年版,第 355 页。

⑤　[德]黑格尔著,范扬、张企泰译:《法哲学原理》,商务印书馆 2011 年版,第 355 页。

⑥　[德]黑格尔著,范扬、张企泰译:《法哲学原理》,商务印书馆 2011 年版,第 355 页。

养是法律和政府的决定接触到单一性和在现实中发生效力的一个点。公民的满意和对政府的信任以及政府计划的实施或削弱破坏，都依存于这个点，这意思是说，感情和情绪容易把实施的方式和方法提高到等于应实施的内容本身，尽管这种内容本身可能是课税。"黑格尔提出解决公务人员职业道德问题的办法就是"直接的伦理教育和思想教育"，同时考虑到"国家的大小"这一客观因素。① 在这里，黑格尔既看到了公务人员职业道德的重要性，也提出了从监督和教育两个途径进行规范的途径，但是他的一切论述都基于普鲁士王国的利益之上，甚至暗示了普鲁士王国扩张的合法性，认为大国可以减弱各种私人联系、私人利益对公务人员的影响，在为大国服务的过程中私利心就会消失，从而表现出强烈的保守性。黑格尔虽然看到了公务人员职业道德所在的市民社会基础，但是他没有正确地分析出市民社会基础决定了公务员职业道德，相反他抽象地认为市民社会是国家伦理的展开。同时，由于时代环境、政治立场和理论保守性所限，他注定无法完成揭示公务人员职业道德的根本性矛盾的任务。

19 世纪后期关于行政人员的道德研究慢慢多起来，尤其是政治学学者伍德罗·威尔逊于 1887 年发表了《行政学之研究》，提出了政治与行政二分法，开始了公共行政研究之先河，1890 年古德诺出版了《政治与行政》一书，进一步将这种思想系统化。他们虽然没有直接论述公务员职业道德问题，但是将公务员职业本身的技术化、官僚化水平推进到了一个新的高度。1911 年德国社会学家马克斯·韦伯发表了《社会组织和经济组织理论》一文，提出了"官僚组织模型"，即现代称之为"科层制"的官僚体制，并对此进行了深入论证。此后，马克斯·韦伯又在前面研究的基础上发表了《学术与政治》，呼吁价值中立与责

---

① [德]黑格尔著，范扬、张企泰译：《法哲学原理》，商务印书馆 2011 年版，第 357 页。

任伦理,以力图建立一个高效率的中立的官僚机器提供公共服务。该理论由于很好地将资本家的统治真相进行了掩盖,并在西方文化的基础上又进一步提出了资本主义得以发展的资本家精神,因此得到广大西方学者和政治家的热烈拥护,公务员职业道德以中立之名得以出现,但尚未出现公务员职业道德的危机,或者说公务员职业道德问题尚未进入研究者视野。

韦伯关于公务员职业道德的论述主要夹杂在对公务员价值中立和职业理性的论述中,并没有专门就公务员职业道德进行系统性阐述,这或许是他认为在关于公务员职业的论述中已经将道德的要求说得很清楚了。他将近代以来政府获得权力的基础表达为"正当性",只有具有正当性的政府才是合法的政府,通过正当性的手段来进行统治就是政府的主要职能。他认为:"正当性支配有三个纯粹类型:理性的、传统的和卡理斯玛的类型。"理性的支配即法制型支配,官僚制是其直接表现。"确信法令、规章必须合于法律,以及行使支配者在这些法律规定之下有发号施令之权利(法制型支配)。"①他认为科层制(官僚制)下的各级领导都是兼具支配者和被支配者的角色,同需要以理性的法令作为其行动的依据,"典型的支配者,即'上级',自身也得服从于一套无私的法令和程序。他的决定和对下属的命令,都受到这项秩序的指引。不但那些一般称之为'官员'的法律执行者如此,另外一类人,如民选的总统亦需如此。"②韦伯认为,在组织当中"服从支配的人是以组织的'成员'的身份而服从的,他所服从的,也只是该组织的

---

①〔德〕马克斯·韦伯著,康乐等译:《经济与历史　支配的类型》,广西师范大学出版社 2010 年版,第 297 页。

②〔德〕马克斯·韦伯著,康乐等译:《经济与历史　支配的类型》,广西师范大学出版社 2010 年版,第 301 页。

'法律'。"①"组织的成员之所以服从一个支配者,并非服从他个人,而是服从一个无私的秩序。因此,成员对掌握权威者服从的义务,只限于这项秩序所给予的、为理性所界定的、切实的管辖权范围之内。"②"来自各方面的经验都显示,纯粹官僚制的行政组织——即一元化领导的官僚制——由纯粹技术的观点来看,可能会获得更高的效率。就此意义而言,它乃是对人类行使支配的已知方式中,最为理性者。"③韦伯对这种对职业的理性的描述清晰化之后,最后落脚到公务员职业道德自然也就是理性、中立:"形式化、不受私人因素影响的精神取得主导地位:所谓的 Sine ira et studio,即无恨亦无爱。因此也没有'感情'或'狂热'。与私人考虑无关的直率责任观成为主导的规范。'不问对象为谁',每一个人都获得形式上的平等对待;亦即每一个人都被视为处于相同的状况中。这是理想的行政官员处理其公务的精神。"④也就是说,公务员最理想的职业道德就是秉持冷静理智中立的精神进行行政活动,韦伯强烈地反对在行政过程中加入个人情绪和其他道德倾向。不过,他也意识到这么做会导致官僚主义、形式主义的出现,但是他认为即使是形式主义也是"一道防止武断裁量权之大门将开"的手段。⑤

韦伯将公务员职业化、官僚化和道德中立化的主张是建立在西方

---

① [德]马克斯·韦伯著,康乐等译:《经济与历史 支配的类型》,广西师范大学出版社 2010 年版,第 301—302 页。

② [德]马克斯·韦伯著,康乐等译:《经济与历史 支配的类型》,广西师范大学出版社 2010 年版,第 302 页。

③ [德]马克斯·韦伯著,康乐等译:《经济与历史 支配的类型》,广西师范大学出版社 2010 年版,第 311 页。

④ [德]马克斯·韦伯著,康乐等译:《经济与历史 支配的类型》,广西师范大学出版社 2010 年版,第 314 页。

⑤ [德]马克斯·韦伯著,康乐等译:《经济与历史 支配的类型》广西师范大学出版社 2010 年版,第 314 页。

资本主义制度逐步完善的基础上,这一时期西方国家从封建王权的阴影下完全挣脱出来,资本主义经济从自由竞争阶段转向了垄断竞争的阶段,市民社会继续发生更大的分裂和深化,利益集团日益多元,公务员逐步成为国家政权的稳定支柱,建立一支不受各种非理性因素影响的公务员队伍符合全社会的共同利益,因此韦伯的理论对现代公务员职业道德产生的巨大的影响。

"科层制"的官僚机构研究在二战之后二三十年间到达高潮,西方国家纷纷改革政府,建立机械化式的政府机构,这种模式一直持续到20世纪六七十年代。由于该理论在运行过程中对公务员个人的价值的刻意忽略,各种道德问题也随之而来。尤其是随着后工业化时代的来临,这种模式受到了巨大的质疑,影响到了资本主义制度的发展,各国政府和理论家又进行了持续的改进。但公务员职业道德始终不是一个核心话题,而是立足如何促进公务员理性、中立的价值观上。乔治·费雷德里克森(H. George Frederickson)等人认为,那个阶段中公务员的职业道德从属于管理科学的视野之中,将其视为一个管理和激励问题,而不是一个道德问题。现代公务员职业道德的研究很大程度上是受到韦伯的官僚制理论和黑格尔的伦理学的影响而发展起来的,可以说在二战之前,关于公务员职业道德的研究基本上都是置于行政学研究的视域之内,并没有独立形成公务员职业伦理学或行政伦理学。直到上世纪70年代美国总统尼克松发生了"水门事件"之后,以美国为发源地的行政伦理学才迅速发展起来,行政伦理作为一门独立的学科逐步形成了自己的学科范式,对当代公务员职业道德研究产生了巨大的影响。

上世纪上半叶的两场世界大战极大地展示和促进了各国政府的管理和动员能力,而经济领域的凯恩斯主义也在摆脱资本主义危机中获得了各国政府的青睐。不少欧洲资本主义国家在世界社会主义运动的压力下、试图在不动摇私有制的基础上也采取了类似社会主义因素的福利政策,民主社会主义政党在各国政治舞台也非常活跃。毫无疑问,这些政策在二战后大大提高了底层人民的生产和消费能力,世界资本主义在二战后获得了长达近30年的黄金发展期。在此期间,西方国家的政府对社会经济生活的诸多方面进行了主动干预,但是由于财政负担急剧增加、社会重新出现两极分化、各种社会矛盾逐步积累,政府管理力不从心,出现了"市场失灵"和"政府失灵"的"双重失灵"现象,导致欧美资本主义国家进入了长达近十年的滞胀时期,导致各国迫切寻找新的政府管理模式和经济发展方式。在这种情形下,欧美的新自由主义思潮登上了历史的舞台。理论界以罗尔斯的《正义论》为标志、政治实践以英国撒切尔夫人上台、美国里根总统上台为标志,西方世界卷起了一股新自由主义的风潮,政府部门也经历一场"重塑政府"或者"政府再造"的新公共管理运动,并在随后近30年的时间里对世界各国的政府产生了极大的影响。在这期间对公务员职业道德产生重大影响的事件是美国总统尼克松的"水门事件",总统及其下属滥用职权导致了对行政道德的深入讨论,同时促进了行政伦理学和公共管理伦理学的深入发展,公务员职业道德问题凸显出来。

上世纪七八十年代国家行政管理开始逐步走向社会化,多元社会力量参与到合作治理的局面中来。尤其是非政府组织为代表的社会自治力量的出现,导致新的社会治理形态的出现,西方称之为"新公共管理",公共管理伦理学也随之而发展。其目的在于培育公共管理者——公务员的职业道德,使之适应社会的发展。西方公共管理学者唐纳德·F.凯特尔在《行政过程的政治》一书中认为,新公共管理运动的目的是再造一个高效、精简、改进型的政府。大卫·欧斯本和泰德·盖伯勒在《再造政府》一书中提出政府是"掌舵者"而非"划桨人",意在要求行政过程中追求公平和民主的价值观,倡导企业家精神。公共管理伦理学研究公务员在行政过程中如何自觉地接受道德规范,科学地探索社会治理从法治转变为德治的可能,实质上是试图将企业的服务意识引入公务员职业道德体系,从而推动政府的服务水平。但是这项运动因为其倡导的企业家精神而受到以沙赫特为代表的学者的尖锐质疑,他在《再造政府还是再造我们自己》一书中对其价值观提出了尖锐批评,哈博尔和格林也批评该理论是将经济学概念的企业家理论推广到一切公共组织和政府,必将损害体制与法治。在这种背景下,以美国学者登哈特为代表的公共行政学者提出了"新公共服务"理论,它认为政府的职能是服务而不是"掌舵",公务员的职责是帮助公民表达并满足他们的需要,而不是试图控制社会朝着新的方向发展,其宣称:"公务员通常不是提供顾客服务,而是提供民主。"在这新公共行政学者的眼中,公务员职业道德的责任范围有拓展到政治领域的趋势,而不仅仅在行政领域。

二战以后,公务员职业道德的现代社会基础又发生了巨大的变化,受全世界社会主义运动的影响,殖民地国家纷纷独立,世界社会主义力量空前壮大,以苏联为首的社会主义阵营对西方资本主义集体产生了巨大的压力,世界工人阶级争取解放的斗争空前高涨。为了稳固资本主义政权、发展资本主义制度和经济,西方主要资本主义国家纷纷吸取了历史教训,把具有社会主义因素的种种措施在不损害资本主义根本制度的前提下进行吸收,大幅度提高工人的待遇,改善工人环境,建立了各种福利措施,大大缓解了阶级斗争的压力,也因此改变了现代资本主义国家、尤其是高福利国家的社会背景,公务员职业道德社会、经济基础发生了较大的改变。西方马克思主义者,尤其法兰克福学派的一些学者对社会进行了批判性研究,对理解公务员职业道德的形成与发展产生了重要影响。

哈贝马斯揭示了现代资本主义国家公务员职业道德的社会基础。

哈贝马斯(1961)的《公共领域的结构转型》一书对现代资本主义国家尤其是福利国家的"公共领域"的形成与转型进行了深入阐述,并在此基础上提出了公共利益与私人利益的区分,公务员职业道德的社会与政治基础建立在"公共领域"——社会制度和组织结构公共性的普遍发展基础之上。他认为"公"与"私"的领域的资本主义复活是现代道德的社会基础,"公共领域的结构转型与国家和经济的转变是同时进行的",[①]"公共领域将经济市民变为国家公民,均衡了他们的利益,使他们的利益获得普遍有效性,于是,国家消解成为社会自我组织的媒介"。[②] 卢卡奇的"社会存在本体论"指出了公务员职业道德突破资产阶级意识形态的路径。卢卡奇(1922)在《历史与阶级意识》一书中指出:物质生产方式制约着整个社会、政治、经济和精神生活的过程,劳动者是这个过程中的光荣主体和道德主体,但劳动者不是单纯孤立的自然客体,而是存在和意识的统一,任何阶级和团体首先在意识形态领域打破资产阶级传统、发现和培养对抗、取代资产阶级意识形态的精神力量,便不可能改变现行的资本主义制度。卢卡奇认为个人必须从日常工作和生活领域内、从意识形态上积极自觉地反抗这种异化,个人才能打破日常生活本体论的视界,与其他阶级一起形成强大的社会力量,打破现行的资本主义制度走向共产主义制度。葛兰西进一步指出了无产阶级知识分子在公务员道德启蒙中的作用。他认为在现代资本主义社会中,对沉迷在资产阶级意识形态无法自拔的人进行启蒙必须要靠无产阶级知识分子,因为知识分子具有远见、思想活跃、独立等特征,只有他们才有希望创造新的力量开展自觉和有意识的宣传

---

① [德]哈贝马斯著,曹卫东等译:《公共领域结构的转型》,学林出版社 1999 年版,1990 年版序言第 10 页。

② [德]哈贝马斯著,曹卫东等译:《公共领域结构的转型》,学林出版社 1999 年版,1990 年版序言第 11 页。

和领导工作,带领无产阶级成员组成知识——道德集团、教育未被启发的民众。葛兰西指出"'道德'意志的基础在于智力、智慧之中",[①]没有智慧的指引,愚蠢的忠诚和热情往往变成统治阶级的奴隶,失去革命性和进步性。霍克海默的"启蒙辩证法"指出了资本主义制度下公务员职业道德的虚伪性。资本主义制度下人们的道德认知日益被权力所俘获,纯粹理性和经验理性的深刻冲突被国家权力所操纵、掩盖,人的主体性被所谓的理性所操纵,被用来为统治阶级服务,理性反过来否定自身导致非理性、混乱和反动。马尔库塞"人的总体性异化"理论指出了资本主义公务员职业道德的异化本质。马尔库塞认为马克思所说的异化正是因为现实社会由资本主义经济力量所主宰而造成的,而这种关系造成的前提是无产者被资本主义劳动方式所异化,这种使人片面的、摧残性的劳动方式导致了工人阶级现代性生存的异化。他认为,现代社会是全面异化的社会,科学技术的发展及其形成的意识形态已经使人成为"单向度的人",人们按照虚假的需要来生活,"按照广告来放松、娱乐、行动和消费,爱或者恨别人所爱或所恨的东西,这些都是虚假的需要",[②]背后是人的感性生活的迟钝、人的人性生活的缺失,人已经丧失了"爱欲",资本主义物质资料的生产和生活方式使人完全屈从、被压抑于这种劳动方式,在劳动者整体性异化的世界中却实现了统治者的利益。

西方马克思主义对公务员职业道德社会基础进行了深刻的批判分析,尽管没有直接论述关于公务员职业道德的问题,但是这种批判指出了公务员职业的存在及其发展的深刻意义,对我们如何理解现代西方公务员职业道德的变化具有重要的意义。实质上他们是指出了西方行政伦理学发展、新公共服务运动的深刻基础所在——即市民社

① [意]葛兰西著,徐崇温译:《实践哲学》,重庆出版社1990年版,第60页。
② [美]马尔库塞:《单向度的人》,重庆出版社1988年版,第6页。

会的发展与异化。资产阶级学者对公务员职业道德建设的研究从一开始就站在维护资产阶级统治的角度将公务员职业道德的问题归咎于精神意识的错位、私人生活与公共生活的分离等原因上，未从私有制内部的矛盾出发论证公务员职业道德的根源。

上世纪 90 年代以来，公共管理伦理学和行政伦理学两支和公务员职业道德建设有关的伦理学研究队伍的学者们都锲而不舍地对公务员行政伦理进行了深入的研究，比较有名的著作如库珀的《行政伦理学——实现行政责任的途径》、弗雷德里克森的《公共行政的精神》、赫梅尔的《官僚经验——后现代主义的挑战》、杰弗里·卢克(Jeffrey Luke)的《催化性领导》、登哈特的《意义之追寻》等著作，这些研究力图将现代人的多元化精神融入科层制的官僚机制中去，以实现服务的优化。虽然他们力图对现行的公务员职业道德体系进行改造，但是由于无法改变资本主义政府的根本性结构和倾向，其论著至今依然大体在马克斯·韦伯的大框架之下，依然倾向于限制公务员个人政治倾向，倾向于将政府当成一个高效行政机器，其改革的目的不过是为了在这架机器中加点润滑剂，无论他们如何号称为民主服务，其体制依然决定了国家机器建立在资本家当决策者、普通人民当螺丝钉的不平等基础之上，本质上缺乏广大劳动人民参与政府管理的机制和创新的动力，不过是资产阶级的服务机器。西方公共行政管理、公共服务视角下的公务员行政伦理的目的只是提供一个相对稳定和公平的机器来为社会服务，这与西方政治学与经济学所倡导的"最小化政府、最有限政府、政府只作为社会的守夜人"等理念相关联，他们认为政府只是一个中立的官僚机构，公务员除了在行使个人政治权利的时候(比如选举、投票)带有个人政治倾向外，将公务员假设并教育成一个不带政治倾向性的服务机器，而进行制度创新的是政务官的事情。但是，我们不能因此而认为欧美的公务员制度下的职业道德建设是腐朽的、落后的,恰恰相反,他们提供了一个高效而获得大部分人认可的国家管理体系,公务员职业道德的建设也相当的富有活力,在美国9·11事件中的公务员行为就表现得非常明显。因此,西方的公务员制度及其行政伦理理论值得我们大力借鉴,选择性汲取到我们的制度体系当中去。

三、核心概念的界定

核心概念的界定主要包括:"新时代"概念的界定、"公务员"概念的界定、"职业道德"概念的界定和"公务员职业道德建设"概念的界定,确定它们所指的范畴和内涵,辨析它们与类似概念之间的区别,以确定本文的研究内容和范围。

(一)新时代

从一般的意义上来说,"新时代"是一个相对概念,是以时代的主题作为划分时代的依据。我们往往将具有鲜明的特征、体现社会变革的标志性事物或事件作为划分时代的节点,新事物或新事件出现以后的时代称之为"新时代"。以十一届三中为标志,我们称中国进入改革开放的"新时代";以邓小平南巡讲话为标志,我们称中国进入全面改革开放的"新时代";以世界进入21世纪、党的十六大召开为标志,我们称中国进入深化改革的"新时代";以党的十八大为标志,我们称中国进入全面深化改革的"新时代";以党的十九大为标志,我们中国进入了"中国特色社会主义新时代"。

党的十九大报告指出,这个新时代,是承前启后、继往开来、在新的历史条件下继续夺取中国特色社会主义伟大胜利的时代,是决胜全面建成小康社会、进而全面建设社会主义现代化强国的时代,是全国各族人民团结奋斗、不断创造美好生活、逐步实现全体人民共同富裕的时代,是全体中华儿女勠力同心、奋力实现中华民族伟大复兴中国梦的时代,是我国日益走近世界舞台中央、不断为人类作出更大贡献的时代。报告指出了新时代的历史方位、任务指向、伟大目标和世界贡献,是我们深刻理解新时代内涵的纲领性文件。

近年来,诸多学者对十八大以来的时代性进行了深入研究。邓纯东(2017)认为:由于中国特色社会主义发展的环境和条件发生了重大变化、我国社会主要矛盾发生了新变化、党和国家事业发展的主要任务发生了变化、党的指导思想和事业发展的战略举措也有了新变化,是党中央宣告中国特色社会主义进入新时代的依据。[①] 韩庆祥、陈曙光(2018)认为依据我国改革开放和社会主义现代化建设取得了重大历史性成就、党和国家事业发生了历史性变革、我国社会主要矛盾发生了转化等三个方面判断中国特色社会主义进入新时代。[②] 张明、尚庆飞(2018)认为:"需要全面理解新时代的本质特征,从国内层面来说,新时代是中国特色社会主义取得伟大胜利的时代;从国际层面来说,新时代也是'中国道路'凸显其普遍性意义,做出更大世界性贡献的时代。"[③]金民卿(2017)从中华民族伟大复兴、世界社会主义运动、人类文明发展三个维度上论述了中国特色社会主义新时代的伟大意义。[④] 周毅之(2018)认为认识中国特色社会主义新时代必须有三个历史视角:从中华民族发展史、世界社会主义发展史和世界近、现代发展史等三个视角认识中国特色社会主义新时代,认清这个"新时代"是中华民族再度走向巅峰式辉煌、科学社会主义再度焕发新的生机和活

① 邓纯东:《新时代中国特色社会主义的若干问题》,《马克思主义研究》,2017 年第 12 期,第 5—12;157 页。

② 韩庆祥、陈曙光:《中国特色社会主义新时代的理论阐释》,《中国社会科学》,2018 年第 1 期,第 5—16 页。

③ 张明、尚庆飞:《理解中国特色社会主义新时代的三重维度》,《南京社会科学》2018 年第 3 期,第 1—7 页。

④ 金民卿:《理解中国特色社会主义新时代重大意义的三个维度》,《青海社会科学》2017 年第 6 期,第 1—6 页。

力、人类现代化开启新模式的时代。① 李君如认为社会主要矛盾的变化是划分时代的依据,"从根本上说,是因为我国社会的主要矛盾发生了新的变化。社会主要矛盾的转化集中反映我国社会发展的阶段性特征,是中国特色社会主义进入新时代的根据,没有改变我们对我国社会主义所处历史阶段的判断。"②杨兴林(2018)认为"把握中国特色社会主义新时代,要注意它的性质定位、空间定位和时间定位。进入中国特色社会主义新时代的标准,不是某种单一的标准,而是融经济、政治、文化、社会、生态多元要素为一体,是一种综合标准。"③

上述论述基本涵盖了如何判断中国特色社会主义进入新时代的观点,其他学者尽管还从其他角度进行了阐述,但观点和结论大致一致,都是从政治、经济等五位一体的角度或者某些、某个单方面的角度来谈"新时代"的划分依据。具体到本研究,公务员职业道德建设的时代划分也必定与党和国家对时代的划分相一致。本书认为,十八大是中国社会划分的一个重要分水岭,从十八大到十九大是一个新时代的深化和形成时期,十九大正式宣告中国特色社会主义进入新时代,意味着从现在到未来一段时期都属于"中国特色社会主义新时代",二者并不矛盾。因此,本书从两种含义上指称"新时代":一种是以党中央颁布八项规定为标志,以党中央着手全面从严治党、全面加强公务员队伍建设的实践为分界点,将十八大以来的时代统称"新时代",主要是突出比较十八大前后公务员职业道德建设的要求和深度的区别;另一种是以党的十九大正式宣告中国进入中国特色社会主义新时代为标志,称之为"新时代",

---

① 周毅之:《认识中国特色社会主义新时代的三个历史视角》,《江苏社会科学》2018 年第 2 期,第 1—5 页。

② 李君如:《社会主要矛盾新变化和中国特色社会主义新时代》,《学习论坛》2017 年第 33 卷第 11 期,第 5—7 页。

③ 杨兴林:《深入认识中国特色社会主义新时代》,《新视野》2018 年第 2 期,第 13—18 页。

主要是面向未来中国公务员职业道德建设的要求、需求和希望而言。

(二) 公务员

"公务员"这个概念并非中国古已有之,而是产生于西方,由日本转译而来。公务员制度起源于英国的文官制度,英语为 Civil Service、Civil Servant 或 Public Servant,可译为文官或公务员,即"文职、国王的仆人",所以公务员原意是国王的臣仆,在当时国家与国王密不可分的时代也指国家的臣仆,后流变为专指国家的臣仆。美国多称 Public Employee 或 Government Employee,译为公共雇员或政府雇员,凸显其雇佣特色;法语为 Fonctionnaire,通常译为公务员文官或公共雇员。因此公务员这个称谓并无统一定义,对其理解,通常要根据公务员的实际职责与职能,再结合本国实际做出具体的分析与解释。我国使用"公务员"这个称谓是因为它能较为贴切地体现国家行政机关工作人员行使国家权力、执行国家公务的特点,同时含有"国家公务服务员""人民勤务员""社会公仆"等蕴意在内;并且与"国家干部""官员"等概念相比,"公务员"一词反映了新时代的要求和特点,内涵和外延比较清晰,便于进行研究。

各国受政治体制、政府模式与执政理念等因素的影响,公务员的范围划分不尽相同,公务员范围的不同是各国公务员的主要区别。不过最为核心的是,无论世界各国公务员有何区别,但是所有国家的公务员都包含政府行政部门的工作人员,而且都属于公务员核心组成部分。这是进行各国公务员制度和职业道德的比较研究的前提。

西方资本主义国家公务员是指通过考核、录取、任命担任政府职务的国家公职人员,相对于选举程序而获得职位的高级公务员而言具有强烈的稳定性。西方各国对公务员的基本含义和特定范围都有严格规定,这些规定因国而异。英国将中央政府系统中除政务官(大臣、国务大臣、政务次官)、企事业公务员、地方自治人员和法官以外,非选举产生和非政治任命的常任官员(上至常务次官,下至清洁工)称为公务员,或称事务官。美国将除政治任命以外的政府部门所有工作人员,包括国家政府系统的所有公职人员、国立事业单位人员和国有企业人员统称为公务员。日本将从中央到地方系统的公职人员、国会除议员之外的工作人员、审判官、检察官以及军职人员都囊括为公务员,但又分为国家公务员与地方公务员、一般职公务员与特别职公务员。

我国公务员的范围按照国家有关规定,"依法履行公职、纳入国家行政编制、由国家财政负担工资福利的工作人员"①称为公务员,加上参照公务员管理的单位工作人员,数量大约为八百万,主要是以下七类机关的工作人员:中国共产党机关的工作人员、人大机关的工作人员、行政机关工作人员、政协机关工作人员、审判机关工作人员、检察机关工作人员、民主党派机关的工作人员。总体来看我国公务员所包含的范围相比西方国家多了政党和人大政协等机关的人员,而又比部分西方国家少了军官、教师、清洁工和行政机关普通雇员等群体,具有中国特色社会主义的特点。

在我国的日常政治与行政生活中,与"公务员"概念比较相近的还有"官员""干部""党政领导干部"等概念。"官员"一词《现代汉语词典》将其解释为"政府机关或军队中经过任命的、一定等级以上的公职人员";《辞海》解释为:"旧称担任国家或政府职务的人员"。所谓"官"首先具有公职,其次有一定等级,相对于"民"而言。现代社会仍然在日常生活中和个别政治语境中使用"官员"这个词汇,但该词本身已难以承载现代社会管理者的丰富内涵,它更多的体现的是封建时代的管理者的身份,即使在今天使用,也不免体现出握有公权力的这一类人的"统治""管理""上位者"的身份与地位,都是对"民"的掌控、组织和

①《中华人民共和国公务员法》第二条:"本法所称公务员,是指依法履行公职、纳入国家行政编制、由国家财政负担工资福利的工作人员。"

领导,而没有体现现代管理者的服务性、治理性、公仆性等民主平等的现代价值属性。现代政治话语中继续沿用"官员""官德"这样的词汇是经过了现代语境转化的,一般都是在强调握有公权力者的责任,但"官员"一词已难以准确概括党政领导干部的属性,"公务员"一词也只涵盖了大部分公职人员,并未完全覆盖拥有公权力的群体,同时又远远小于"干部"所包含的人群。因此现代汉语中指称所有掌握公权力的人群时,尚缺乏准确传递现代意识的词汇,在日常生活中不得不继续使用"官员""官德"之类的词汇。"干部"也是一个外来词,英语中为"cadre",意思为"骨干"。我国干部制度起源于革命战争时期,是指相对区别于普通群众和普通革命者的骨干分子,新中国成立后,"干部"一词在社会主义建设中逐步成为一种荣誉、身份和标志,覆盖人群较广但总体数量不多。随着时代的发展,干部身份成为接受中专以上教育者的统称,与党政机关、国企、部队、各行业管理机构等各个部门的人员一起组成了庞大的干部队伍,逐步失去了原本意义上的骨干、中坚、精英的意义。在新世纪的语境中,"干部"群体一般是指党政机关、事业单位、部队和大型国有企业等具有公共管理和公共利益服务职能的部门领导和管理人员,尤其是各类机关和事业团体中具有副科级以上行政级别的领导干部,在国家政治和行政话语体系中专门以"党政领导干部"称之。今天,"干部"作为一种时代的称谓和身份的标志,已经远远不能适应社会的发展,而"官员"也因为遗留旧时代的含义过多而难以在党和国家规范表述中成为主要概念,只有"公务员"一词包含了绝大部分国家公职人员和党组织人员,它和"党政领导干部"一起组成了当前党和国家文件中的称谓主体。

（三）职业道德

"职业"一词从语言学的角度看,"职"是指职位和职责,包含权利与义务;"业"是指行业、工作,含有特定专门性的工作的意思。"职业是指由于社会分工而形成的具有特定专业和专门职责,并以所得收入作为主要生活来源的工作。职业既是人们谋生的手段,也是人与人之间和人与社会进行交往的一种主要渠道。"①《现代汉语词典》将"职业"解释为"个人在社会中所从事的作为主要生活来源的工作",这个解释侧重于经济方面。综合来看,职业是因社会分工而形成的、以所得收入作为主要生活来源、具有特定专业和专门职责的工作。"道德"一词从词源上来说,"道"原指道路,引申为规范,这里是指为政的规范,"德"同"得",故"道德"是指内心的规范,《现代汉语词典》解释为:"社会意识形态之一,使人们共同生活及其行为的准则和规范。道德通过人们的自律或通过一定的舆论对社会生活起约束作用。"因此,"职业道德"就是指"从业者在职业生活中所应遵循的道德规范与行为准则"。② 本书中的"职业道德"是指从事行政或公共事务管理、公共服务中的道德规范与行为准则。

(四)公务员职业道德建设

所谓"公务员职业道德"就是公务员在从事行政管理、公共事务管理和服务中应当遵循的道德规范和行为准则,是"国家公职人员在履行公职、行使公权过程中的行为规范、价值认同和思维方式的总和"。③"建设"就是建立、设置,《现代汉语词典》解释为"(国家或集体)创立新事业或增加新设施"。那么"公务员职业道德建设"就是通过建立制度和各种机制、创设各种条件来促使、保障公务员在行使职业权力过程中遵循公务活动中的道德规范和行为准则,这种制度、机制和条件的建立与创设主要从组织层面和个体层面来进行,而国家和社会环境层面的相关问题本书不作为重点进行研究。

---

① 沈士光:《职业道德》,上海人民出版社 2016 年版,第 4 页。
② 沈士光:《职业道德》,上海人民出版社 2016 年版,第 7 页。
③ 沈士光:《职业道德》,上海人民出版社 2016 年版,第 9 页。

公务员职业道德侧重于个人职业的角度来理解道德,它是指公务员在职业活动过程中应当遵循的道德准则与道德规范的统称,是所有国家公职人员在权力运用和行使过程中的道德意识、道德规范以及道德行为的总和。它通过个人信念、社会舆论和职业道德传统对公务人员的行为产生影响。它的产生和发展受社会形态、生产方式、经济基础、阶级结构、国家政权的性质和组织形式、公务员内部的社会关系、占统治地位的道德观念等影响和制约,但归根结底是由社会经济基础决定的。公务员职业伦理更多的从社会规范、组织规范的角度来体现道德规范和行为准则,是一种实体性安排,具有外在的实际体现,而公务员职业道德则更多的从内心修养、个人内心操守来体现道德规范和行为准则,是侧重精神性的概念,往往只有通过个人道德行为才能得以体现。因此,"公务员职业道德"仅仅是"公务员职业伦理"中的一个方面,组织行为道德的问题主要由"公务员职业伦理或者说行政组织伦理"来解决。[1] 当然,二者并非截然分开,公务员职业道德建设同样需要组织建设得以实现,只是在理论研究中有所侧重而已。

公务员职业道德建设则是在党的领导下,各类行使国家权力的组织、机构和个人采取各种措施、政策和制度,以培育公务员道德意识、确立公务员职业道德规范、设置职业道德标准、影响社会道德舆论等方式来调节和引导公务员职业道德行为的所有活动。这种活动不是单向的,而是双向甚至是多向度的。国家机构和组织不仅通过各种制度和文化来影响公务员个体的道德行为,公务员个体的行为和言语、组织内部的亚文化氛围、社会道德舆论和道德风尚、甚至国际话语的

---

① 由于实际使用中,往往公务员道德建设的问题包含着原本应该由"行政伦理"这个概念来解决的问题,所以,本书在介绍公务员职业道德建设的经验做法时,一般不做区分,统称公务员职业道德,只有在强调组织行为伦理的时候才采取"行政伦理"的提法。

道德压力都会产生复杂的相互影响。

四、研究的重难点与创新之处

（一）研究的重点

本书在马克思主义道德理论、中国共产党关于职业道德建设的有关论述指导下，继承传统官德理论、吸收西方行政伦理和公共管理伦理的有益部分，对中国公务员职业道德的历史和经验进行回顾，调查和论证当代公务员职业道德现状和存在的问题，借鉴古今中外公务员职业道德的经验和教训，提出新时代中国公务员职业道德建设的具体路径。本研究的重点在于：（1）梳理和提炼马克思恩格斯关于职业道德建设有关理论；（2）整理中国共产党关于职业道德建设的有关论述，并对 20 多年来中国公务员职业道德建设的历史经验进行总结、提出创新点；（3）提出改进和完善新时代中国公务员职业道德建设的有效途径和对策。在这三点之中，又以第三点为最重要，全文的铺垫都为最后的对策研究服务。

（二）研究的难点

本研究的难点主要在于以下几点：

（1）在浩如烟海的马克思主义经典文献中梳理、分析出马克思恩格斯关于道德和职业道德的有关论述，是一个较为浩大的工程。笔者对十卷本《马克思恩格斯文集》、四卷本《马克思恩格斯选集》和《马克思恩格斯全集》第一版进行了较为细致的搜索，梳理出和本书密切性较高的论述接近 10 万字，然后进一步取舍，舍弃了大量关于道德的哲学和经济学论述后，最终本书直接引用的有约 1.8 万字。

（2）对我国公务员职业道德建设状况的大规模调研和访谈存在较大的困难。由于资源的限制，对非本地区的公务员进行较大规模的问卷调查非常困难，尤其是处级及以上级别公务员的问卷调查更是非笔者能力所及。尽管采取过间接途径并咨询过广西、广东、山东、湖南等省份的省委党校相关部门,均表示难以提供帮助,他们已有的调查资料也不方便提供。笔者曾现场咨询过中央党校教授韩庆祥、中央党校(国家行政学院)教授许耀桐等知名专家学者,他们也表示中央党校和国家行政学院组织的此类调查有一定的保密性,无法提供有关原始资料,只能查询已发表的相关文献。有鉴于此,笔者不得不对已有的相关调查报告和专著进行数据的二次分析,以支撑本研究的论证。

(3) 提出一个有效的公务员职业道德建设路径和对策是本研究最大的难点。已有的文献对如何进行公务员职业道德建设提出了众多的措施,各自的侧重点有所不同,还有个别博士论文提出的对策甚至比较全面,珠玉在前,如何提出具有自己特色的、综合性解决方案是本文最大的难点。

(三) 研究的创新之处

1. 研究视角的创新

对公务员职业道德的研究,学者们基本上从两个视角进行研究,一个是从个人道德角度来研究,即从道德发生发展的路径来研究,容易陷入就道德论道德的陷阱;另一个是从制度的角度来研究,往往吸收西方行政伦理学的理论过多,没有考虑到中国的社会和经济基础。还有学者仅仅从论述中国化的马克思主义观点和方法来研究公务员职业道德,把其与干部道德混为一谈,对"应然"问题具有较强的意义,而实然问题研究阙如,尤其是对问题的本质认识并不清晰。本研究以马克思主义关于道德的有关论述为理论地基,运用唯物辩证法的方式来阐述研究公务员职业道德建设问题。因此,本研究具有研究视角的创新。

2. 研究方法的创新

对我国公务员职业道德的研究,部分学者采取就事论事的方法,就道德论道德,就制度论制度,也有部分研究把道德与制度、实然与应然结合起来,但又缺乏学理性分析,往往综合性谈官员或公务员职业道德建设的研究而把所有的措施堆在一起,缺少串联起来的内在机理,还有少部分具有学理性分析的研究基本都是基于西方资本主义制度语境下的问题分析,浑然忘了或者不承认中国特有经济、政治和社会基础,因此难免隔靴搔痒。本研究在坚持研读马克思主义经典、坚持马克思主义基本原理的基础上,采取通过对公务员职业道德的内在矛盾分析,较为合理地将各种措施联系起来,呈现出不同的研究范式研究方法的创新。

3. 研究资料的创新

本研究对公务员职业道德建设的研究吸取了最新的文献资料,尤其是十八大、十九大以来关于公务员职业道德建设的新要求、新内容。另外,本研究还对我们党建党以来主要领导人对干部职业道德的有关论证资料进行了较为深入的挖掘和整理,具有较强的创新性。

五、研究的方法

(一)文献法

对马克思主义经典文献的详细占有和科学理解是理论研究的重要方法。本书主要以马克思恩格斯关于道德的有关论述、中国共产党关于干部职业道德的有关论述、美德伦理学、中国传统伦理、现代行政伦理学理论为重要工具,进行大量的文献分析和综合,对公务员职业道德的各个方面进行深入的论证。

另外,本书对公务员职业道德相关的公开数据来进行再次分析,有效论证本书观点,也是一种深度的文献分析法。本书通过对葛晨虹主编的中国人民大学的系列研究报告《中国社会道德发展研究报告(2011—2012)》《中国社会道德发展研究报告(2014)》《中国社会道德发展研究报告(2014)》,樊浩的《中国伦理道德报告》,马向真的《当代中国社会形态与道德生活状况研究报告》,王泽应、向玉乔主编的《中国道德状况报告(2015)》《中国道德状况报告(2016)》等文献的大量数据基础上,进行了再次分析,有效支撑了本研究的论证。

（二）历史分析法

对公务员职业产生以来的古今中外的职业道德规范和实际情况进行了历史性对比分析、辩证分析。通过公务员职业本身的内在矛盾发现公务员职业道德的矛盾,对这种矛盾运动的否定和否定之否定,对公务员职业道德内容的不断扬弃与否定,最后在共产主义社会得到完美解决。

（三）多学科综合法

本研究以马克思主义道德哲学为指导,综合运用行政伦理学、思想政治教育学、政治学等多学科知识来分析我国公务员职业道德问题。本研究从马克思主义道德哲学入手,通过对公务员职业分工、职业道德的形成、职业道德的内在矛盾和发展趋势进行研究,试图找出我国公务职业道德建设的新途径。

第一章　新时代中国公务员职业道德建设概说

公务员制度在我国诞生才仅仅二十余年,关于公务员职业道德的研究更是一个崭新的课题,新时代公务员职业道德建设更是一个具有高度创新性的课题,需要对新时代公务员的职业特点、道德建设原则和建设特征先进行界定和廓清,这样才能将我们中国这个时代的公务员职业道德建设与西方资本主义国家公务员职业道德建设区分开来,这是一个非常重要的前提。新时代中国公务员职业的特点决定了其道德建设的方向、原则,也在一定程度上决定了其道德建设的特征。

一、公务员职业特点

中国公务员职业是社会主义改革开放的产物,是社会主义市场经济的产物,一方面它有着和西方资本主义国家类似的一般职业特点,比如代表公共利益行使权力的公权性、为全体公民谋利益的服务性、遵循严格程序办事的规范性、对职务和岗位尽职的责任性、工作岗位不得随意被辞退的稳定性等等。另外一方面,它也有着本国特色的特点,比如"优越性",由于我国官本位思想历史悠久,中国公务员的社会地位相对比较高,而且工作非常稳定,从事公务员职业具有一定的心理优越感。但是总体而言,中国公务员职业和西方资本主义国家公务员职业存在巨大的区别,其职业特点存在重大差异,新时代中国公务员具有特殊的时代性,主要表现为下列三点。

（一）高度的政治性

西方国家公务员号称具有政治中立性，不涉及政治倾向、价值中立，但中国的公务员是在中国共产党领导下的队伍，拥有鲜明的党性，所有岗位都是为广大人民群众服务而设置的，具有高度的政治性。

作为社会个体被纳入公权力群体的条件，中国公务员无论是不是党员都要自觉接受党的领导，时刻与党中央、国务院保持高度一致，时刻准备为人民群众服务和奉献。这是中国公务员职业最鲜明特点，也是进入这个职业的前提。

作为代表人民群众行使权力的职业，新时代中国公务员必须为出色地完成工作任务而殚精竭虑、鞠躬尽瘁，主动服务、提前思考，对工作中遇到的难题要迎难而上，敢于破除工作中遇到的藩篱和障碍，尤其是要敢于解决因改革而遗留下来的新老问题，敢于担责。"对突出矛盾要有责任意识，主动去解决而不是回避推卸，努力做到发现在早、处置在小。对突发事件要临危不惧、沉着冷静、敢于负责，关键时刻要亲临现场、靠前指挥、果断处置。"①这是总书记对新时代公务员干部个体的要求，更是对整个公务员职业的要求。

高度的政治性体现在公务员"为谁掌权、为谁执政"的根本性问题上，体现在"为谁考虑问题、为谁解决问题"的日常工作之中，即公务员是否坚持人民立场、坚持人民群众利益优先的立场上。有一段时间内，个别公务员没有较好地考虑人民群众的利益而更多地考虑经济发展效率，一定程度上导致民生领域出现不少问题，说明缺少了公务员职业的政治敏感性会造成严重的后果。

（二）强烈的责任性

新时代的到来对中国公务员职业素质提出了更高的要求，在基本

---

① 习近平：《习近平谈治国理政》（第二卷），外文出版社 2017 年版，第 147 页。

社会职业素质的基础上更加强调素质的全面性、专业性和责任性,尤其是由于公务员的职业活动事关群众的切身利益,其责任性因素比其他职业更加强烈。党的十九大报告深刻指出中国特色社会主义新时代的到来,中国的政府改革大幕已经又一次拉开,大量的具体事务落实到公务员职业和工作上,需要公务员不仅完成本职工作,还需要承担为全面建成小康社会承担扶贫攻坚工作、为全面建设社会主义现代化强国而承担改革创新工作、为中华民族伟大复兴承担团结和领导人民群众的工作、为我国日益走进世界舞台中央而承担建设人类命运共同体的伟大工作。这些工作都需要当代公务员日益具有国际化视野、多样化能力、专业化水平,但更重要的是具有强烈的责任意识。习近平指出:"四是要笃实,扎扎实实干事、踏踏实实做人。道不可坐论,德不可空谈。"①习近平指出,新时代更需要公务员具有打破利益藩篱的勇气和决心、具有敢担责、能担责的工作态度。他要求:"党政主要负责同志……不仅亲自抓、带头干,还要勇于挑最重的担子、啃最硬的骨头,做到重要改革亲自部署、重大方案亲自把关、关键环节亲自协调、落实情况亲自督察,扑下身子,狠抓落实。"②

新时代公务员的责任性更加突出地体现在责任的向度上。当今时代的快速发展已经使公务员的管理、控制理念显得陈旧,迫切呼唤具有服务理念、社会治理理念的公务员出场,公务员的责任意识和服务精神尤为迫切,因此,公务员职业道德的责任向度不仅仅是向上级负责、向政府组织负责,还要向人民群众或者说社会公众负责,责任向度既有向上的,也有横向的,更有向下的。只有具有现代责任意识和服务意识的公务员才能处理好新时代的职业行为和职业道德行为。

---

① 习近平:《习近平谈治国理政》,外文出版社 2014 年版,第 173 页。
② 习近平:《习近平谈治国理政》(第二卷),外文出版社 2017 年版,第 106 页。

（三）突出的创新性

公务员职业的创新性在于两个层面。一个层面是机构和岗位的创新性，即国家通过机构改革、岗位优化、工作机制创新和人才队伍创新等一系列创新机制，将党政部门进行优化重组，各项权力进行优化配置，使得岗位编制更加合理，人才队伍结构和能力水平更适应实际工作。通过这种深度改革和要素的合理分配，从而使同样的职业人群发挥出一加一大于二的效果。十九大以来，我国政府正在进行历史上罕见的深度改革，国务院机构改革已经完成，省市机构改革即将到位，明年第一季度所有行政机构改革要全部完成。这是一项巨大的任务，也是一个巨大的创新。同时，我国政府正在进行从上到下的"放管服"改革，对政府机构手中的权力清单进行全面清理，对市场和政府的边界进行划定，有效确定政府该做什么、不该做什么。这同样是一种创新，而且是壮士断腕式的深层次创新。

另一个层面的创新是行政组织框架内部，公务员个体和群体对职业岗位和工作效能的创新。公务员个体的创新主要表现在对公共事务处理的主动性、责任性活动上。十八大以来，大部分公务员能够主动适应新时代的要求，更加积极主动地投入到职业活动中去，以更高的要求提供更好的服务，但是也有少部分公务员不能或不愿适应形势的发展，懒政庸政、推责揽功，甚至个别的公务员领导干部以遵守法规的名义阻挠改革，这就走向了创新的反面。新时代的公务员进行创新要落实到具体的职业活动中去，想办法解决群众遇到的新情况、新问题，对不符合时代要求的旧规定、旧条款要主动向上级汇报、主动创造条件为人民群众解决问题，对确实一时无法解决的要做好解释，同时，对类似的情况进行汇集整理，提交给上级领导和专家进行研究。新时代公务员的职业活动不能违反法律法规，这是前提条件，但是同时也不是完全绝对的，中国的公务员不是执行行政命令的机器，而是党员干部为主体的先锋队,对于符合国家和人民群众实际利益、法律法规明显违背现实情况的,要主动推动相关规定的修改和处置方式的变通,坚决反对教条主义和保守主义。

新时代的发展态势、国内国际形势的巨大变化、中华民族伟大复兴的目标都要求公务员组织和个人创造性地开展工作,因循守旧、怕担责任、推诿扯皮耽误的不仅仅是人民群众个人的利益,更是影响了中华民族伟大复兴的实现。每个中国人的一小步组成了中华民族前进的一大步,新时代公务员是创新驱动的重要群体,新时代的中国公务员职业具有高度创新性特质。

正是新时代中国公务员的职业出现了这么多与以往公务员职业的不同特点,提出了更高的要求,因此推进新时代中国公务员职业道德建设也呈现出继承与创新兼备的特征。

二、新时代公务员职业道德的内容与特征

新时代公务员职业的特点决定了其职业道德规范的内容,没有严格、完善的职业道德规范的引导,公务员的职业道德建设也就会出现疏漏。这也是一个不断发展和完善的过程,就如同党的作风建设,只有进行时,没有完成时,"明者因时而变,智者随事而制",应时刻以时代需求和人民根本利益而推进。

(一)职业道德的内容

历史地来看,公务员职业道德规范的形成是一个不断完善和改进的过程。改革开放初期,中组部在《关于实行干部考核制度的意见》中,规定对干部的考核主要集中在"德、能、勤、绩"四个方面。1994年,原国家人事部在《国家公务员考核暂行规定》中也首次规定公务员的考核内容也包含上述四点。2005年,全国人大颁布《公务员法》,规定要全面考核公务员的"德、能、勤、绩、廉"五个方面。2007年中组部和原人事部首次在《公务员考核规定(试行)》中提出要明确考核公务员

职业道德。2011年，中组部下发了《关于加强对干部德的考核意见》，要求加强干部道德考核，国家公务员局也于同年下发了《公务员职业道德培训大纲》，将公务员职业道德的主要内容明确为"忠于国家、服务人民、恪尽职守、公正廉洁"。2016年6月，中组部、人力资源社会保障部、国家公务员局等三部门联合印发了《关于推进公务员职业道德建设工程的意见》，将公务员职业道德要求进一步明确为"坚定信念、忠于国家、服务人民、恪尽职守、依法办事、公正廉洁"。这个过程是一个逐步明晰、细化的过程，也是一个与时俱进、继承与创新的过程，公务员职业道德内容的变化突出了不同时代的建设主题和时代要求。

新时代中国公务员职业道德规范的主要内容明确为"坚定信念、忠于国家、服务人民、恪尽职守、依法办事、公正廉洁"，与十八大之前相比，增加了"坚定信念"和"依法办事"，反映了社会主义市场经济建设过程中，部分公务员受到各种因素的冲击，理想信念出现了动摇，对人民群众赋予的权力缺乏敬畏，使用权力随意性太大，导致这些公务员在职业活动中给党和国家造成了巨大的损失，必须加强这两个方面的考核。

"坚定信念"是对所有公务员的首要要求，要坚持四项基本原则，拥有坚定的共产主义理想，为党和人民的事业奋斗终生。这里值得特别指出的是，无论公务员个体是不是党员，对其政治素质的要求，尤其是理想信念的要求是不分党员和非党员的，都是国家的重要干部成员，必须有坚定的理想信念做支撑。"忠于国家"是对公务员职业道德的基本要求，反映了公务员为谁工作的基本价值属性，在中华五千年历史上，"卖国贼"是中华民族历来最痛恨的人。"服务人民"要求公务员把国家和人民的利益放在首位，坚持为党分忧、为国建功、为民造福。"恪尽职守"是对公务员服务能力的基本要求，是爱岗敬业精神的具体反映,要求公务员以对党和国家事业极端负责的精神,忠于职守、勤勉尽责,努力提高工作能力和水平。"依法办事"是对公务员依法行政、依法用权的具体要求,反对的是公务员乱办事、办坏事,针对的是一段时期以来部分公务员违法违规办事的不良现象和趋势,体现了新时代依法行政、依法治国的要求。"公正廉洁"是对公务员公正用权、廉洁用权的要求,公务员不得损害党和国家、人民的利益,办事公平公正,不偏不倚、公道正派,反对邪门歪道、任人唯亲、拉帮结派,针对的是少部分公务员吃拿卡要、贪污受贿、一手遮天、办事不公的不良现象。

新时代中国公务员职业道德规范的完善与变化指出了我们进行职业道德建设的基本内容和方向,也决定了建设的基本特征。

(二)职业道德的特征

特征是事物独特的标志,是由事物的内容所规定的。新时代公务员职业道德的特征是内在地包含在时代性和职业道德的特性之中。公务员职业道德具有以下几个重要特征:

1. 鲜明的阶级性

公务员职业道德具有深刻的阶级性,公务员职业道德建设同样具有鲜明的阶级性、政治性。恩格斯在《反杜林论》中指出:"人们自觉地或不自觉地,归根到底总是从他们阶级地位所依据的实际关系中——从他们进行生产和交换的经济关系中,获得自己的伦理观念。"[1]公务员是统治阶级的一部分,其职业道德实质上反映了统治阶级的意识形态,归根结底是反映统治阶级利益的道德。如何对公务员职业道德进行建设也反映了统治阶级的统治方式,或者说治国理政的方式,因此公务员职业道德建设实质上反映了国家机器如何维护阶级利益的

———————

[1]《马克思恩格斯文集》(第九卷),人民出版社2009年版,第99页。

过程。

资本主义国家的公务员职业道德宣扬抽象、伪装的"价值中立"，其本质是掩盖资本集团统治、掩盖公务员群体的工具性，从而披上为全民服务的外衣。社会主义国家的公务员承认自己道德的阶级性，是为广大无产阶级、最广大人民群众服务的，从不号称自己"超党派"、"超阶级"的属性。

2. 高度的主体性

现在进入公务员群体的渠道主要靠全国和各省市的公务员招录考试，这些新的公务员基本都是从普通公民进入到公务员群体或者从普通党员转变成为党员公务员，他的公务员职业道德的形成存在一个道德规范和道德意识进行转换的过程。另外，其他渠道进入公务员队伍的干部，如从基层组织提拔、事业单位转入、部队转业等方式进入公务员队伍的干部，同样也存在一个道德意识转换的过程。这个思想道德意识的转换就是一个道德规范从他律到自律的过程。道德规范只有通过公务员的认识、理解、认同、接受等一系列心理过程转换为人们内心的道德自律并体现在行为中进行实践才能发挥功能。公务员作为职业道德的主体对其外在的道德规范和道德要求不是被动的、机械地接受，更不是对道德行为的简单模仿，也不是强制性地去服从或者功利性、选择性地遵从，而是充分发挥道德主体的能动性、创造性、主动领悟，逐步达到自律的境界：内化于心，外化于行。公务员职业道德规范的最终目的不是仅仅要求公务员遵守这些规则，而是在于激发和培养公务员的道德意识、道德智慧，主动、创造性地开展工作，坚定公务员全心全意为人民服务的信念。公务员对职业道德规范遵从、创造性工作一定要取得内心的认同和接受，这个过程就是他作为道德主体主动的、积极的、甚至自由的状态。因此，公务员职业道德建设具有高度的主体性。

3. 深刻的矛盾性

公务员的职业道德具有深刻的矛盾性,源于他的职业活动和生存方式的二重性:当他作为国家权力的行使人活动于公共行政领域时,他是属于社会整体的,他的职业行为必须以公民形式上的普遍性要求、社会的整体利益为价值取向,任何带有私人倾向、私人利益的言行都将是对公众利益和公正价值的践踏和破坏。由于这种职业生活和私人生活的严重分离、公共利益和个别利益的分裂导致在职业活动中他是"非人"的(社会化、非私人化的),只有当他在非职业活动领域时,他才是他自己,才有个人生活。一方面,个人利益与职业活动领域关系越远,他的职业活动、他的职业精神才越符合公共利益的要求,从而越具有合理性和合法性,但是另一方面,他的私人生活越是远离职业生活、职业活动,他越是有以个人身份介入职业领域的冲突,因为"从现实性上看,每个个人都是一切社会关系的总和",他的社会关系越是有通过他谋取职业利益的可能和倾向,在存在私有制的条件下,公务员个人生活是以生产和生活资料的私人占有作为基础的,因而"各个人所追求的仅仅是自己的特殊的、对他们来说是同他们的共同利益不相符合的利益,所以他们认为,这种共同利益是'异己的'和'不依赖'于他们的,即仍旧是一种特殊的'普遍'利益,或者说,他们本身必须在这种不一致的状况下活动,就像在民主制中一样",①他的个人社会关系必然有侵入职业领域的倾向和需求,这是私有制条件下和存在私有制成分的混合所有制条件下都难以彻底根除的矛盾,因此公务员职业道德建设的矛盾性是深刻的。

4. 强烈的示范性

国家公务员代表国家行使行政和执法权力,他们一方面具有服务

---

① 《马克思恩格斯文集》(第一卷),人民出版社 2009 年版,第 537 页。

职能,另一方面也具有管理和统治职能,因此他们在制定和执行政策、领导和管理行政事务、保障社会各方面和谐运行等工作中,必然居于社会分工体系中的核心和枢纽地位,影响力是超过其他任何职业的。所以公务员职业道德状况如何,对社会群体的影响巨大,不仅是因为公务员本身对权力运行方式和结果的影响,还有对其他职业人群所造成的示范效应从而产生巨大影响。因此公务员职业道德要求公务员必须尽职尽责,富有强烈的责任感和使命感。一般的道德约束基本上是靠社会舆论、心理良知等"软力量"来进行,而公务员职业道德则仅仅靠社会舆论来约束是不够的,因为权力在面对社会舆论的时候还具有"权力的傲慢",只要组织不对公务员个体施加影响,公务员个体的道德行为可以不顾及社会影响而独自存在;其次培育公务员的理想信念和道德良知来实现和维持规范的约束力与规范作用也是有缺陷的,因为道德良知等是内化在公务员个体的内心,外界无法判断与约束,因此公务员职业道德建设还需要法律和法规的约束兜底。也就是说,公务员职业道德建设既需要"自律"也需要"他律"共同配合来实现约束。

第二章　新时代公务员职业道德建设
研究的理论基础和借鉴

研究新时代公务员职业道德建设必须掌握科学的理论武器和分析工具。首先，马克思恩格斯关于道德的重要论述是我们研究新时代公务员职业道德建设的理论基础、理论起点。其次，中国共产党关于干部职业道德建设的重要论述是我们研究新时代公务员职业道德建设的重要理论基础和实践指南。最后，西方行政伦理学的有效、有益的方法是我们进行新时代公务员职业道德建设的重要工具。

一、马克思恩格斯关于道德的重要论述

道德问题及其制度基础一直是马克思恩格斯等经典作家批判资本主义社会的重要视角。马克思认为："观念的东西不外是移入人的头脑并在人的头脑中改造过的物质的东西而已。"①马克思恩格斯没有直接论述道德或职业道德的专著，但是他们在一系列的著作中深刻阐述了道德的相关原理，提出深刻的见解。这些论述是我们公务员职业道德理论的深厚基础，需要我们当代马克思主义者进一步阐述和发掘。

马克思和恩格斯在他们的众多经典著作中都谈到了道德问题，但

①《马克思恩格斯全集》（第一版第二十三卷），人民出版社 1972 年版，第 24 页。

最重要的论述集中在《英国状况·十八世纪》《1844 年经济学哲学手稿》《德意志意识形态》《神圣家族》《黑格尔法哲学批判》《政治经济学批判》《资本论》等著作中。马克思恩格斯等经典作家对道德的本质、发展、范畴、功能等一系列问题进行了探讨,批判了道德的意识形态属性,对资本主义道德、宗教道德进行了深刻的揭露和批判,阐述了共产主义道德的基本特征,形成了丰富的马克思主义伦理思想。尽管马克思恩格斯没有直接分析公务员职业道德,但是他们的一系列原理可以直接运用在公务员职业道德问题的分析上,从原理出发可以逐步分析公务员职业道德建设有关的核心问题。

实际上,马克思恩格斯他们是在批判资本主义经济基础、社会基础和意识形态等一系列问题的基础上建立共产主义道德原理的,这种批判性和建设性紧密地结合在一起,甚至难以剥离,但为了论述问题的方便,本书把它们分成两个部分:批判中的原理阐述和共产主义道德的建立。

（一）马克思恩格斯对道德属性与本质的论述

马克思恩格斯对道德的产生和发展的基础、实质、属性和改变的条件等等一系列的问题都进行了深入的阐述和分析,对我们分析公务员职业道德有直接的指导作用。

1. 道德归根结底是社会经济关系的产物

马克思在诸多著作中都用辩证唯物主义指出了道德的本质和属性,道德归根结底是社会经济关系的产物。他在《德意志意识形态》中清楚地指出:"思想、观念、意识的生产最初是直接与人们的物质活动,与人们的物质交往,与现实生活的语言交织在一起的。人们的想象、思维、精神交往在这里还是人们物质行动的直接产物。表现在某一民族的政治、法律、道德、宗教、形而上学等的语言中的精神生产也是这样。人们是自己的观念、思想等等的生产者,但这里所说的人们是现实的、从事活动的人们,他们受自己的生产力和与之相适应的交往的一定发展——直到交往的最遥远的形态——所制约。意识在任何时候都只能是被意识到了的自己存在,而人们的存在就是他们的现实生活过程。"①这就说,道德这样的观念的存在基础是人们的生活过程、生活实际。马克思又进一步指出,这个实际就是社会经济状况:"我们断定,一切以往的道德论归根到底都是当时的社会经济状况的产物。"②资产阶级社会的社会经济状况直接体现市民社会的状况,一定程度上,资本主义社会就是市民社会,因此道德的直接的社会和经济基础在于市民社会,市民社会是解释道德奥秘的发源地:"从直接生活的物质生产出发阐述现实的生产过程,把同这种生产方式相联系的、它所产生的交往形式即各个不同阶段上的市民社会理解为整个历史的基础,从市民社会作为国家的活动描述市民社会,同时从市民社会出发阐明意识的所有各种不同的理论产物和形式,如宗教、哲学、道德等等,而且追溯它们产生的过程。"③而市民社会的经济基础在于私有财产、在于财产的不可让渡以及在此基础上的道德:"不可让渡的财产所具有的伦理特质究竟何在呢? 就在于不可收买。不可收买是最高的政治美德,是抽象的美德。"④在这里,我们可以清晰地看到:道德与经济基础、经济基础与市民社会、市民社会与私有财产之间的因果关系,也就是私有财产与资本主义道德的关系。

我们可以从这些原理来认识职业道德:它当然也是社会经济关系的产物,是资本主义社会生产力高度发展、社会交往高度发达的产物。资本主义公务员职业道德就是资本主义国家公务员在职业生活

---

① 《马克思恩格斯文集》(第一卷),人民出版社 2009 年版,第 524—525 页。
② 《马克思恩格斯文集》(第九卷),人民出版社 2009 年版,第 99 页。
③ 《马克思恩格斯文集》(第一卷),人民出版社 2009 年版,第 544 页。
④ 《马克思恩格斯全集》(第二版第三卷),人民出版社 2002 年版,第 129 页。

中产生的观念和思想。

2. 道德的本质是意识形态,具有阶级性

马克思恩格斯指出,现代国家资本主义国家的基础是市民社会,人权就是市民社会的观念:"正如古代国家的自然基础是奴隶制一样,现代国家的自然基础是市民社会以及市民社会中的人,即仅仅通过私人利益和无意识的自然必然性这一纽带同别人发生联系的独立的人,即为挣钱而干活的奴隶,自己的利己需要和别人的利己需要的奴隶。现代国家通过普遍人权承认了自己的这种自然基础本身。它并没有创造这个基础。正如现代国家是由于自身的发展而挣脱旧的政治桎梏的市民社会的产物,而今它又通过人权宣言承认自己的出生地和自己的基础。"①但是,资本主义社会的这种循环论证并没有解决阶级对立,而是掩盖了阶级对立:"到现在为止,社会一直是在对立的范围内发展的,在古代是自由民和奴隶之间的对立,在中世纪是贵族和农奴之间的对立,近代是资产阶级和无产阶级之间的对立。"②资本主义国家道德的实质就是资本家的道德。"统治阶级的思想在每一个时代都是占统治地位的思想。这就是说,一个阶级是社会上占统治地位的物质力量,同时也是社会上占统治地位的精神力量。"③"社会直到现在是在阶级对立中运动的,所以道德始终是阶级的道德;它或者为统治阶级的统治和利益辩护,或者当被压迫阶级变得足够强大时,代表被压迫者对这个统治的反抗和他们的未来利益。"④资本主义国家统治阶级的道德是什么呢? 马克思恩格斯是这么说的:"资产阶级的力量全部取决于金钱,所以他们要取得政权就只有使金钱成为人在立法上的行

---

① 《马克思恩格斯文集》(第一卷),人民出版社 2009 年版,第 312—313 页。
② 《马克思恩格斯全集》(第一版第三卷),人民出版社 1960 年版,第 507 页。
③ 《马克思恩格斯文集》(第一卷),人民出版社 2009 年版,第 550 页。
④ 《马克思恩格斯文集》(第九卷),人民出版社 2009 年版,第 99 页。

为能力的唯一标准。他们一定得把历代的一切封建特权和政治垄断权合成一个金钱的大特权和大垄断权。资产阶级的政治统治之所以具有自由主义的外貌，原因就在于此。资产阶级消灭了国内各个现存等级之间一切旧的差别，取消了一切依靠专横而取得的特权和豁免权。他们不得不把选举原则当成统治的基础，也就是说在原则上承认平等；他们不得不解除君主制度下书报检查对报刊的束缚；他们为了摆脱在国内形成独立王国的特殊的法官阶层的束缚，不得不实行陪审制。就这一切而言，资产者真像是真正的民主主义者。但是资产阶级实行这一切改良，只是为了用金钱的特权代替以往的一切个人特权和世袭权。这样，他们通过选举权和被选举权的财产资格的限制，使选举原则成为本阶级独有的财产。平等原则又由于被限制为仅仅在'法律上的平等'而一笔勾销了，法律上的平等就是在富人和穷人不平等的前提下的平等，即限制在目前最主要的不平等的范围内的平等，简括地说，就是简直把不平等叫做平等。"①

　　既然资产阶级这样把本末颠倒，那么他们必须用意识形态手段加以掩盖，因此资产阶级及其理论家将国家伪装成全民的国家，将自身的利益伪装成全体的利益，马克思恩格斯对此洞若观火："因为每一个企图取代旧统治阶级的新阶级，为了达到自己的目的不得不把自己的利益说成是社会全体成员的共同利益，就是说，这在观念上的表达就是：赋予自己的思想以普遍性的形式，把它们描绘成唯一合乎理性的、有普遍意义的思想。"②"以观念形式表现在法律、道德等等中的统治阶级的存在条件（受以前的生产发展所限制的条件），统治阶级的思想家或多或少有意识地从理论上把它们变成某种独立自在的东西，在统治阶级的个人意识中把它们设想为使命等等；统治阶级为了反对被

---

① 《马克思恩格斯全集》（第一版第二卷），人民出版社1957年版，第647—648页。
② 《马克思恩格斯文集》（第一卷），人民出版社2009年版，第552页。

压迫阶级的个人,把它们提出来作为生活准则,一则是作为对自己统治的粉饰或意识,一则是作为这种统治的道德手段。"①

这样,通过精神和利益的伪装,资产阶级成功地将自己的利益建立在市民社会的基础之上,形成了资本主义国家,并以个人利益和共同利益将全体人民捆绑在私有制的战车上。西方公务员职业道德就是建立在资本主义国家意识形态的基础上,从整体上来说,是掩盖资本主义统治的精神外衣,从部分实质上来说,反映了当代资本主义市民社会的发展与深化。

3. 改变道德首先改变社会结构和社会关系

马克思主义认为,要改变道德情况必须首先改变社会结构和社会关系。马克思指出道德同社会现实发生矛盾,那么一定是社会关系和生产力发生了矛盾:"如果这种理论、神学、哲学、道德等等同现存的关系发生矛盾,那么,这仅仅是因为现存的社会关系同现存的生产力发生矛盾。"②他进一步指出,道德的内在要求和现实生活之间的冲突与差距本质上来说并不是思想问题:"意识的一切形式和产物不是可以通过精神的批判来消灭的,不是可以通过把它们消融在'自我意识'中或化为'怪影'、'幽灵'、'怪想'等等来消灭的,而只有通过实际地推翻这一切唯心主义谬论所产生的现实的社会关系,才能把它们消灭;历史的动力以及宗教、哲学和任何其他理论的动力是革命,而不是批判。"③

任何革命只有切实地改变了社会的结构和关系,才能推动道德环境的改变,仅仅靠观念的变革是无济于事的。马克思和恩格斯指出:"每个个人和每一代所遇到的现成的东西:生产力、资金和社会交往

---

① 《马克思恩格斯全集》(第一版第三卷),人民出版社 1960 年版,第 492 页。
② 《马克思恩格斯文集》(第一卷),人民出版社 2009 年版,第 534—535 页。
③ 《马克思恩格斯文集》(第一卷),人民出版社 2009 年版,第 544 页。

形式的总和,是哲学家们想象为'实体'和'人的本质'的东西的现实基础,是他们加以神化并与之斗争的东西的现实基础,这种基础尽管遭到'自我意识'和'唯一者'的身份出现的哲学家们的反抗,但它对人们的发展所起的作用和影响却丝毫也不因此而受到干扰。各代所遇到的这些生活条件还决定着这样的情况:历史上周期性地重演的革命动荡是否强大到足以摧毁现存一切的基础;如果还没有具备这些实行全面变革的物质因素,就是说,一方面还没有一定的生产力,另一方面还没有形成不仅反抗旧社会的个别条件,而且反抗旧的'生活生产'本身、反抗旧社会所依据的'总和活动'的革命群众,那么正如共产主义的历史所证明的,尽管这种变革的观念已经表述过千百次,但这对于实际发展没有任何意义。"①从上述马克思关于道德的分析出发,我们可以看出公务员职业道德建设仅仅靠教育或者批判是解决不了问题的(尽管教育或者批判也很重要),它必须和现实生活措施紧紧地联系起来,它只有涉及现实的利益的冲突与调整才能深入下去,正所谓:"触动利益比触及灵魂还难。"

4. 职业道德的根源来自于社会分工

马克思《德意志意识形态》中指出,职业是社会分工的结果,是生产力发展的结果,但大规模职业的固化是社会生产力发展到资本主义阶段才有的事情。"在资本主义社会,分工已经相当发达,特别是在工业革命的推动下,从机器大工业到工场手工业,分工越来越细,专业化程度越来越高。固定的职业模式在资本主义社会也完全形成,社会生活完全实现固化。"②随着社会分工的日渐发达,职业分工日益精细化、专业化,市场被越来越细分为不同的产业,每天都涌现出大量含有不

---

① 《马克思恩格斯文集》(第一卷),人民出版社 2009 年版,第 545 页。
② 刘秀:《唯物史观的第一次系统阐述:〈德意志意识形态〉解读》,现代出版社2016 年版,第 47 页。

同技术含量的新产品，人口增加的同时交易频率也快速提高，既有大量同类的市场行为在稳定运行，又不时涌现新的交易类型，国内国际的贸易空间大大拓展，市场交易的法律和行为规则也越来越深化等等，人类的交往行为和交往空间获得空前的巨大发展。基于这些基础上的国家必须提供专业化的行政管理与服务才能完成统治，在这个时代条件下，资产阶级统治权的实现必须通过从统治权当中剥离出的专门化的行政职能，借助于专业化的行政服务才成为可能。

统治权分裂为政治和行政是资产阶级在生产力要求下迫不得已的行为，公务员职业的形成就是统治集团内部分工的产物。它将统治权分裂为领导权和执行权——就如恩格斯在《家庭、私有制和国家的起源》里指出的一样：阶级的形成的一切发端，都只是与生产相联系的；他们把从事生产的人分成了领导者和执行者。这样一来，统治阶级就能将所有源于决策问题的东西归咎于执行者，即公务员："所有的国家都在行政机关无意地或有意地办事不力这一点上去寻求原因，于是它们就把行政措施看成改正国家缺点的手段。为什么呢？就因为行政是国家的组织活动。"①通过这种手段，统治阶级成功地掩盖了统治的根源而将问题推给了行政。行政与政治二分的奥秘在于资本家从赤裸裸的统治前台隐藏到幕后去，行政成为政治角斗场的遮羞布和替死鬼，公务员则是统治者用来从民众的沸水中捞取利益的笊篱。正是这种掩盖和遮蔽，资本主义公务人员的道德关系披上了虚幻的外衣而难以认清，要改变其职业道德往往被认为是公务人员个体或行政组织的问题。这就是资本主义职业道德的意识形态属性。

（二）马克思恩格斯关于社会主义道德的论述

马克思恩格斯对社会主义道德（共产主义道德）进行了诸多的论

---

① 《马克思恩格斯全集》（第一版第一卷），人民出版社1960年版，第479页。

述,但没有专门的著作来进行阐述,相关论述散见于不同的著作中。按照马克思的设想,共产主义社会中的道德和社会主义社会中的道德是有区别的,社会主义社会是还残留有资本主义社会痕迹、劳动阶级掌握政权的社会,人们的道德还不能彻底解决个人和社会的冲突问题,而共产主义社会中则不存在这些问题。但相对社会主义初级阶段的今天而言,社会主义道德和共产主义道德都是社会总体道德水平较高的无产阶级道德。本书在这里对社会主义道德和共产主义道德不做严格区分,都是指无产阶级的道德规范和要求。

1. 从公私利益一致性的角度论述社会主义道德

马克思恩格斯首先将道德置于坚实的利益基础之上,他们指出:"既然正确理解的利益是全部道德的原则,那就必须使人们的私人利益符合于人类的利益。既然从唯物主义意义上来说人是不自由的,就是说,人不是由于具有避免某种事物发生的消极力量,而是由于具有表现本身的真正个性的积极力量才是自由的,那就不应当惩罚个别人的犯罪行为,而应当消灭产生犯罪行为的反社会的温床,使每个人都有社会空间来展示他的重要的生命表现。既然是环境造就人,那就必须以合乎人性的方式去造就环境。既然人天生就是社会的,那他就只能在社会中发展自己的真正的天性;不应当根据单个个人的力量,而应该根据社会的力量来衡量人的天性的力量。"①这里整体上论述了个人利益和人类利益的一致性,指出社会主义社会的道德消除了公私分离的根源,"在共产主义社会里,人和人的利益并不是彼此对立的,而是一致的,因而竞争就消失了。当然也就谈不到个别阶级的破产,更谈不到像现在那样的富人和穷人的阶级了。"②

而在资本主义社会,"利益被升格为人类的纽带——只要利益仍

---

① 《马克思恩格斯文集》(第一卷),人民出版社 2009 年版,第 335 页。
② 《马克思恩格斯全集》(第一版第二卷),人民出版社 1957 年版,第 605 页。

然正好是主体的和纯粹利己的——就必然会造成普遍的分散状态，必然会使人们只管自己，使人类彼此隔绝，变成一堆互相排斥的原子。"①只有这样，资本主义私有制才能维持，"只要外在化的主要形式即私有制仍然存在，利益就必然是单个利益，利益的统治必然表现为财产的统治。"②"竞争的矛盾和私有制本身的矛盾是完全一样的。单个人的利益是要占有一切，而群体的利益是要使每个人所占有的都相等。因此，普遍利益和个人利益是直接对立的。"③这样，资本主义道德的实质就是维护资本主义的分配方式、统治方式，要消灭资本主义社会及其道德，就必须消灭私有制，只有在资本主义废墟的基础上才能建立社会主义道德："……共产主义者既不拿利己主义来反对自我牺牲，也不拿自我牺牲反对利己主义，理论上既不承认是从那感情的形式，也不是从那夸张的思想形式去领会这个对立，而是在于揭示这个对立的物质根源，随着物质根源的消失，这种对立自然而然也就消灭。共产主义者根本不进行任何道德说教……共产主义者不向人们提出道德上的要求……无论利己主义还是自我牺牲，都是一定条件下个人自我实现的一种必要形式。……那些有时间从事历史研究的为数不多的共产主义理论家，他们突出的地方在于：只有他们才发现了'共同利益'在历史上任何时候都是作为'私人'的个人造成的。他们知道，这种对立只是表面的，因为这种对立的一面即所谓'普遍的'一面总是不断地由另一面即私人利益的一面产生的，它决不是作为一种独立历史的独立力量而与私人利益相对抗，所以这种对立在实践中总是产生了消灭，消灭了又产生。因此，我们在这儿见到的不是黑格尔式的对立面的'否定统一'，而是过去的由物质决定的个人生存方式由物质所决定

---

① 《马克思恩格斯文集》(第一卷)，人民出版社2009年版，第94页。
② 《马克思恩格斯文集》(第一卷)，人民出版社2009年版，第94页。
③ 《马克思恩格斯文集》(第一卷)，人民出版社2009年版，第73页。

的消灭,随着这种生存方式的消灭,这种对立连同它的统一也同时跟着消灭。"①

马克思恩格斯正是在这种公共利益和私人利益的对立统一角度论述了社会主义道德的产生、存在与发展,不消灭社会与个人的对立,不消灭私有制,公私对立就不会消失,公务员职业道德的矛盾根源也不会消失,如何搞好公务员职业道德建设就是贯穿整个社会主义初级阶段的重要问题。

2. 从生产力与生产关系的角度论述社会主义道德

马克思认为,有什么样的生产方式就有什么样的生产关系,生产关系直接体现了物质条件:"人们用以生产自己的生活资料的方式,首先取决于他们已有的和需要再生产的生活资料本身的特性。这种生产方式不应当只从它是个人肉体存在的再生产这方面加以考察。更确切地说,它是这些个人的一定的生活方式,是它们表现自己生命的一定方式、他们的一定的生活方式。个人怎样表现自己的生命,他们自己就是怎样。因此,他们是什么样的,这同他们的生产是一致的——既和他们生产什么一致,又和他们怎样生产一致。因而,个人是怎么样的,这取决于他们进行生产的物质条件。"②他阐述了物质条件对人的道德产生了决定性的影响:"如果这个人的生活条件使他只能牺牲其他一切特性而单方面地发展某一特性,如果生活条件只提供给他发展这一种特性的材料和时间,那末这个人就不能超出单方面的、畸形的发展。任何道德说教在这里都不能有所帮助。并且这个受到特别培植的特性发展的方式如何,又是一方面取决于为他的发展所提供的材料,另一方面决定于其他特性被压抑的程度和性质。"③

---

① 《马克思恩格斯全集》(第一版第三卷),人民出版社 1960 年版,第 275—276 页。
② 《马克思恩格斯文集》(第一卷),人民出版社 2009 年版,第 519—520 页。
③ 《马克思恩格斯全集》(第一版第三卷),人民出版社 1960 年版,第 295—296 页。

从生产力和生产关系、经济基础和上层建筑的角度论述意识形态的根源是马克思恩格斯的深邃之处，它突出地体现了包括道德在内的意识形态的唯物主义根源，但是也常常被后人发挥之后导致了一些西方理论家所质疑的"生产力决定论"，在道德领域也是如此。这其实是马克思之后的一些理论家对马克思主义道德理论进行有选择性的阐释、同时西方一些理论家有意无意误解或歪曲的结果。马克思恩格斯之所以不单独对道德问题进行论证和详细阐述，并非是他们认为道德"仅仅"可以由经济或者利益直接"决定"，恰恰相反，而是他们认为道德是历史社会发展的产物，反映的是当时的人们对包括物质利益在内的各种利益产生、分配和调节的状况，而其中对利益分配起决定性作用的就是与生产力相适应的基本经济制度。因此，道德就是对生产力、对经济基础进行"反映"、受其影响、自身又能影响对方——这一历史唯物主义原理的生成性应用。社会主义道德更是一种新生的道德，它的社会基础、经济基础必然在不断的历史形成过程中，它自身也是随时代"流变"的。因此马克思恩格斯并没有去详细论述社会主义道德的有关方面，但是在他们的理论内核中已经天然地包含了对道德问题的论述，也天然地反对了资产阶级抽象的"人性论"道德。

3. 从异化和异化的扬弃角度论述社会主义道德

马克思在经济学哲学角度论述社会主义道德的时候，往往从异化及其扬弃的角度来论述社会主义道德的实现。

人的本质的异化与扬弃是从人本哲学角度阐释的社会主义道德。"扬弃是把外化收回到自身的、对象性的运动。——这是在异化之内表现出来的关于通过扬弃对象性本质的异化来占有对象性本质的见解；这是异化的见解，它主张人的现实的对象化，主张人通过消灭对象世界的异化的规定、通过在对象世界的异化存在中扬弃对象世界而现实地占有自己的对象性本质，正像无神论作为神的扬弃就是理论的人道主义的生成,而共产主义作为私有财产的扬弃就是要求归还真正人的生命即人的财产,就是实践的人道主义的生成一样;或者说,无神论是以扬弃宗教作为自己的中介的人道主义,共产主义则是以扬弃私有财产作为自己的中介的人道主义。只有通过这种中介的扬弃——但这种中介是一个必要的前提——积极地从自身开始的即积极的人道主义才能产生。"①人的本质的异化与扬弃也就是道德的异化与扬弃,只有对资本主义异化道德的扬弃才能有社会主义道德的生成。

　　财产的异化与扬弃是从经济学角度阐述的社会主义道德。首先,"人类分解为一大堆孤立的、互相排斥的原子,这种情况本身就是一切同业公会利益、民族利益以及一切特殊利益的消灭,是人类走向自由的自主联合以前必经的最后阶段。人,如果正像他现在接近于要做的那样,要重新回到自身,那么通过金钱的统治而完成外在化,就是必由之路。"②然后,通过金钱,即私有财产的运动完成了异化的扬弃:"不难看到,整个革命运动必然在私有财产的运动中,即在经济的运动中,为自己既找到经验的基础,也找到理论的基础。这种物质的、直接感性的私有财产,是异化了的人的生命的物质的、感性的表现。私有财产的运动——生产和消费——是迄今为止全部生产的运动的感性展现,就是说,是人的实现或人的现实。宗教、家庭、国家、法、道德、科学、艺术等等,都不过是生产的一些特殊的方式,并且受生产的普遍规律的支配。因此,对私有财产的积极的扬弃,作为对人的生命的占有,是对一切异化的积极扬弃,从而使人从宗教、家庭、国家等等向自己的合乎人性的存在即社会的存在的复归。宗教的异化本身只是发生在意识领域、人的内心领域,而经济的异化是现实生活的异化,——因此对异

---

① 《马克思恩格斯文集》(第一卷),人民出版社 2009 年版,第 216 页。
② 《马克思恩格斯文集》(第一卷),人民出版社 2009 年版,第 95 页。

化的扬弃包括两个方面。"①

4. 从社会分工角度论述社会主义道德的实现

马克思曾经指出,私有制和分工是同一个问题的两个方面,要实现社会主义及其道德,必须消灭分工的社会基础:"个人力量(关系)由于分工而转化为物的力量这一现象,不能靠人们头脑里抛开关于这一现象的一般观念的办法来消灭,而只能靠个人重新驾驭这些物的理论,靠消灭分工的办法来消灭。没有共同体,这是不可能实现的。只有在共同体中,个人才能获得全面发展其才能的手段,也就是说,只有在共同体中才能有个人自由。在过去的种种冒充的共同体中,如在国家等等中,个人自由只是对那些在统治阶级范围内发展的个人来说是存在的,他们之所以有个人自由,只是因为他们是这一阶级的个人。从前各个人联合而成的虚假的共同体,总是相对于各个人而独立的;由于这种共同体是一个阶级反对另一个阶级的联合,因此对于被统治的阶级来说,它不仅仅是完全虚幻的共同体,而且是新的桎梏。在真正的共同体的条件下,各个人在自己的联合中并通过这种联合获得自己的自由。"②马克思在这里已经指出的社会主义公务员职业道德实现的根本路径:消灭分工、全面发展。"个人的全面发展,只有到了外部世界对个人才能的实际发展所起的推动作用为个人本身所驾驭的时候,才不再是理想、职责等等,这也正是共产主义者所向往的。"③

消灭分工也就是消灭了公务员职业道德的矛盾对立基础,国家就从虚假的共同体转变为真正的共同体,公务员也就成为人民的勤务员。"我们在前面已经指出,要消灭关系对个人的独立化、个性对偶然性的屈从、个人的私人关系对共同的阶级关系的屈从等等,归根到底

---

① 《马克思恩格斯文集》(第一卷),人民出版社 2009 年版,第 186 页。
② 《马克思恩格斯文集》(第一卷),人民出版社 2009 年版,第 570—571 页。
③ 《马克思恩格斯全集》(第一版第三卷),人民出版社 1960 年版,第 330 页。

都要取决于分工的消灭。我们也曾指出，只有交往和生产力已经发展到这样普遍的程度，以致私有制和分工变成了它们的桎梏的时候，分工才会消灭。我们还曾指出，私有制只有在个人得到全面发展的条件下才能消灭，因为现存的交往形式和生产力是全面的，所以只有全面发展的个人才可能占有它们，即才可能使它们变成自己的自由的生活活动。我们也曾指出，现代的个人必须去消灭私有制，因为生产力和交往的形式已经发展到这样的程度，以致它们在私有制的统治下竟成了破坏力量，同时还因为阶级对立达到了顶点。最后，我们曾指出，私有制和分工的消灭同时也就是个人在现代生产力和世界交往所建立的基础上的联合。"①

社会主义道德的实现在于真实的、共同的生活方式，在于人与人之间的依赖而不是竞争："在共产主义社会中，即在个人的独创的和自由的发展不再是一句空话的唯一的社会中，这种发展正是取决于个人间的联系，而这种个人间的联系则表现在下列三个方面，即经济前提，一切人的自由发展的必要的团结一致以及在现有生产力基础上的个人的共同活动方式。因此，这里谈的是一定历史发展阶段上的个人，而绝不是任何偶然的个人，至于不可避免的共产主义革命就更不用说了，因为它本身就是个人自由发展的共同条件。当然，个人关于个人间的相互关系的意识也将完全是另外一回事，因此，它既不会是'爱的原则'或 devouement[自我牺牲精神]，也不会是利己主义。"②

二、中国共产党关于公务员职业道德建设的有关论述

中国公务员制度的产生与发展见证了中华民族筚路蓝缕的探索历程，也是中华民族一百多年以来奋斗的产物。中国公务员职业道德

---

① 《马克思恩格斯全集》(第一版第三卷)，人民出版社 1960 年版，第 516 页。
② 《马克思恩格斯全集》(第一版第三卷)，人民出版社 1960 年版，第 516 页。

建设的历史就是一部中华民族发奋图强的精神史,中国的公务员职业道德就是中国特色社会主义公务员职业道德,它凸显了中西文化交汇的底色,充满了现代与传统交融的文明气息,继承和发扬了马克思主义从政道德思想,是将现代公务员职业道德与中国的革命与社会主义建设实践相结合的产物。中国共产党人带领全国人民经过近百年的努力,逐步形成了具有鲜明中国特色的马克思主义公务员职业道德,中国公务员职业道德建设的历史经验与教训体现了中国历代领导人对中国道路的探求和创新,深入总结和发展中国公务员职业道德建设的成果与经验是坚持中国道路自信、制度自信、理论自信和文化自信的重要支撑。

中国共产党自成立开始就非常注重党员的道德问题,认为党员干部的良好道德是搞好革命的重要因素。从建党到第一次国内革命时期,当时党员人数不多,志愿加入共产党的基本都是革命积极分子,党的主要任务是发展党员、进行革命,党还没有掌握国家和地方政府政权,领导干部的道德还没有成为突出的问题排到议事日程上来,但是我们党也提前注意到了该问题。1926 年 8 月 4 日,中国共产党通过了第一个反腐文件《坚决清洗贪污腐化分子》的通告,要求全党坚决清除坏分子、与坏倾向做斗争以保证党员的道德高尚和党的威望,[①]1927年 4 月党内又成立监察机构尝试以反腐机构保障党员的道德纯洁性。井冈山革命根据地时期,毛泽东提出了"三大纪律""六项注意",对军队和党员干部提出了具体要求。到抗日战争开始后,我们党已经掌握了大片根据地的政权,各级干部有条件有机会出现道德失范现象,加上国共合作时期受国民党和封建残余势力的影响,党和政府内出现了不良苗头,毛泽东及时提出了要和不良行为作斗争的号召,并在抗战

---

① 中共中央文献研究室,中央档案馆:《建党以来重要文献选编》(1921—1949)》第三册,中央文献出版社 2011 年版,第 348—349 页。

后期开展了举世瞩目的延安整风运动,大大提高了全党干部的思想道德水平,其影响之大惠及今日之党。

新中国成立后,干部道德成为党和国家关注的重点之一,尤其以处理"刘青山、张子善"为代表的案件对广大党员干部起到了极大的震慑作用,随后一系列的群众运动虽然不乏过火甚至错误的地方,但都在一定程度上对党员干部的道德不良倾向起到了肃清的作用,即使是在"文化大革命"之中,道德作风问题依然是所有干部不能触及的禁区。改革开放之后,邓小平等党和国家领导人及时提出抓两个文明的议题,尤其是在八九风波之后,邓小平将广大党员干部的道德作风问题提高到一个新的高度。江泽民狠抓"三讲"活动并提出"三个代表"重要思想,胡锦涛提出"八荣八耻"和科学发展观等等,都对党员干部的道德问题做出了深刻的阐述和较高的要求。十八大之后,以习近平为核心的党中央重拳出击强力反腐,老虎苍蝇一起打,短短数年时间,全国风气为之一清,正本清源,广大党员干部和公务员的职业道德水平已经有了很大的改观。自古以来,任何国家的执政党都面临腐败和道德作风问题,我们今天的这些成就来之不易,主要在于我们有一个强有力的、能够及时自我清洁的党,而我们党的一大优势就是领导干部带头以身作则、率先垂范,从毛泽东、周恩来到今日的习近平、李克强,历届党和国家的主要领导人都严于律己,堪称道德楷模。

党的十八大以来,党中央以前所未有的政治智慧狠抓党风和廉政建设,一边通过持续高压反腐,一边通过群众路线教育实践活动、三严三实等活动监督和教育全体党员干部,在全国上下获得了空前的支持和成功,在政府部门、企事业机构和机关团体里,实现了作风的大转变。尤其是对公务员群体而言,以简政放权、审计风暴、严格财务纪律、严查违反八项规定为代表的一系列行动,使公务员群体的政治生态发生了巨大的变化。从一个相对稳定自由、福利好、权力大、地位高的状态,转变为工作责任大、工作纪律严、服务要求高、工资收入一般的状态。这是我国迈入新时代之后对公务员和政府机构提出的新要求。这个新要求是完善社会主义政治制度、实现现代法治和提升国家治理能力的具体体现,对落实公务员廉政纪律、提高公务员职业道德水平、转变社会风气具有巨大的推动作用。本书所要梳理公务员职业道德建设,对提升国家治理水平和治理能力的影响,具有较大的现实意义。

(一)毛泽东思想关于干部道德建设的论述

毛泽东是新中国的主要缔造者和领导人,他在长期的革命和建设实践中形成了具有中国特色和中国气派的马克思主义理论——毛泽东思想,他也创造性地发展了马克思主义干部道德建设思想,是我国公务员职业道德建设的重要思想来源。

毛泽东的干部道德思想认为:思想政治方向的问题是干部道德建设的头等问题,只有各级干部都是真正的马克思主义者,坚持共产主义,才能提高干部队伍的战斗力。毛泽东干部道德思想的重要特点是注重阶级性和实践性,这与他和中国共产党的第一代领导人在马克思主义理论指导下、从半封建半殖民地的旧中国基础上、经历了血与火的考验艰难地建立了社会主义新中国的革命实践有极大的关系。鸦片战争之后到五四运动时期,中国无数仁人志士试图以各种主义和方案来改变旧中国,救亡图存成为当时社会的主旋律,但无一例外都失败了。就在这个关键时刻,十月革命一声炮响为中国送来了马克思列宁主义,以毛泽东为代表的中国共产党人以马克思主义理论科学地分析了当时的社会性质,提出了适合中国国情的斗争方略,并在随后几十年的革命和建设实践中一再证明:只要正确地把握马克思主义来指导实践,我们党就战无不胜,只要须臾离开马克思主义,我们党就会遭受挫折。几十年的革命斗争和社会主义建设经验让第一代领导人对队伍的思想纯洁性、方向性和务实态度高度关注。没有正确的政治方向和高度的思想觉悟，干部队伍在艰难的条件下难以带领人民艰苦奋斗。因此，毛泽东提出各级领导干部要在革命与建设实践中不断与党内外的非马克思主义思想作斗争，都要是真正的马克思主义者，坚持共产主义，才能够保持党员领导干部的本色。与此同时，毛泽东干部道德思想高度注重理论联系实际的实践性，注意将道德问题与实际问题相联系，具体问题具体分析，反对教条主义、本本主义，将马克思主义与现实实践相结合。在革命斗争的环境下，任何教条主义和本本主义都会带来巨大危害甚至生死存亡的危机，只有在具备了深刻的理论指导、务实的工作态度和高度的奉献精神的前提下去完成工作才能化解矛盾和危机。

其次，注重理想性追求是毛泽东干部道德思想的重要特征。毛泽东认为：坚持走社会主义道路，并为共产主义最高理想不懈奋斗是每个共产党员的必备的内在精神。毛泽东在《新民主主义论》中曾经指出，"现在封建阶级有封建主义，资产阶级有资本主义，佛教徒有佛教主义，基督徒有基督主义，农民有多神主义……，为什么无产阶级不可以有一个共产主义呢？"[1]毛泽东在《论联合政府》中指出"我们共产党人从来不隐瞒自己的政治主张。我们的将来纲领或最高纲领，是要将中国推进到社会主义社会和共产主义社会去的，这是确定的和毫无疑义的。"[2]毛泽东认为，革命干部必须为了党的最高纲领而不懈奋斗，甚至牺牲自己的一切，只有这样才能保持干部的革命性和先进性。要实现我党的最高理想，各级党员干部就必须下定牺牲个人的信心，不但要下决心牺牲升官、牺牲发财，还要随时准备牺牲自己的生命。各级领导干部应当以热情、汗水、甚至鲜血和生命为共产主义进行奋斗。

---

① 《毛泽东选集》（第二卷），人民出版社1991年版，第687页。
② 《毛泽东选集》（第三卷），人民出版社1991年版，第1059页。

同时,还要重视"不懈奋斗",如果没有这一条,领导干部就容易"开小差',就容易被资产阶级落后思想腐蚀,造成政治不坚定,从而影响干部道德。

(二) 邓小平干部道德建设思想

如果说毛泽东干部道德思想的语境是"革命"的话,那么邓小平干部道德思想的语境就是"建设"。邓小平是中国特色社会主义理论的开创者,也是我国改革开放和社会主义现代化建设的总设计师。他一方面继承和发展了毛泽东的干部道德建设思想,另一方结合将近20年的改革开放实践经验,创新了干部道德理论,形成了较为系统的中国特色社会主义干部道德建设思想。

邓小平理论的特色之一就是充分体现了马克思主义哲学的二分法,对事物的矛盾进行全面的考虑,落实到治国理政的操作上,就是"两手抓,两手都要硬",体现到干部职业道德思想上就是两个"并重":

一个是干部道德建设必须教育与法制并重,从思想和制度两个角度进行了规范。他一方面继承了毛泽东干部道德的革命性要求,要求干部必须通过思想教育来坚持正确的政治方向,另一方面他体现了对制度保障性作用的重视,强调要靠规章制度和法律手段来防范干部道德堕落和腐化。他指出:"既把我们的事业和马克思主义理论本身推向前进,也防止一些同志,特别是一些新上来的中青年同志在日益复杂的斗争中迷失方向。"[1]"对干部和共产党员来说,廉政建设要作为大事来抓。还是要靠法制,靠法制靠得住些。"[2]

另一个是干部选拔任用必须道德与专业能力并重,即"德才兼备"的原则。上世纪八十年代,正值"文化大革命"结束不久,在"文化大革命"当中被打倒、被迫害的大量干部重新回到领导岗位,原有的干部数

---

[1]《邓小平文选》(第三卷),人民出版社1993年版,第147页。
[2]《邓小平文选》(第三卷),人民出版社1993年版,第379页。

量也不少,新增的岗位难以消化,加上当时干部管理体系不科学,大量科教文卫和企事业单位的干部与行政系统的领导干部没有分开管理,导致我国领导干部的臃肿、老化非常严重。邓小平及时提出干部"四化"要求,大力提拔年轻干部,选拔的重要标准就是"德才兼备"。所谓德就是一要与党的方针政策保持高度一致,二要始终坚持社会主义道路;所谓才就是拥有专业知识,"无论在什么岗位上,都要有一定的专业知识和专业能力。"①邓小平认为,经过革命精神教育和革命考验锻炼出来的干部是具有政治可靠性的,所以干部道德的第一要义就是革命化,同时考虑到社会主义建设初期不少干部在大跃进和"文化大革命"中搞瞎指挥的深刻教训,具有专业知识的才干同样重要,只有同时具备良好的道德和专业知识才能胜任社会主义建设工作。

邓小平理论的另外一个特征就是充分体现了唯物主义的实事求是的精神,比如流传甚广的"白猫黑猫论"、"三个有利于"标准,都体现了邓小平理论高度重视实际问题的取向,包括当时干部队伍中比较注重知识技能、相对较少强调革命性的趋势,都具有务实的特征。但是时过境迁,今天在网络上有很多人开始诟病这种务实精神,甚至部分学者也称之为实用主义,认为缺乏价值追求而导致很多遗留问题。其实这是对邓小平理论的严重误解,任何理论和口号的提出都是针对当时历史条件下的问题提出的,任何理论都不可能超出时代的局限性,即使是哲学等这类具有前瞻性的理论也只是一种根据过去的历史规律而推导出的一般原则,如果将前瞻性的措施直接运用到治国理政的实际政策上,多半要出现冒进的错误。我们不能以今天出现的问题要求二十多年前去世的伟人负责,这是不科学的。邓小平不是在教条的意义上抓住务实精神,而是具有深厚的马克思主义哲学基础,以具体

①《邓小平文选》(第二卷),人民出版社1994年版,第262页。

的历史条件为转移,他所想解决的是中国改革开放前二十年所存在的发展问题,并且他再三强调中国改革开放的社会主义内涵,对社会主义公平正义的追求一直是邓小平论发展的"道",而具体的务实做法只是"术",如果说"术"的沿用存在什么问题的话,那也是后人没有抓住邓小平理论的精髓而机械继承具体的做法导致的,不能归咎于邓小平理论的务实特征。

从毛泽东到邓小平,干部道德还主要集中在政治道德上,即维护党的集中统一和社会主义政治方向上,而且往往以政治道德话语遮蔽了个人道德和职业道德,将个人道德和职业道德问题归结为政治道德问题,甚至从某种程度上说,这种遮蔽性至今仍然有一定程度的存在。在当今主流媒体对腐化堕落的领导干部的抨击往往是:"理想信念丧失,缺乏政治意识,受西方资本主义腐朽思想的侵蚀,放松了社会主义道德理想的追求"之类,不是说这些腐化堕落的干部不存在上述问题,肯定存在,而是说腐化堕落的原因往往并不是出于对中国社会主义道路没信心,也不是反对党的领导和社会主义道路,而是个人私德、家庭道德和职业道德首先出现了问题,放松了要求,然后才有受到诱惑和放纵自己,忽略甚至故意忽视社会主义理想信念的信仰和追求,忽视了三观的改造。这种以政治道德遮蔽个人道德和职业道德的做法是有危害的,它将对腐败根源的追问往往引导到没有伦理实体的道德观念、精神支柱上去,这种腐败官员的"三观不正"式的忏悔往往不是真诚的悔恨,倒像是对霉运的变相控诉。

(三)江泽民党政干部道德建设思想

江泽民在毛泽东思想、邓小平理论的基础上继续完善和发展马克思主义干部道德,对党政领导干部(公务员)道德建设提出了一系列精辟的新观点新论述。

中国的公务员制度自 1993 年正式确立,在我国党和政府的有关文件中,"党政领导干部"的概念逐步以"党员领导干部"和"公务员"的提法进行了区分,政府文件侧重于运用公务员概念的运用,体现了我国政治体制改革的进步。在这种背景下,江泽民对干部道德和公务员道德多次进行了论述,并随着改革的进程而越来越强调道德治理的作用。江泽民提出了"以德治国"重要思想,更加重视道德在国家治理中的作用,充分重视各级干部包括公务员在内的干部道德教育,将以德治国与依法治国相结合,继承了传统文化、发展了马克思主义新理论,并将道德治理提高到治国理政的重要手段的高度,与依法治国并列,这就对各级干部的职业道德提出了更高的要求。江泽民提出各级干部包括公务员不仅要依法行政,还要以德行政。以德治国的中心问题是干部道德,领导干部是以德治国的主体,干部的职业道德水平关系到以德治国的效果,因此干部道德建设是以德治国方略的重要组成部分。

江泽民针对干部教育中的突出问题提出了"讲学习、讲政治、讲正气"的"三讲"要求。"根据当前干部队伍的状况和存在的问题,在对干部进行教育当中,要强调讲学习,讲政治,讲正气。"[1]另外,江泽民提出"三个代表"重要思想,着眼于解决"如何建设党、建设什么样的党"的问题,同时对广大干部、公务员如何做出职业道德的行为选择同样是一个重要标准。"坚持'三个代表'是我们党的工人阶级先锋队性质、根本宗旨、根本任务的集中体现,是对党的各级组织和全体党员、干部提出的根本要求。全党同志特别是领导干部都要用'三个代表'来指导自己的思想和行动。"[2]江泽民指出,"三个代表"在从严治党中的重要体现,就是要坚决克服党内政治生活中的好人主义和庸俗作风。"这种庸俗思想习气盛行的地方,往往就是那些党组织和领导上政治软弱

---

① 《江泽民文选》(第一卷),人民出版社 2006 年版,第 483 页。
② 《江泽民文选》(第三卷),人民出版社 2006 年版,第 23 页。

的地方,就是那些党员干部中出问题多的地方。"①他强调对领导干部一定要严格监督、严格要求,将违法和腐败行为减少到最低程度。

江泽民的"三讲"要求和"三个代表"重要思想都是针对国际国内在千年之交出现的新情况新问题而提出来的。国际上:一方面针对苏联解体之后俄罗斯和独联体国家的混乱状况和深刻教训,另一方也针对美国为首的西方国家对中国加紧了意识形态的斗争压力,因而国内不少人包括党员干部、公务员干部思想较为混乱,甚至部分干部是非不分、私心过重,对社会主义前途没有信心,对党和国家的建设产生了重要危害;国内:一方面是针对改革开放二十多年后先富起来的那一批人能否入党、党员队伍的结构如何与时俱进成为当时理论和社会界的焦点问题,另一方面针对党政领导干部、公务员队伍中追逐财富、追求权力的不良倾向,部分干部腐败触目惊心,必须加以解决。江泽民提出"三讲"要求和"三个代表"重要思想也是为了解决这些问题。

（四）胡锦涛公务员职业道德建设思想

胡锦涛与历任领导人一样十分重视党员领导干部和公务员的道德修养问题,上任伊始就前往西柏坡考察,重温"两个务必",号召广大领导干部要以身作则,大力发扬艰苦奋斗的作风、领导干部要做到"为民、务实、清廉"。他的领导干部（公务员）职业道德建设思想与毛泽东、邓小平、江泽民的干部道德建设思想是一脉相承的,同时又是在结合我国当代社会主义伟大社会实践的基础上,对我党的公务员职业道德建设思想的进一步发展和弘扬。

胡锦涛在十六届三中全会上指出,领导干部要"为民、务实、清廉",这不仅仅是对党员领导干部的要求,也是对公务员职业道德的要求。为人民服务是中国共产党人永恒的宗旨,公务员要运用好手中的

---

① 《江泽民文选》(第三卷),人民出版社 2006 年版,第 28—29 页。

权力为人民服务。这是新时期我党对于广大领导干部为政之德的具体要求。一切为了人民，永远是共产党人的核心价值追求，领导干部要运用好手中的权力，为人民的根本利益服务。在工作中，要一切从实际出发、自觉按照客观的规律办事，坚持实事求是、养成脚踏实地的工作作风，不惟上、不惟书、只惟实，大力弘扬求真务实的精神。领导干部是人民的公仆，面对各种的利益诱惑，应当正确对待手中的权力，应当清正廉洁，与社会上的不正之风划清界限，模范遵守党纪国法，注重自省、自警，保持浩然正气。

胡锦涛还提出"八荣八耻"，这不仅仅是社会主义道德观的基本内容，更是直接针对领导干部和公务员的职业道德要求。他旗帜鲜明地指出了是非、美丑的界限，对社会各类现象提出了判断标准，是道德行动的指南，也是公务员的座右铭，"八荣八耻"体现了公务员职业道德中的基本道德规范。

胡锦涛提出坚持科学发展观，从科学发展的角度对公务员职业道德、干部道德指出了重要的方法论和世界观，对广大领导干部和公务员如何以人为本、统筹兼顾、科学发展提出了新的理念。加强公务员职业道德建设，提高公务员行政能力，最根本的在于主观世界的改造和科学理论的武装。科学发展观既是科学的世界观又是重要的方法论。科学发展观来自对于伟大社会实践的深入分析，能够全面地指导社会主义现代化建设的各个方面。

（五）习近平新时代公务员职业道德建设的重要论述

中国共产党能持续取得辉煌成就的根本原因是拥有一支品德优良的干部队伍，我们党在每个重要的历史时期都能涌现出无数品德优秀的领导干部，保证了我们党不断夺取一个又一个胜利。习近平曾深刻地指出："好干部的标准，大的方面说，就是德才兼备。同时，好干部的标准又是具体的、历史的。不同历史时期，对干部德才的具体要求有所不同。革命战争年代,对党忠诚、英勇善战、不怕牺牲的干部就是好干部。社会主义革命和建设时期,懂政治、懂业务、又红又专的干部就是好干部。改革开放初期,拥护党的十一届三中全会确定的路线方针政策,有知识、懂专业、锐意改革的干部就是好干部。现在,我们提出政治上靠得住、工作上有本事、作风上过得硬、人民群众信得过等具体要求,突出了好干部标准的时代内涵。"①干部的好品德不是与生俱来的,而是要靠党的道德建设进行持续的培养和选拔。党的十八大以来,习近平多次在不同的场合、从不同的角度论述了党员干部道德建设的有关问题,逐步形成了习近平新时代干部道德建设思想,尤其是他在 2018 年两会期间参加重庆代表团审议时作了关于政德建设的重要讲话,对有关干部道德建设问题进行了系统而深刻地回答,第一次较为完整地阐述了习近平新时代干部道德建设思想。②习近平新时代干部道德建设思想系统论述了党员干部、公务员道德建设的重要性、方法路径和检验标准,并指出了培养好干部的具体途径等一系列重大理论与实践问题;从全新的视角对新时代党员干部道德建设问题,尤其是职业道德建设进行了深刻、全面的论述,丰富和发展了马克思主义伦理学,显现出高度创新性特质,是习近平新时代中国特色社会主义思想的重要内在组成部分。

1. 习近平关于公务员职业道德建设重要性的论述

"国无德不兴,人无德不立。"③在党的十八大之前,党和国家也一直不断加强干部道德建设,尤其是职业道德建设,主要是从增强政治意识、加强干部管理和提高行政效率的角度来强调干部职业道德建设

---

① 《习近平谈治国理政》,外文出版社 2014 年版,第 412 页。

② 新华社:《习近平李克强栗战书赵乐际分别参加全国人大会议一些代表团审议》,人民日报 2018 年 3 月 11 日第 01 版。

③ 《习近平谈治国理政》,外文出版社 2014 年版,第 168 页。

的必要性。十八大以来,我国所面临的国际国内形势发生了巨大的变化,我们党逐步拓展、深化了对党员干部执政道德的认识,既继承了历代领导人的干部道德建设思想,又侧重从推进国家治理体系和治理能力现代化的角度创新了公务员职业道德建设的必要性。

（1）公务员职业道德建设是推进国家治理体系和治理能力现代化的需要

公务员职业道德建设不仅仅是出于管理国家干部的需要,通过道德建设使全体党政干部具有良好的道德风范从而使其更好地为人民服务固然是道德建设的应有之义,但这个视角还局限于执政群体内部,没有将公务员职业道德建设置于社会整体视角进行考察。

从推进和完善国家治理体系的角度来说,道德建设的必要性在于道德规范体系相对法律规范体系更具有基础性。人类社会发展到今天,道德作为维系人类社会运行的基础地位并未改变,道德建设相对法律制度建设依然具有基础性,它能弥补和完善各种刚性制度的漏洞,促进人的主体性、能动性发挥,推动国家治理体系和治理能力现代化。无论古今中外,国家治理的基本方式就是法治和德治。中国自古以来就有以德治国的传统,也有以法治国的思想。习近平指出:"法安天下,德润人心。法律有效实施有赖道德支持,道德践行也离不开法律约束。法治和德治不可分离、不可偏废,国家治理需要法律和道德协同发力。"①习近平强调德法并举是推进国家治理体系和治理能力现代化不可偏废的治理方式:"必须坚持依法治国和以德治国相结合。法律是成文的道德,道德是内心的法律,道德和法律都具有规范社会行为、维护社会秩序的作用。治理国家、治理社会必须一手抓法治、一

---

① 《习近平谈治国理政》(第二卷),外文出版社 2017 年版,第 133 页。

手抓德治,既重视发挥法律的规范作用,又重视发挥道德的教化作用,实现法律和道德相辅相成、法治和德治相得益彰。"①"法律是准绳,任何时候都必须遵循;道德是基石,任何时候都不可忽视。在新的历史条件下,我们要把依法治国基本方略、依法执政基本方式落实好,把法治中国建设好,必须坚持依法治国和以德治国相结合,使法治和德治在国家治理中相互补充、相互促进、相得益彰,推进国家治理体系和治理能力现代化。"②两个"相得益彰"体现了习近平对德治和法治关系的深刻思考。

从推进国家治理能力现代化来说,道德建设的必要性体现在德治手段相对于法治手段更有正当性和隐蔽性。所谓更有正当性,是指道德和法律虽然都是约束社会行为的规范,都属于"法",但区别在于法律是成文的法,道德是心中的法。纸上的条文必须有内心的认同才具有约束力和正当性,内心的原则必须有成文法背后的强力支撑做最后的保证。习近平指出:"发挥好法律的规范作用,必须以法治体现道德理念、强化法律对道德建设的促进作用。一方面,道德是法律的基础,只有那些合乎道德、具有深厚道德基础的法律才能为更多人所自觉遵循。另一方面,法律是道德的保障,可以通过强制性规范人们的行为、惩罚违法行为来引导道德风尚。要注意把一些基本道德规范转化为法律规范,使法律法规更多体现道德理念和人文关怀,通过法律的强制力来强化道德作用、确保道德底线,推动全社会道德素质提升。"③所谓更具有隐蔽性,是指道德是隐性的、温和的约束,法律是显性的、刚性的约束,前者更容易被人们在日常生活中不知不觉地接受,后者则是具有强制性,人们不得不遵守。因此,道德可以将刚性的法律要求

---

① 《习近平谈治国理政》(第二卷),外文出版社 2017 年版,第 116 页。
② 《习近平谈治国理政》(第二卷),外文出版社 2017 年版,第 133 页。
③ 《习近平谈治国理政》(第二卷),外文出版社 2017 年版,第 117 页。

内化于心、外化于行,法律也可以将人们普遍认可的道德底线以条文形式记载下来、用强制性的力量要求人们去遵守。由此可见,法律和道德是互相转化、互相支撑的。"发挥好道德的教化作用,必须以道德滋养法治精神、强化道德对法治文化的支撑作用。再多再好的法律,必须转化为人们内心自觉才能真正为人们所遵行。'不知耻者,无所不为。'没有道德滋养,法治文化就缺乏源头活水,法律实施就缺乏坚实社会基础。"①习近平新时代公务员职业道德建设思想通过深刻论述法律与道德的辩证关系,高屋建瓴地指出了公务员道德建设是推进国家治理体系和治理能力现代化的现实需要,视角新颖、意义重大。

(2) 公务员道德建设是引领新时代的需要

公务员道德建设首先是引领新时代社会风气的需要。古人云:"君子之德风,小人之德草,草上之风必偃。"公务员是国家和社会的骨干力量,也是社会风气的领头羊,他们的道德风范对社会道德的"辐射"作用要远远大于其他群体,在道德问题成为社会发展重要一环的今天,公务员道德建设是引导和改变新时期社会风气的迫切需要。习近平认为领导干部是引领新时代社会风气的核心因素:"领导干部既应该做全面依法治国的重要组织者、推动者,也应该做道德建设的积极倡导者、示范者。"②

其次,公务员道德建设是引领新时代"五位一体"建设的需要。引领社会风气只是政德建设的浅层功能,从根本上说公务员职业道德建设是新时代治国理政的现实需要。职业道德建设能在一定时间、一定程度上弥补法律制度的缺陷和缺位,在社会治理方式还不够完善时能维护社会的基本稳定。十八大以前,我国各项法律和规章制度已经基

①《习近平谈治国理政》(第二卷),外文出版社 2017 年版,第 117 页。
②《习近平谈治国理政》(第二卷),外文出版社 2017 年版,第 135 页。

本完善,但法治水平有待提高,职业道德失范现象较为突出,党和国家已经走到了一个非常重要的关口。幸运的是党中央及时校正了前进的航向,消除了隐患。从十八大以来的历史我们可以清晰地看到,党中央从作风建设和道德建设入手,以党规法纪为准绳,以严刑峻法为基础,循序渐进地"解决了很多长期想解决而没有解决的难题,办成了许多过去想办而没有办成的大事",①及时弥补了很多制度建设的漏洞。到今天我们看到,党中央通过"坚持反腐败无禁区、全覆盖、零容忍,坚定不移'打虎'、'拍蝇'、'猎狐',不敢腐的目标初步实现,不能腐的笼子越扎越牢,不想腐的堤坝正在构筑,反腐败斗争压倒性态势已经形成并巩固发展。"②可以说,职业道德建设是引领新时代政治文明的迫切需要,是经济建设和生态建设的重要条件。

再次,道德建设是引领新时代法律体系建设的需要。道德建设固然能够暂时弥补法律制度的漏洞使国家和社会总体得以正常运行,但毕竟道德是靠舆论和个人良知来约束组织和个人的,在面对毫无道德底线的人群时就显得羸弱无力,尤其是面对个别权力部门和领导干部违反道德的时候更显得缺乏威慑性。一旦权力无视道德的事情一再发生,政治生态就必然遭受重大破坏,正常的道德体系就会逐步坍塌,国家和社会陷入潜规则盛行的陷阱,道德建设此时就成为了虚伪的代名词。因此,道德建设必须以可靠的法律制度来维护,必须以法律法规对权力进行制约监督。从这个角度来说,只有权力有了可靠的监督,道德建设才具有坚实的基础。习近平新时代道德建设思想特别强调"权力要关在笼子里",针对的就是一段时期以来尽管各种道德建设

①《中国共产党第十九次全国代表大会文件汇编》,人民出版社 2017 年版,第 7 页。

②《中国共产党第十九次全国代表大会文件汇编》,人民出版社 2017 年版,第 7 页。

从未松懈,但党员干部失德无德之事却屡禁不绝、甚至发生愈演愈烈的现象,指出要对权力进行全面制约监督。党中央及时提出修改宪法、建立国家监察体系,真正实现了权力监督全覆盖、无死角。习近平指出:"强化党内监督是为了保证党立党为公、执政为民,强化国家监察是为了保证国家机器依法履职、秉公用权,强化群众监督是为了保证权力来自人民、服务人民。"①从这个角度说,公务员道德建设是引领法律体系建设的需要。

2. 习近平关于公务员职业道德建设的方法和路径的论述

我国改革开放已经 40 年,中国社会进入了转型的关键时期,由于西方文化与思潮的冲击和社会各阶层的利益逐步分化,人们的思想认识也越来越具有多样性。公务员道德建设必须从这种现实出发,以传统道德为根基、社会主义道德为引领,增强道德的社会凝聚力。

(1)习近平新时代干部道德建设思想继承与创新了传统道德的修养路径

"文化是一个国家、一个民族的灵魂。"②习近平高度强调对中华优秀传统文化的继承,它是我们进行道德建设的基础。"不忘历史才能开辟未来,善于继承才能善于创新。优秀传统文化是一个国家、一个民族传承和发展的根本,如果丢掉了,就割断了精神命脉。"③"一个抛弃了或者背叛了自己历史文化的民族,不仅不可能发展起来,而且很可能上演一幕幕历史悲剧。"④习近平既坚持继承优秀传统文化,又大力弘扬社会主义先进文化,充分体现了现代性与传统的融合:"要继承和弘扬我国人民在长期实践中培育和形成的传统美德,坚持马克思主

---

① 《习近平谈治国理政》(第二卷),外文出版社 2017 年版,第 169 页。
② 《习近平谈治国理政》(第二卷),外文出版社 2017 年版,第 349 页。
③ 《习近平谈治国理政》(第二卷),外文出版社 2017 年版,第 313 页。
④ 《习近平谈治国理政》(第二卷),外文出版社 2017 年版,第 349 页。

义道德观、坚持社会主义道德观,在去粗取精、去伪存真的基础上,坚持古为今用、推陈出新,努力实现中华传统美德的创造性转化、创新性发展"。①

习近平新时代道德建设思想继承了中华优秀传统文化中政德文化的精华。习近平指出:"做人做事第一位的是崇德修身。"②习近平常常以传统文化语言来阐释现代党员干部的修身要求,如"与人不求备,健身若不及""吾日三省吾身""见贤思齐焉,见不贤而内自省也""莫见乎隐,莫显乎微,故君子慎其独也"等诸多名言警句,③强调领导干部要注重修身养性。另外,习近平也善于借鉴传统政德话语来表达现代道德建设理念,如:"为官避事平生耻""当官之法,唯有三事,曰清、曰慎、曰勤""一心可以丧邦,一心可以兴邦,只在公私之间尔""不患位之不尊,而患德之不崇"等等。④习近平将古代政德思想进行马克思主义的阐释,比如古人说"读书即是立德",原意是指通过读书而修身,通过修身而修德,修的是封建士大夫的个人道德、为官之德,习近平将其阐释为"要不断加强党员领导干部的思想道德修养和党性修养,常修为政之德、常思贪欲之害、常怀律己之心,自觉做到为政以德、为政以廉、为政以民",⑤通过这种创新,使其既符合当代政治和道德建设的需要,又契合中国人的传统文化心理,使古代政德思想在当代公务员职业道德建设中焕发出强大的精神魅力。

习近平新时代道德建设思想创新了传统政德建设的路径。传统政德文化以个人道德养成为根本出发点,以家庭家族道德为媒介而推

---

① 《习近平谈治国理政》,外文出版社 2014 年版,第 160—161 页。
② 《习近平谈治国理政》,外文出版社 2014 年版,第 173 页。
③ 人民日报评论部:《习近平用典》,人民日报出版社 2015 年版,第 79—97 页。
④ 人民日报评论部:《习近平用典》,人民日报出版社 2015 年版,第 55—67 页。
⑤ 习近平:《之江新语》,浙江人民出版社 2007 年版,第 175 页。

至国家道德的建设路径,即所谓"修其心、治其身,而后可以为政于天下",①注重修身养性而相对忽视制度建设。习近平将制度建设、个人修养并重,尤其强调各项制度建设,并以家风家教为现代政德建设的切入点,实际上开启了一条既符合传统文化精神又符合时代要求的道德建设道路。习近平指出:"无论时代如何变化,无论经济社会如何发展,对一个社会来说,家庭的生活依托都不可替代,家庭的社会功能都不可替代,家庭的文明作用都不可替代。"②现代社会的发展已经逐步瓦解了家族对个人的重大影响,传统的大家庭也基本不复存在,但家庭依然承载着个人身心归宿的重要作用,传统家庭观念依然深厚,家庭风气与个人修养依然高度关联、互相影响,当前不少党员干部失德乱纪的一个重要因素就是家风不正。习近平曾痛心地指出:"从近年来查处的腐败案件看,家风败坏往往是领导干部走向严重违纪违法的重要原因。"③习近平新时代道德建设思想从家风家教入手,利用每个家庭都希望所有成员和和美美、平安幸福的心理,通过全面从严治党、反腐形成的震慑力,可以迅速改变部分党员干部家庭的不良风气,从而促进党员干部个人廉政守法,改进政德政风。习近平在 2018 年两会期间指出:"要把家风建设摆在重要位置,廉洁修身,廉洁齐家,防止'枕边风'成为贪腐的导火索,防止子女打着自己的旗号非法牟利,防止身边人把自己'拉下水'。"④习近平将家风家教摆在重要地位,就是为了迅速将个人、家庭和工作之间的关系正本清源,斩断负面的利益关系,从而推动干部道德建设。十八大以来廉政建设和政德建设成果也证明了这一路径的有效性。

---

① 人民日报评论部:《习近平用典》,人民日报出版社 2015 年版,第 61 页。
② 《习近平谈治国理政》(第二卷),外文出版社 2017 年版,第 353 页。
③ 《习近平谈治国理政》(第二卷),外文出版社 2017 年版,第 165 页。
④ 新华社:《习近平李克强栗战书赵乐际分别参加全国人大会议一些代表团审议》,人民日报 2018 年 3 月 11 日第 1 版。

（2）习近平新时代公务员职业道德建设思想凸显了弘扬社会主义道德的重要性

习近平新时代政德思想强调弘扬社会主义先进文化，只有坚持社会主义的文化方向，中国的政德建设才能有坚实的基础。习近平指出："思想纯洁是马克思主义政党保持纯洁的根本，道德高尚是领导干部做到清正廉洁的基础。"①中国共产党人能够带领全国人民走到今天这个最接近民族复兴的时刻，就是因为有正确的指导思想、有道德高尚的干部队伍。"实现中华民族伟大复兴，必须坚定中国特色社会主义道路自信、理论自信、制度自信、文化自信。"②历史告诉我们，中国革命和建设之所以能够成功、中国特色社会主义之所以能够成功，不是因为我们已经拥有了传统文化，而因为拥有了马克思主义、拥有了先进的社会主义文化。近代以来传统文化已无法承担起振兴中国的重任，历史证明只有马克思主义、社会主义文化才能做到这一点，因此中国共产党人的文化自信首先是对社会主义文化的自信。社会主义文化是中国共产党和中国人民在马克思主义指导下，通过长期的社会主义革命和建设实践形成的精神文明活动及其成果，是中国当代文化的重要组成部分和发展源泉。当代社会主义文化的核心就是社会主义核心价值观。对于为什么要坚持社会主义核心价值观的问题，习近平指出："核心价值观，其实就是一种德，既是个人的德，也是一种大德，就是国家的德、社会的德。国无德不兴，人无德不立。如果一个民族、一个国家没有共同的核心价值观，莫衷一是，行无依归，那这个民族、这个国家就无法前进。"③如何践行社会主义核心价值观的问题，习近

---

① 中共中央纪律检查委员会，中共中央文献研究室：《习近平关于党风廉政建设和反腐败斗争论述摘编》，中央文献出版社 2015 年版，第 141 页。

②《习近平谈治国理政》（第二卷），外文出版社 2017 年版，第 349 页。

③《习近平谈治国理政》，外文出版社 2014 年版，第 168 页。

平认为:"我们要弘扬社会主义核心价值观,弘扬以爱国主义为核心的民族精神和以改革创新为核心的时代精神,不断增强全党全国各族人民的精神力量。"①"要加强思想道德修养,自觉弘扬爱国主义、集体主义、社会主义思想,积极倡导社会公德、职业道德、家庭美德。"②习近平新时代道德建设思想从传统与现代两条文化路径出发、以历史的高度和严密的逻辑论证了民族复兴要坚持文化自信,尤其要坚持社会主义文化自信,社会主义文化的核心是社会主义核心价值观,只有坚持和弘扬社会主义核心价值观,干部道德才能把握方向、落到实处,政府和各级组织才能有良好的政德政风。

（3）习近平新时代道德建设思想创新了公务员职业道德建设的方法

习近平新时代道德建设思想坚持建设路径的系统性。首先,它综合了社会、职业、家庭和个人的系统性措施来推进道德建设。习近平要求全体党员干部和广大人民群众"高度重视和切实加强道德建设,推进社会公德、职业道德、家庭美德、个人品德教育,倡导爱国、敬业、诚信、友善等基本道德规范,培育知荣辱、讲正气、作奉献、促和谐的良好风尚。"③"大力加强社会公德、职业道德、家庭美德、个人品德建设,营造全社会崇德向善的浓厚氛围。"④习近平告诫广大青少年和家长要加强家风家教的培育:"广大家庭都要重言传、重身教,教知识、育品德,身体力行、耳濡目染,帮助孩子扣好人生的第一粒扣子,迈好人生的第一个台阶。"⑤

其次,它坚持了"明大德、守公德、严私德"的系统性道德建设方式。习近平新时代道德建设思想从党员干部从政的首要之德——政治道德、基础之德——职业公德、先天之德——个人美德的角度系统论述了道德的修养方式：明大德、守公德、严私德。习近平在 2018 年两会期间参加重庆代表审议时的讲话中第一次系统性地论述了政德修养的方式："政德是整个社会道德建设的风向标。立政德，就要明大德、守公德、严私德。明大德，就是要铸牢理想信念、锤炼坚强党性，在大是大非面前旗帜鲜明，在风浪考验面前无所畏惧，在各种诱惑面前立场坚定，这是领导干部首先要修好的'大德'。守公德，就是要强化宗旨意识，全心全意为人民服务，恪守立党为公、执政为民理念，自觉践行人民对美好生活的向往就是我们的奋斗目标的承诺，做到心底无私天地宽。严私德，就是要严格约束自己的操守和行为。所有党员、干部都要戒贪止欲、克己奉公，切实把人民赋予的权力用来造福于人民。"①"每个领导干部都应该把洁身自好作为第一关，从小事小节上加强约束、规范自己，坚决反对特权思想、特权现象，习惯在受监督和约束的环境中工作生活，练就过硬的作风。"②

习近平同志认为道德高尚是思想纯洁的基础，思想纯洁是政治纯洁的根本，政治纯洁是共产党员的立身之本，因此道德高尚是每个领导干部清正廉洁的基础。他深刻地指出："要大力加强反腐倡廉教育和廉政文化建设，坚持依法治国和以德治国相结合。从思想道德抓起具有基础性作用，思想纯洁是马克思主义政党保持纯洁性的根本，道德高尚是领导干部做到清正廉洁的基础。"③"要抓好思想理论建设、抓好党性教育和党性修养、抓好道德建设，教育引导广大党员、干部认真

---

① 新华社：《习近平李克强栗战书赵乐际分别参加全国人大会议一些代表团审议》，人民日报 2018 年 3 月 11 日第 1 版。

② 新华社：《习近平李克强栗战书赵乐际分别参加全国人大会议一些代表团审议》，人民日报 2018 年 3 月 11 日第 1 版。

③《习近平谈治国理政》，外文出版社 2014 年版，第 391 页。

学习和实践马克思列宁主义、毛泽东思想、中国特色社会主义理论体系,牢固树立正确的世界观、权力观、事业观,模范践行社会主义荣辱观,以理论上的坚定保证行动上的坚定,以思想上的清醒保证用权上的清醒,不断增强宗旨意识,始终保持共产党人的高尚品格和廉洁操守。"①

再次,习近平新时代道德建设思想坚持德法相依、敬畏宪法的系统性道德建设模式。习近平新时代道德建设思想突出的创新性特征之一就是强调了道德和法律的互相依存的一面,并凸显了宪法的重要地位。习近平强调:"要既讲法治又讲德治,重视发挥道德教化作用,把法律和道德的力量、法治和道德的功能紧密结合起来。"②针对传统意义上的阳儒阴法式的德治与法治,以及改革开放以来德治和法治的经验教训,习近平指出新时代的法治是全新的治理模式,不是人治状态下的道德治理与以法治国的模式,他强调:"依法治国,首先是依宪治国;依法执政,关键是依宪执政。"③党和国家对宪法的重要性提升到一个新的认识高度上,这也是 2018 年两会修改宪法的重要原因所在。

法治建设可以促进和保障道德建设,道德建设的各项工作也可以不断创新,但道德建设的最终成效只有通过实践的检验才能得以证明。习近平新时代道德建设思想创新了公务员职业道德建设的检验标准。

3. 习近平关于公务员职业道德建设检验标准的论述

习近平新时代道德建设思想鲜明的品格在于紧紧围绕服务于人

---

① 《习近平谈治国理政》,外文出版社 2014 年版,第 391 页。

② 新华社:《习近平李克强栗战书赵乐际分别参加全国人大会议一些代表团审议》,人民日报 2018 年 3 月 11 日第 1 版。

③ 《习近平谈治国理政》,外文出版社 2014 年版,第 141 页。

民群众的根本利益这个中心,在于对如何将干部道德建设落实到实处并如何检验进行了深入的阐述。习近平新时代道德建设思想以人民性、实践性作为检验道德建设的标准,创新了检验的方式,做出了精彩的理论和逻辑分析。

(1) 提出党员干部最重要的标准就是拥有坚定的理想信念

职业道德建设首先是体现于为政者坚定的内心信念,而后体现于实际行动上。作为一名党员干部,最重要的就是具有坚定的共产主义理想信念。习近平认为:"坚定理想信念,坚守共产党人精神追求,始终是共产党人安身立命的根本。对马克思主义的信仰,对社会主义和共产主义的信念,是共产党人的政治灵魂,是共产党人经受住任何考验的精神支柱。形象地说,理想信念就是共产党人精神上的'钙',没有理想信念,理想信念不坚定,精神上就会'缺钙',就会得'软骨病'。现实生活中,一些党员、干部出现这样那样的问题,说到底是信仰迷茫、精神迷失。"①习近平新时代道德建设思想深刻地指出了理想信念是为政者的精神支柱,没有了理想信念,精神就会坍塌,道德就会堕落,职业精神就会萎靡。

(2) 全心全意为人民服务是判断党员干部理想信念的基本标准

理想信念存在于党员干部的内心深处,是主观的,判断党员干部是否拥有坚定的理想信念,就要看他是不是坚持全心全意为人民服务的宗旨,而宗旨的检验是客观的。习近平指出:"衡量一名共产党员、一名领导干部是否有共产主义远大理想,是有客观标准的,那就要看他能否坚持全心全意为人民服务的根本宗旨,能否吃苦在前、享受在后,能否勤奋工作、廉洁奉公,能否为理想而奋不顾身去拼搏、去奋斗、去献出自己的全部精力乃至生命。一切迷惘迟疑的观点,一切及时行

---

① 《习近平谈治国理政》,外文出版社 2014 年版,第 15 页。

乐的思想,一切贪图私利的行为,一切无所作为的作风,都是与此格格
不入的。"①习近平从辩证唯物主义和历史唯物主义的高度精辟地指
出:检验精神的不是主观精神,而是客观行动。共产党员的理想信念
必须是否坚持以党的宗旨为标准,是否坚持党的宗旨不是看他"怎么
说",而是看他"怎么做":"一名党员无论在什么岗位,无论从事什么工
作,都是为党的执政服务,为人民服务,必须讲奉献、讲觉悟、讲大局、
讲境界,正确对待个人的名利权位和个人的进退留转,自觉服从组织
安排。"②

（3）与时俱进践行党的宗旨就是好干部、好公务员的客观标准

我们党自诞生之日起就以为人民群众服务为己任,坚持初心不
改,自觉地承担起历史的重任,但是如何将为人民服务的宗旨落实到
实际行动中却是一个与时俱进的事情。有的同志工作十年如一日,但
工作业绩不显、成效不大,有的同志忙忙碌碌却办不好事、甚至办坏
事,根本原因除了方式方法不对头之外,主要还是没有根据形势变化
更新自己的思想和理念,以为读马克思主义本本、老老实实工作就是
好干部。"马克思的整个世界观不是教义,而是方法。它提供的不是
现成的教条,而是进一步研究的出发点和供这种研究使用的方法。"③
真正的好党员、好干部不仅仅善于"读"好马克思主义,还善于"用"好
马克思主义,灵活运用"具体问题具体分析"的原则将党的宗旨落实到
具体工作中。好干部标准本身的变化就是我们党灵活运用马克思主
义的典范,习近平总书记曾指出:"好干部的标准,大的方面说,就是德
才兼备。同时,好干部的标准又是具体的、历史的。不同历史时期,对
干部德才的具体要求有所不同。革命战争年代,对党忠诚、英勇善战、

①《习近平谈治国理政》,外文出版社 2014 年版,第 23—24 页。
② 习近平:《之江新语》,浙江人民出版社 2007 年版,第 208 页。
③《马克思恩格斯文集》(第十卷),人民出版社 2009 年版,第 691 页。

不怕牺牲的干部就是好干部。社会主义革命和建设时期,懂政治、懂业务、又红又专的干部就是好干部。改革开放初期,拥护党的十一届三中全会确定的路线方针政策,有知识、懂专业、锐意改革的干部就是好干部。现在,我们提出政治上靠得住、工作上有本事、作风上过得硬、人民群众信得过等具体要求,突出了好干部标准的时代内涵。"①"概况起来说,好干部要做到信念坚定、为民服务、勤政务实、敢于担当、清正廉洁。"②

4. 习近平关于培养好干部的路径的论述

"伟大的斗争,宏伟的事业,需要高素质干部。"③当好干部的标准确立后,如何教育、引导广大党员干部努力达到这个标准,具体的建设路径就变得非常重要。习近平深刻指出:干部成才除了靠自身努力,更重要的是靠组织培养。

(1) 公务员干部的成长首先需要自己努力

"干部的党性修养、思想觉悟、道德水平不会随着党龄的积累而自然提高,也不会随着职务的升迁而自然提高,而需要终生努力。"④那么,如何才能让干部随着党龄和职务的变化而越来越有政治觉悟和高尚道德呢?习近平指出:"以德修身、以德立威、以德服众,是干部成长成才的重要因素。"⑤习近平认为,干部成才首先要从自身的道德修养开始,修德而守法是公务员领导干部成长的不二法门:"领导干部要努力成为全社会的道德楷模,带头践行社会主义核心价值观,讲党性、重品行、作表率,带头注重家庭、家教、家风,保持共产党人的高尚品格和

---

① 《习近平谈治国理政》,外文出版社 2014 年版,第 412 页。
② 《习近平谈治国理政》,外文出版社 2014 年版,第 412 页。
③ 《习近平谈治国理政》(第二卷),外文出版社 2017 年版,第 45 页。
④ 《习近平谈治国理政》,外文出版社 2014 年版,第 417 页。
⑤ 《习近平谈治国理政》(第二卷),外文出版社 2017 年版,第 45 页。

廉洁操守,以实际行动带动全社会崇德向善、尊法守法。"①习近平手把手地教导公务员干部如何把这种要求落实到具体方法上:"要修炼道德操守,提升从政道德境界,最好的途径就是加强学习,读书修德,并知行合一,付诸实践。"②同时,公务员、党员干部不仅要品德优良,法律修养也要深厚:"领导干部要牢记法律红线不可逾越、法律底线不可触碰,带头遵守法律、执行法律,带头营造办事依法、遇事找法、解决问题用法、化解矛盾靠法的法治环境。谋划工作要运用法治思维,处理问题要运用法治方式,说话做事要先考虑一下是不是合法。"③唯有如此,党员干部、公务员的道德修养才能落到实处,才干才能日益长进。

(2) 公务员干部的成长最重要的是靠组织培养

我们党无论是在革命时期还是在社会主义建设时期,能有一代又一代卓越的领导人薪火相传,首先体现了干部选拔制度总体上的优越性,也因此才有我们带领中国人民实现中华民族从站起来、富起来到强起来的三次伟大飞跃,④但在选人用人上也有过深刻的教训。总结其中的经验最重要的就是要坚持以德为先、德才兼备的标准选拔干部、培养干部。"选人用人是党内政治生活的风向标",⑤习近平认为:"我们要坚持德才兼备、以德为先,坚持五湖四海、任人唯贤,坚持事业为上、公道正派,坚决防止和纠正选人用人上的不正之风,把党和人民需要的好干部精心培养起来、及时发现出来、合理使用起来。"⑥各级组

---

① 《习近平谈治国理政》(第二卷),外文出版社 2017 年版,第 135 页。

② 习近平:《之江新语》,浙江人民出版社 2007 年版,第 175 页。

③ 《习近平谈治国理政》(第二卷),外文出版社 2017 年版,第 127 页。

④ 徐隽:《纪念马克思诞辰 200 周年大会在京举行》,人民日报 2018 年 5 月 5 日第 01 版。

⑤ 《习近平谈治国理政》(第二卷),外文出版社 2017 年版,第 182 页。

⑥ 《习近平谈治国理政》(第二卷),外文出版社 2017 年版,第 45 页。

织"要坚持正确用人导向,把好干部选出来、用起来,促进能者上、庸者下、劣者汰。"①

选人用人解决的是党员干部、公务员的"出路"问题,是替他们搭好了成长的"台阶",但各级干部、公务员能否走上去、走得远、走得稳,还需要各级组织"固本培元"。各级党组织首先要坚持对干部和公务员的思想教育:"要坚持不懈强化理论武装,毫不放松加强党性教育,持之以恒加强道德教育,教育引导广大党员、干部筑牢信仰之基、补足精神之钙、把稳思想之舵,坚守真理、坚守正道、坚守原则、坚守规矩,明大德、严公德、守私德,重品行、正操守、养心性,做到以信念、人格、实干立身。"②其次,要发挥党组织本身的主体作用,要加强对党员干部和公务员的教育管理、狠抓学习:"党的组织生活是党内政治生活的重要内容和载体,是党组织对党员进行教育管理监督的重要形式。"③"我们党历来重视抓全党特别是领导干部的学习,这是推动党和人民事业发展的一条成功经验。"④再次,各级党委和组织部门选人用人时要在实际行动中深入细致地考察干部:"要多到基层干部群众中、多在乡语口碑中了解干部,既要在'大事'上看德,又要在'小节'中察德。"⑤通过这些措施,既要让党员干部的政德境界普遍地提升起来,也要把好干部选拔出来,按照计划把他们放到合适的岗位上培养锻炼,逐步成为国家的栋梁。

(3) 公务员干部的"好"最终要靠实践来检验

"好干部"除了"品德好",还要"能力好",干部有德无才也难以担当大任。"我们党的执政水平和执政成效都不是由自己说了算,必须

---

① 《习近平谈治国理政》(第二卷),外文出版社 2017 年版,第 168 页。
② 《习近平谈治国理政》(第二卷),外文出版社 2017 年版,第 181 页。
③ 《习近平谈治国理政》(第二卷),外文出版社 2017 年版,第 182 页。
④ 《习近平谈治国理政》,外文出版社 2014 年版,第 401 页。
⑤ 《习近平谈治国理政》,外文出版社 2014 年版,第 419 页。

而且只能由人民来评判。人民是我们党的工作的最高裁决者和最终评判者。"①没有才干就没有实绩，"好干部"所谓的"好"就是空话。

才干是多维度的，习近平总书记首先强调党员干部、公务员要有专业才能。"我多次强调，领导工作要有专业思维、专业素养、专业方法。"②"我一直强调领导干部要成为经济社会管理的行家里手，是有针对性的。"③"各级领导干部要加快知识更新、加强实践锻炼，使专业素养和工作能力跟上时代节拍，避免少知而迷、无知而乱，努力成为做好工作的行家里手。"④习近平通过对各级干部、公务员的专业知识、专业能力的强调，要求各级干部把"好品德、好作风"落实到具体工作当中去，而不是停留在口号上、态度上。

其次，务实的工作作风和高度的责任心也是才干的重要组成部分、政绩的重要基础。专业知识和专业能力是可以通过学习和锻炼而得到的，我们的公务员干部只要扑下身子认真学习，成为工作中的行家里手也不是特别难的事，更难的是在熟悉的工作领域毫不动摇地坚持干好，具有强烈的责任心。习近平指出："责任就意味着尽职尽责干事。定下来的工作部署，要一抓到底、善始善终，坚决防止走过场、一阵风。"⑤"抓工作，是停留在一般性号召还是身体力行，成效大不一样。"⑥工作干好了、事业干成了，还要看看干部干的过程中是不是坚持"三严三实"，有没有为人民群众的利益而破除障碍："领导干部是否做到严以修身、严以用权、严以律己，谋事要实、创业要实、做人要实，全面深化改革是一个重要检验。"⑦

①《习近平谈治国理政》，外文出版社 2014 年版，第 28 页。
②《习近平谈治国理政》（第二卷），外文出版社 2017 年版，第 219 页。
③《习近平谈治国理政》（第二卷），外文出版社 2017 年版，第 220 页。
④《习近平谈治国理政》（第二卷），外文出版社 2017 年版，第 45 页。
⑤《习近平谈治国理政》（第二卷），外文出版社 2017 年版，第 146 页。
⑥《习近平谈治国理政》（第二卷），外文出版社 2017 年版，第 190 页。
⑦《习近平谈治国理政》（第二卷），外文出版社 2017 年版，第 104—105 页。

最后,公务员干部有没有才能和品德,最重要的就是要在关键时刻、紧要关头看看干部能否经受住考验:"对突出矛盾要有责任意识,主动去解决而不是回避推卸,努力做到发现在早、处置在小。对突发事件要临危不惧、沉着冷静、敢于负责,关键时刻要亲临现场、靠前指挥、果断处置。"①如果我们的公务员干部都能道德品质好、工作能力强、紧要关头挺得出顶得上、坚持"三严三实",中国特色社会主义建设事业必将蒸蒸日上,中华民族伟大复兴的中国梦必将顺利实现。

总之,习近平新时代道德建设思想以系统、严谨的论述,指出了我国新时代党员干部、公务员如何狠抓思想道德、如何锤炼党性、如何崇德守法、如何培养成才、如何检验效果等一系列重大问题,既具有深刻的理论性,又具有确切的可操作性,是当代中国道德建设的马克思主义新理论和实践指南。

三、西方有关行政伦理思想借鉴

西方行政伦理学是上世纪后期西方国家逐步兴起的关于行政人员和行政组织如何处理有关道德问题的理论,是行政管理学和伦理学的交叉学科。它发端于世界新公共行政运动的时候,②真正发展是以美国公共行政学会(ASPA)于1989年在华盛顿召开的第一次"全国政府伦理学大会"、1991年在美国犹他州帕克城召开的第一次"政府伦理研究大会"为标志,揭示了世界行政伦理学研究的兴起。③

原本行政伦理学在世界学术界没有东西方之分,学者们认为行政伦理学就是研究行政活动中的伦理问题的学科,无论东方西方都有行政管理和行政服务,怎么会认为行政伦理学是西方的?本书不是从空

① 《习近平谈治国理政》(第二卷),外文出版社2017年版,第147页。
② 张康之:《行政伦理的观念与视野》,中国人民大学出版社2008年版,第3页。
③ [美]特里·L.库珀著,张秀琴译:《行政伦理学:实现行政责任的途径(第五版)》,中国人民大学出版社2010年版,第2—3页。

间地理上或文化意义上将行政伦理学归为"西方的",而是从理论的立场、理论的哲学基础上来将其称之为"西方行政伦理学"。西方行政伦理学是基于西方资本主义社会中进行行政统治、管理和服务中的道德伦理问题而发展出的一门学说,它是以承认资本主义制度、承认资本主义行政体制为前提,研究在现行资本主义大框架下如何利用伦理手段解决行政统治、管理和服务问题的理论,它的哲学基础是抽象的、唯心的人性论,以抽象的、平等的人性的探讨掩盖具体的、现实的不公,试图用解决抽象的人性的手段来解决现实公务员职业道德和行政组织道德中的问题,而不去探讨这些问题背后的现实制度基础和社会矛盾根源。西方行政伦理学研究背景是后现代的资本主义世界,它认为由于在后现代社会中难以寻找共识,一切基础性的东西都被解构了,不存在任何最终的基本准则,利益也是如此。在这样的社会中,政治与行政发生了分离,公共行政角色与市民角色发生了分离,公务员管理的利益也发生分裂,在这个后现代社会中寻求公共管理伦理问题的解决,只能求诸抽象的、不变的人性。因此,从欧美国家传播过来的现代行政伦理学是不够科学的,是非马克思主义的理论,故而把它称之为"西方行政伦理学"。本书在这里需要特别说明的就是:尽管该理论的部分内容对本书的主题阐述有所帮助,但本书不以此为理论基础,而只是将其作为一定的参考和方法借鉴。

西方行政伦理学主要分为两个部分:行政人员伦理学和行政组织伦理学。二者均和公务员职业道德建设的主题有比较密切的联系。

（一）西方关于行政人员伦理的思想

行政人员伦理学是从个体的角度论述公共行政中的职业道德问题——主要是行政责任的问题,它的前提就要公务员个体具有较高的道德判断力、道德决策力和道德想象力。它将公共行政中的责任问题分为客观责任和主观责任两部分,从责任区分的角度论述了公务员个体可能遇到的几种重要的行政伦理困境：权力冲突、角色冲突、利益冲突和信任问题。

行政责任的建构是解决行政伦理问题的核心。西方行政伦理学将来自公务员自身外部的影响因素称为"客观责任"，将与来自公务员内心的观念与想法有关的因素称之为"主观责任"。"客观责任来源于法律、组织机构、社会对行政人员的角色期待。但主观责任却根植于我们自己对忠诚、良知、认同的信仰。"①

面向某一任务、人员管理负责的客观责任称为职责，它包含上下级关系和从上到下的权力关系，以确保目标任务的实现，是科层制中实现目标的手段；面向某一客观目标负责的客观责任称为义务。西方行政伦理学将义务分为三个方向：向上下级负责、向民选官员负责、向公民负责。向上下级负责是行政组织本身权力架构的要求，向民选官员负责则是西方资本主义选举制度下公务员职业中立化的产物，实际上是向资本利益集团负责，向公民负责是资本主义道德超越性的要求，以政治平等的形式掩盖实际不平等（资本不平等）的产物，用向所有公众提供同等服务的形式掩盖统治和管理权力的归属。正是这三种不同面向的、根源于资本主义制度内在矛盾的义务方向不一致时，使公务员的道德良知难以抉择，就产生了西方行政伦理学称之为困境的权力冲突、角色冲突和利益冲突。因此，西方行政伦理学并没有、也不可能提出一个彻底的解决方案，而是诉诸公务员自身的道德判断力和道德决策，这实际上是将制度的矛盾转嫁给个人，而个人的道德良知是在既定的资本主义环境产生的，因为"统治阶级的思想在每一时代都是占统治地位的思想。这就是说，一个阶级是社会上占统治地位

---

① ［美］特里·L.库珀著，张秀琴译：《行政伦理学：实现行政责任的途径（第五版）》，中国人民大学出版社 2010 年版，第 84 页。

的物质力量,同时也是社会上占统治地位的精神力量",①这样,公务员个人的道德决策必然符合资本主义国家的利益(实质是统治者的利益),即使个别公务员做出不符合国家利益的决策后,国家也会以道德立法的形式消灭这种决策。如此一来,资产阶级在堂而皇之的伦理冲突的面目下完成了责任的转嫁:将责任推给公务员这个统治工具,将利益收归己有。

(二)西方关于行政组织伦理的思想

行政组织伦理学是从行政组织内部、从管理者的角度论述公共行政中的道德问题,即如何防止本组织的成员从事不道德的行为。② 它为了使公务员个人在遇到上述行政伦理困境的时候,仍然能保证组织的运行和公务员负责任的处理事务,于是从管理者个人和组织政策的角度解决这个问题,将维持行政组织的责任行为分为两类:内部控制和外部控制。所谓外部控制就是通过公务员自身之外的法律、规则或者制度来强行对公务员个人进行控制,以约束他的道德行为。③ 外部控制的实质是统治者不信任公务员自身的道德判断,即便公务员是接受统治者的思想教育的,也必须以外在的、以暴力惩罚做后盾的法规来约束公务员的行为,委婉地说就是:"个人判断力和职业水平不足以保证人们做出合乎道德规范的行为。"④于是,西方行政伦理学对此提出的解决方案就是伦理立法。所谓内部控制就是通过训练和职业性社会化过程来培养和强化公务员的职业价值观和职业服务水平,从公

---

① 《马克思恩格斯文集》(第一卷),人民出版社 2009 年版,第 550 页。

② 〔美〕特里·L.库珀著,张秀琴译:《行政伦理学:实现行政责任的途径(第五版)》,中国人民大学出版社 2010 年版,第 128 页。

③ 〔美〕特里·L.库珀著,张秀琴译:《行政伦理学:实现行政责任的途径(第五版)》,中国人民大学出版社 2010 年版,第 133—134 页。

④ 〔美〕特里·L.库珀著,张秀琴译:《行政伦理学:实现行政责任的途径(第五版)》,中国人民大学出版社 2010 年版,第 133 页。

务员个体自身的角度来约束自己的道德行为。内部控制是由"对于先验理念的一种责任情感和责任意识"[1]即行政责任所完成的,它由技术知识和公众情感这两种因素所影响。西方行政伦理学认为内部控制是有主体性优势的,会促使公务员主动有效地工作,但又是不可靠的,究竟如何解决这种不可靠,除了外部控制的办法,内部的解决方式就是培养个人道德品质、优化组织文化、完善组织制度和迎合社会期望,并以社会期望来组合、调整其他三者的关系,打造一个有利的行政道德环境。[2] 同样,西方行政伦理学在组织本身不可靠的时候——应对不道德的上级和不道德的组织的时候,它的解决办法就是"在组织中保持伦理自主性",也就是说,当公务员发现组织的成员行为不符合其道德价值观的时候,比如遇到忠诚冲突、政治压力或者发现上司腐败的时候,西方行政伦理学又诉诸公务员所接受的价值观教育——保持伦理自主性——实质是以公务员个体所接受的资本主义价值观来维护资本主义制度和资产阶级利益。

这样,西方行政伦理学告诉公务员:在遇到个人欲望和个人道德诉求时,要用外部控制的办法约束你的欲望和诉求,当遇到制度内部冲突个人道德难以抉择时,要用内部控制发挥你的自主性;当你的自主性会危害到资本主义公共利益时,组织就会用法律、规章来约束你,当组织内部出现"内鬼"危害到资本主义公共利益时,你就要保持伦理自主性。总之,遇到所有问题公务员保持个人主义的自主就好了——只要这个自主是受过资本主义教育、认同资本主义价值观的。这样,资产阶级统治者就举起酒杯:GOOD LUCK——"责任在你,利益在我。"

---

① [美]特里·L.库珀著,张秀琴译:《行政伦理学:实现行政责任的途径(第五版)》,中国人民大学出版社 2010 年版,第 152 页。

② [美]特里·L.库珀著,张秀琴译:《行政伦理学:实现行政责任的途径(第五版)》,中国人民大学出版社 2010 年版,第 216 页。

第三章 中国公务员职业道德建设的历史考察

中国公务员职业道德建设的历史要追溯到新中国成立的那个时期,从那时起,党和国家领导人就不断探索和创新干部职业道德建设的重大课题,科学运用马克思主义原理与中国实践相结合,取得了丰硕的成果,也有值得认真汲取的历史教训。改革开放以来,干部职业道德建设和公务员职业道德建设迅速迈上了新台阶,夺取了一个有一个胜利,对我国改革开放以来取得的伟大成就起到了重要的支撑作用。

一、改革开放之前我国干部职业道德建设的历史经验与教训

中华人民共和国成立到改革开放前将近 30 年的时间内,党员干部、公务员的职业道德建设呈现出复杂的历史色彩,突出地体现了社会主义的道德原则和共产主义道德理想,无论国家建设多么曲折,全心全意为人民服务始终是我们党员干部、公务员和全体人民共同认可的职业道德理念。作为党的宗旨的"为人民服务"的思想,在新中国的道德建设中,始终都起着正确导向的作用,它如一根红线,贯穿在全部社会主义道德建设各个方面和各个层次,直到成为社会主义道德建设的核心,在社会主义道德建设中发挥着特殊的重要作用。①

---

① 罗国杰:《新中国道德建设的回顾与展望》,《齐鲁学刊》2002 年 2 期,第 5—10 页。

理论界一般将改革开放前的干部道德建设历史分为两个阶段：一个是从建立新中国到 1966 年"文化大革命"发动前夕，第二阶段是"文化大革命"阶段。①

（一）社会主义建设初期干部职业道德建设的成就与经验（1949—1966）

罗国杰认为："从新中国成立到文化大革命以前的近 20 年的时间里，特别是在 1959 年以前的 10 年中，应当说，是我国道德建设的一段光辉的时期。革命的激情，荡涤着旧社会的污泥浊水；建设社会主义的热情，鼓舞着人们奔向光明。"②从众多学者和历史亲历者的回忆来看，普遍认为"文化大革命"开始前的十几年中是新中国成立以来道德水平较高的一个时期，至今还有很多年长者怀念那段时期的美好时光。一般来说，新中国成立到"文化大革命"发动前都是国内社会和经济发展水平较低的时期，今天的社会财富应该说远远超过了那个时代，那为什么众多的历史见证者往往怀念那个时期的精神生活、臧否当今的道德生活？为什么会形成这种时代进步而道德光辉反而不如昔的现象？这里有很多主客观的因素，我们需要辩证的分析，暂且不讨论评价者主观方面的因素、今天的实际进步及其标准的科学性问题，也暂且搁置这个问题的其他方面，我们仅仅讨论与本主题相关的干部职业道德的有关问题。透过这个问题本身我们就可以观察到 1949—1966 年的广大人民群众的道德精神生活相对解放前是比较丰富的，广大干部群众的道德水平也非常高，足以满足当时人民群众的心理需求、获得人民群众的高度认同，以至于五六十年之后人们

---

① 罗国杰：《新中国道德建设的回顾与展望》，《齐鲁学刊》2002 年 2 期，第 5—10 页。

② 罗国杰：《新中国道德建设的回顾与展望》，《齐鲁学刊》2002 年 2 期，第 5—10 页。

还在怀念那个时代,这与当时的时代环境和全体党员干部的良好作风与道德分不开的。

1. 新中国的诞生从伦理和政治制度上改变了中国人民的道德基础

经济和政治制度都是伦理道德的重要基础,国家政治制度的巨大变化必将带来精神和道德伦理的巨大变化,尤其是新中国成立这种开天辟地的重大事件必然导致中国人民道德水平的巨大变化。1949 年10 月 1 日,毛泽东同志在天安门城楼上庄严宣告:"中国人民站起来了!"毛主席指出:"我们的民族将再也不是一个被人侮辱的民族了,我们已经站起来了。"[①]新中国的诞生结束了中国人被欺压和侮辱的历史,使全国人民从此作为国家的主人生活在神州大地上,中国人的道德基础不再是半封建半殖民地的旧中国,而是人人平等的新中国。"中国人民的国家尊严感、民族自豪感,普通民众的爱国精神、责任意识以及翻身解放之后的平等意识都被激发出来,建设一个全新国家的热情极为高涨。"[②]当全国人民把自己从被奴役的大山底下解放出来之后的高度热情和巨大的建设自己的迫切希望是后面任何时代的人们也比拟不了的,这是中华民族经历了长期压抑和苦难之后的激情迸发。广大人民群众在新国家的主人翁地位、社会主义平等自由的生活实践和上述高度热情的迸发提供了当时人们在心理上、伦理上和物质利益上的共同体基础。反过来这些牢固的社会主义利益共同体、精神共同体成为了那个火热的年代人们的精神家园,国家、民族、社会和个人形成了互相认同、互相激荡的"熔炉",党的思想道德教育不仅符合当时的实际,而且广大被从底层解放出来的人民迫切需要这种教育来

① 《毛泽东选集》(第五卷),人民出版社 1977 年版,第 5 页。
② 吴潜涛:《中国化马克思主义伦理思想研究》,中国人民大学出版社 2015 年版,第 96 页。

提高自己、表达自己,客观上有利于道德教育的推行和道德水平的提高。当时的党员干部本身就是一种荣耀和高尚的代表,其道德水平和工作作风已经内化于其心理和日常行动当中,从而与人民群众形成了互相肯定、互相认同、互相激励、互相监督的良好环境。从这些时代条件来说,"文化大革命"结束之后的社会环境已经难以再现这种多方良性互动、共振的局面,改革开放以来的社会发展恰恰不是以剧烈的群众运动、群众激情为特色,而是充分以人民群众自身的利益追求为动力来进行发展,因此不会、也不必再回到那种"激情燃烧的岁月"。不过历史又给予了我们民族另外一个契机:随着党带领中华民族伟大复兴的中国梦的不断接近实现,新时代的良性共振局面又将到来,中华民族伟大复兴的热情、共同富裕的社会主义制度和文化基础以及在高度发达的社会主义物质财富基础之上,有高水平文化教育和道德教育的广大人民在建党一百周年、建国一百周年的时代必将创造出新的良性共振的局面,势将掀起一轮又一轮建设伟大中国的高潮。

2. 以各类重大活动为契机提高干部群众的道德水平

我们党在建国初期的近十年时间里,多次利用党和国家重大政治、军事活动的契机,发动广大干部群众支持国家活动,并在活动中以正确的理念教育和引导广大干部群众,大大提高了人们的道德水平和思想觉悟,社会主义道德建设取得了巨大成功。

新中国成立不久,美国为首的西方国家悍然侵略朝鲜,威胁中国新生政权,中国人民志愿军毅然跨过鸭绿江进行抗美援朝。这是新中国的重要政治和军事行动,它的重要背景在于广大劳动人民在对刚刚诞生的新中国抱有巨大希望的时候,外来的威胁试图断绝中华民族的希望之路,这是中国人民决不允许的。这种现实的威胁之下,党中央号召全国人民支援抗美援朝,并加强爱国主义教育,使得广大人民群众更加爱国更加团结,增强了民族自尊心和自信心。1951 年元旦,

《人民日报》发表文章,号召开展抗美援朝思想教育,铲除帝国主义侵略中国而遗留的政治影响,将这种思想斗争引导成为爱国主义的高潮。[①]1951 年 2 月 2 日,《中共中央关于进一步开展抗美援朝爱国运动的指示》要求:"在各阶层人民,特别是在工农群众中,应广泛开展时事教育,开展蔑视、鄙视、仇视美国帝国主义与提高民族自信心自尊心的运动。"[②]党的一系列正确的爱国主义教育活动取得了巨大的效果,提高了人民的思想道德水平。

另外,恰当的结合抗美援朝过程中发现的突出问题开展"三反""五反"运动,教育了广大人民群众和知识分子,尤其是深刻教育了广大干部。为了支援抗美援朝的伟大行动,全国开展了增产节约运动,在运动中被揭发出大量贪污浪费和官僚主义现象,党中央高度重视,及时部署反贪污、反浪费和反官僚主义的行动。对河北省委揭露出的刘青山、张子善贪污腐败案件,党中央没有因他们过去立下的巨大功劳而宽宥他们的巨大腐败,"挥泪斩马谡",将二人执行枪决,对全体党员干部起到了极大的教育和震慑作用,促进了党风的好转,提高了党的威信。随着"三反"运动的深入,党政军内部和资本家勾结产生的贪污违法行为不断被揭发出来,党中央又在工商界中开展反行贿、反偷税漏税、反盗骗国家财产、反偷工减料和反盗窃国家经济情报的"五反"运动,有力肃清了经济活动中的不法行为,教育了广大干部群众。吴潜涛教授认为:"三反五反"运动是"一次深刻的反资产阶级腐朽思想侵蚀和继续保持艰苦奋斗作风的思想道德教育,是无产阶级政党反对资产阶级腐蚀的斗争,是改造国家机关、移风易俗的社会改革运动,

---

① 中国当代研究所编:《中华人民共和国》(1951 年卷),当代中国出版社 2007 年版,第 1 页。

② 中国当代研究所编:《中华人民共和国》(1951 年卷),当代中国出版社 2007 年版,第 75 页。

也是全党全社会的一场思想道德建设运动。"①

在"文化大革命"发动之前,党还举行了多次类似的具有深刻教育意义的运动,如:在铲除黄赌毒的运动中教育了广大人民,有力的证明了社会主义的优越性,换来了朗朗乾坤;在三大社会主义改造运动中、在知识分子的思想改造运动中,党结合实际进行了深刻的社会主义思想宣传和教育等等。这些活动都具有重要的教育意义,为干部职业道德建设提供了良好的环境和机遇,使广大党员干部思想团结、道德水平得到提高。

3. 毛泽东思想成为广大党员干部的道德行动指南

毛泽东思想关于干部道德建设的论述在新民主主义革命时期就已经基本形成,但是那主要是针对革命斗争时期的背景而言,新中国成立后毛泽东等第一代领导集体进一步丰富和发展了干部道德建设的思想,将时代背景转换为社会主义建设时期,具有了不一样的特点。

在社会主义建设中,毛泽东将思想道德建设与经济建设相结合,提出:"政治工作是一切经济工作的生命线。"这在巩固新生政权执政地位的特殊时期而言,无疑是正确的,但是后来受党内左倾路线的影响,在国家、社会各方面发展大幅度进步之后还将这种提法发展为一切工作要"政治挂帅",就产生了严重左倾的重大错误。

毛泽东强调道德建设要细致具体地去做,不能简单粗暴,要全面考虑。他要求处理利益关系统筹兼顾,集体与个人利益相结合,提出的集体主义、为人民服务逐步成为中国共产党人的道德观,并在他的倡导下逐步建立了新中国的道德规范体系。

毛泽东干部道德建设思想强调抓重点人群和重点部门。毛泽东

---

① 吴潜涛:《中国化马克思主义伦理思想研究》,中国人民大学出版社 2015 年版,第 101 页。

特别强调发挥青年的积极作用,他指出:青年人是最积极最有生气的力量,要注重如何发挥青年人的积极性。另外,毛泽东多次强调要抓住学校这个思想道德教育的主阵地,曾经指出:"学校要大力进行思想教育","要加强学校政治思想教育,每省要有一位宣传部部长、一位教育厅长亲自抓这项工作。"①

毛泽东干部道德建设思想注重党员干部和突出人物的榜样模范作用,尤其是突出社会主义建设时期的雷锋、焦裕禄、时传祥、王进喜等英雄模范人物对道德建设的极大的推动作用。

毛泽东干部道德建设思想是一个理论与实践相结合的丰富体系,具有重要的时代特征和鲜明的问题指向,开创了马克思主义伦理学中国化的新途径,对中国干部道德建设具有深远的影响,是全国党员干部道德行动的指南。

(二)"文化大革命"时期干部职业道德建设的教训(1966—1976)

由于从新中国成立直到上世纪六十年代初,党内的"左倾"思想一直存在,且存在逐步将阶级斗争扩大化的趋势,最终造成巨大的历史性错误。邓小平曾经说过,党内的思想既要防止"左",又要防止"右",但尤其是防止"左"。"左倾"思想一直干扰着新中国成立后的近 30 年的时间,直到邓小平领导改革开放之后,实事求是的思想才占据主流。

1."文化大革命"严重破坏了传统道德、革命道德体系的伦理基础

"文化大革命"期间,干部道德建设事业一片混乱,无数正直忠诚的老干部、老党员被打倒,大批优秀的共产党员被打倒为"资产阶级当权派",大量胡作非为的人却成为"革命委员会"的领导人,造成了无数的冤假错案,正义的力量大受打击。刘少奇等同志甚至在没有受到任

---

① 中共中央文献研究室编:《毛泽东年谱》(1949—1976·第三卷),中央文献出版社 2013 年版,第 95 页。

何审判、执行任何法律程序的情况下被迫害致死,社会主义法制受到严重挫折。大量受"四人帮"利用的红卫兵在全国大串联,搞文攻武斗,社会主义革命道德成为到处批斗的旗帜和借口,革命道德的神圣性被破坏。"'四人帮'对道德建设的最严重破坏,就在于他们把社会主义的道德原则和道德规范变成了一种空洞的说教,变成了一小撮人挂在口头上而根本不愿实行的空头支票,变成了一种只让别人去做而自己不做的骗人的'鬼话'和'假话'"。"从而严重地破坏社会主义社会的人际关系","是对社会主义道德的重大破坏"。① 另外,对党员干部政治道德破坏严重的是"林彪集团"利用毛主席的信任和威信大搞阴谋活动,正面天天喊着"毛主席万岁",背后却阴谋抢班夺权,甚至试图谋害毛主席,而其阴谋被揭露之后,林彪等人仓皇出逃,最终摔死在温都尔汗。"林彪事件"对党内干部思想道德的破坏性极大,林彪作为毛主席指定的"党的接班人"竟然成为反党阴谋集团首领,极大地破坏了党的形象和党员干部的道德信念。"文化大革命"在很大程度上破坏了来之不易的革命道德体系,使传统的阴谋论和封建糟粕又沉渣泛起,教训非常深刻。

很长一段时期内,党的"左倾"思想理论深受苏联教条马克思主义的影响,将马克思的阶级斗争理论严重扩大化,把党组织内部的思想斗争和工作纠纷往往扩大为阶级斗争,以敌我斗争的方式来解决内部矛盾。在革命斗争时期,出于革命战争现实的需要,阶级斗争方式成为解决敌我斗争的主要方式是具有合理性的,而新中国成立之后,尤其是三大社会主义改造完成之后,阶级斗争只是在一定范围内存在,更大的范围内已经是内部矛盾,但毛泽东等部分党内同志错误地理解马克思关于一定社会发展阶段内不断革命的思想,错误地认为阶级矛

① 罗国杰:《新中国道德建设的回顾与展望》,《齐鲁学刊》2002年第2期,第5—10页。

盾仍然是当时社会的主要矛盾，导致阶级斗争扩大化。道德的革命性、阶级性是斗争时期道德的第一需要，而在斗争扩大化之后，道德的伦理基础被破坏，道德成为没有根基的"任人打扮的小姑娘"。这样的情形下，谁掌握权力、谁更"左"就成为道德正确的标准，从而严重破坏了道德的神圣性、规范性。我国五四运动以来的各种运动和斗争已经废弃了传统封建道德及其社会基础，而"文化大革命"又对数十年革命斗争中建立起来的社会主义道德体系进行了一次打击，并对传统文化载体进行了一次极大的破坏。这样中国社会的道德体系在改革开放后较长的历史时期中恢复缓慢而且脆弱，从而为打开国门之后西方的资产阶级道德传播留下了空间，也加剧了改革开放之后精神文明建设的难度。

2. 新中国成立后 30 年间的国际国内形势妨碍了干部道德建设

"仓廪实而知礼节，衣食足而知荣辱"。① 良好的道德需要一定的物质条件和稳定的社会环境。新中国成立后国际国内形势非常严峻：国际上一直受西方帝国主义列强的围堵，以美国为首的西方国家甚至悍然入侵朝鲜并将战火烧到鸭绿江边，威胁新生政权；国内反动残余势力在偏远地区负隅顽抗多年；国民党集团逃到台湾之后一直梦想"反攻大陆"；苏联作为社会主义阵营的老大哥，在赫鲁晓夫上台之后中苏关系破裂，不仅撤走专家和投资，还一度在中国北部陈兵百万，在珍宝岛甚至发生了激烈的局部冲突；东欧国家政权更迭不断，大量领导人被下台，尤其是波兰事件大大影响了我国领导人对国际形势的判断；印度领导人错误地估计形势，于 1962 年与中国悍然开战等等。这种持续多年的内忧外患，一定程度上影响了我国领导人对世界形势的正确判断，为"左倾"错误思想的泛滥提供了土壤，干部道德建设在各

---

① 《管子·牧民》。

种运动和斗争中消耗了生机和活力,从而使干部道德建设事业在改革开放前三十年始终未能成为社会主义精神文明建设的重点。

二、改革开放之后我国公务员职业道德建设的历史回顾与经验总结

本书将改革开放以来的公务员职业道德建设时期分为三个阶段。一个是改革开放初期阶段,从 1978 年十一届三中全会开始,到 1992 年邓小平发表南巡讲话之前为止。这个阶段主要是对改革开放后社会主义商品经济发展时期,党和国家对公务员制度和干部(公务员)职业道德进行初步探索;第二个阶段是改革开放深化阶段,从 1992 年邓小平南巡讲话到 2012 年底十八大召开前夕,这个阶段改革开放进入持续深化阶段,针对我国社会主义体制机制中一系列不适应社会主义生产力的方面进行了重大改革。公务员制度正式建立,公务员职业道德建设稳步发展,但同时改革过程中也出现了不少新情况新问题。十八大以来进入了新时代,改革开放进入深水区,改革方式从"摸着石头过河"到"加强顶层设计",依法治国与以德治国深入结合,公务员制度进一步完善,公务员职业道德建设进入新阶段。这一阶段是中华民族实现伟大复兴的重要阶段,还将持续较长一段时间。

改革开放以来,公务员职业道德建设的核心问题是如何处理公私利益,这也是伦理学核心关于"集体主义和个人主义谁优先"问题的表现。在社会上,集体主义优先还是个人主义优先是区分社会主义道德和资本主义道德的根本性问题。[①] 在改革开放后若干年,随着商品经济的发展,越来越强调个人权利的正当性,甚至有部分人将集体主义和个人主义完全对立起来,要求将个人主义置于集体主义之上。这种

---

① 罗国杰:《马克思主义伦理学的探索》,中国人民大学出版社 2015 年版,第 429 页。

争论的实质是中国的经济发展是走资本主义道路还是走社会主义道路的问题,表现在公务员职业道德上就是强调职业只是谋生的饭碗还是职业是献身的事业的区别,这个区别代表了公务员的人生观、世界观和价值观的重要立足点在哪里。赞同个人主义、站在个人利益优先的立场上看待公务员职业就会强调公务员的个人权利,强调职业的谋生性特征,从而进一步导致公权力的公共性特征与私人利益诉求的冲突,更有可能导致以权谋私。赞同集体主义、站在集体利益优先的立场上看待公务员职业就会强调公务员职业的公共性、神圣性特征,会进一步突出奉献精神,权力的公共性不但不是个人权利的冲突,而是个人权利的保障,甚至是个人权利的目的——全心全意为人民服务。需要说明的是:集体利益的优先性是从根本的意义上而言的,而决不是否定公务员个人的合法权益,随意将个人和集体对立是有害的观点。至于现实生活中大量台上说奉献集体,台下以权谋私的人存在,那只是说明他们根子里信奉的并不是集体主义而是极端的个人主义,他们将个人利益不仅仅置于集体利益之上,更是枉顾集体利益、只顾个人利益,就连在资本主义社会也不会承认他们行为的合法性。

改革开放以来,公务员职业道德建设总体上呈现三条脉络:

一是公务员职业道德建设的根本标准与时俱进:人民的根本利益——有利于提高人民的生活水平——代表中国最广大人民的根本利益——以人为本——确立人民主体地位;二是公务员职业道德建设地位逐步提升:道德建设方针、以德治国提升到新高度、依法治国为以德治国提供保障;三是公务员职业道德建设的主题不断深化:社会主义荣辱观、社会主义核心价值体系、社会主义核心价值观。这三条脉络随时代的进步而逐步推进,并互为支撑。

(一)改革开放初期干部职业道德建设的奠基(1978—1991)

思想是行动的先导,行动是思想的体现。随着"文化大革命"的结束和"四人帮"的垮台,中国共产党人从真理标准大讨论开始,批判"两个凡是"的错误路线,开展恢复实事求是思想路线,从而拉开了波澜壮阔的改革开放的历史序幕。党的十一届三中全会做出了把党和国家的工作中心转移到经济建设上来,实行改革开放的伟大决策。广大党员干部和人民群众以解放思想作为改革开放行动的先导,中国人民迎来了事业的春天,思想道德建设事业也迎来了春天。历史大转折时期的思想道德建设经验教训对现代公务员职业道德建设具有重要的借鉴作用。改革开放初期十多年的干部职业道德建设经验与教训深刻地说明了建立良好党员干部、公务员职业道德的重要性。

(1)坚持正确的政治方向是我国干部职业道德建设的首要原则

历史经验告诉我们,美好事物的发展往往并非一帆风顺。党的十一届三中全会之后,新的征程刚刚起步,极少数人打着改革和拨乱反正的旗号反对党的领导和社会主义制度。部分在"文化大革命"受到打击和影响的不明真相的群众也跟着散布怀疑社会主义、怀疑马列主义毛泽东思想的言论,歪曲"解放思想"的口号,引起了党中央的高度警惕,后来称之为"资产阶级自由化思潮"。

这股思潮一方面源自西方和平演变势力的支持,一方面源自少数人的政治野心,另外由于"文化大革命"确实打击和影响了不少干部群众,导致个别人对党、对社会主义产生了怀疑情绪。党中央及时意识到了这种思潮的危害性,提出了中国要实现四个现代化必须在思想政治上坚持四项基本原则:坚持社会主义道路、坚持无产阶级专政、坚持党的领导、坚持马列主义毛泽东思想。邓小平指出:"如果动摇了这四项基本原则中的任何一项,那就动摇了整个社会主义事业,整个现代化建设事业。"[1]他在随后的数年时间里多次阐述和强调这种思潮的

---

[1]《邓小平文选》(第二卷),人民出版社1994年版,第173页。

危害,并指示宣传部门加强坚持四项基本原则的宣传教育。但是由于各方面的原因,少部分领导干部的认识并未能达到邓小平同志的高度和深度,导致对资产阶级自由化的思潮和精神污染现象处理不力。1981 年 7 月 17 日,邓小平在谈话中指出:"当前的主要问题不在于有这些现象,而在于我们对待这些现象处置无力,存在着涣散软弱的状态。"①随后从 1981 年到 1987 年,邓小平、陈云、李先念等党和国家领导人多次提出要反对资产阶级自由化、反对精神上的污染。但由于改革开放初期大量西方资产阶级思想的入侵,部分干部和知识分子认识不清,极少数党员干部带头鼓吹西方思想,导致一些思想阵地被资产阶级思想所占领。尤其是某些高校讲坛成为宣扬资产阶级自由化的阵地,造成了严重后果,以至于最终酿成了 1989 年的巨大风波。1989 年 6 月 9 日邓小平在接见首都戒严部队军以上干部时发表讲话,对改革开放十年的经验教训进行总结,他指出:"十年最大的失误是教育,这里我主要是讲思想政治教育,不单纯是对学校、青年学生,是泛指对人民的教育。对于艰苦创业,对于中国是个什么样的国家,将要变成一个什么样的国家,这种教育很少,这是我们很大的失误。"②坚持正确的政治方向是政治道德的第一原则,也是干部职业道德建设的首要原则,一旦方向错误,越建设危害越大。牢牢把握干部和群众思想领域的领导权、坚定正确的政治方向是改革开放初期干部思想道德建设最重要的经验和教训。

（2）正确的思想路线是干部职业道德建设的重要前提

中国共产党是无产阶级的先锋队,党员是广大人民群众实践中锻炼出来的优秀分子,各级干部是中国社会主义建设事业的主心骨和领路人。党员干部的道德建设对中国社会主义建设事业具有巨大的影

---

① 《三中全会以来重要文献选编》(下),人民出版社 1982 年版,第 821 页。
② 《邓小平文选》(第三卷),人民出版社 1993 年版,第 306 页。

响,思想路线又是道德建设的前提,只有在正确的思想路线指引下,党员干部的职业道德建设才不会发生停顿和偏差。什么是正确的思想路线?邓小平提出了"三个有利于标准",其中最重要的一条就是"有利于提高人民群众的生活水平"。发展生产力、提高综合国力的目的最终都要落实到人民群众的生活水平上来,思想路线的正确与否就是要以此为重要标准。

1976年粉碎"四人帮"以后,中国面临着巨大的历史抉择:是继续坚持"以阶级斗争为纲"的错误路线,还是走出一条顺应民心、党心的新路来?这个分歧反映了是坚持解放思想、实事求是的思想路线还是坚持"两个凡是"的思想路线。历史证明,只有坚持解放思想、实事求是的思想路线才是中国社会主义发展道路唯一正确的选择。国民经济的发展和人民思想的进步首先有赖于党员干部的思想路线正确与否,否则就会出现挫折,"文化大革命"结束之后是如此,八九年政治风波之后也是如此。1989年夏的政治风波结束之后不久,苏东发生巨变,作为社会主义阵营的核心国家——苏联——一夜之间轰然倒塌,对我国社会主义建设事业产生了巨大的冲击。不少党员干部和群众受此影响变得思想不稳定,从而使改革开放事业发展放缓,经济、社会、文化和道德建设都进入了一个瓶颈期。直到1992年邓小平同志发表南巡讲话之后,全党同志才统一思想,重新鼓足干劲、加大改革开放的力度,我国的各项工作才又走上正轨。

历史一再证明,干部职业道德建设有赖于正确的思想路线,只有坚持解放思想、实事求是的思想路线,干部的思想才会稳定、社会环境才会安定、道德风尚才会良好。

(3)抓好党风、管好领导是干部职业道德建设的关键

改革开放初期,有少部分干部对人民群众生活中的迫切需要解决的问题漠不关心,眼睛只盯着领导,时刻关注上级的精神指示而不

注意人民群众的实际问题。也有少部分干部搞特殊化,对自己要求不高,贪图享乐,对别人要求艰苦朴素,导致干部群众意见较大。还有极少数干部贪恋权位、独断专行,听不进批评、只喜欢听好话等等,情形不一而足。党中央对此类问题看得清楚,认识清晰,提出了一系列解决的办法。

邓小平在 1979 年 3 月 30 日召开的党的理论务虚会上指出:"为了促进社会风气的进步,首先必须搞好党风,特别是要求党的各级领导同志以身作则。党是整个社会的表率,党的各级领导同志又是全党的表率。"①1979 年 9 月,叶剑英在《在庆祝中华人民共和国成立三十周年大会上的讲话》中提出:党和政府的干部尤其是高级干部,决不允许谋求特权。1979 年 11 月 2 日,邓小平在讲话中再次强调高级干部不能搞特殊化:"要讲特殊化,恐怕首先表现在高级干部身上。"②"为了整顿党风,搞好民风,先要从我们高级干部整起。"③1981 年 2 月,邓颖超在中央纪律检查委员会第三次全体会议上指出:"反对特殊化,要从我们每个党员,要从我们领导干部做起。"④

不仅仅党和国家的重要领导人多次针对党风问题和高级干部作风问题讲话,党中央也多次召开会议部署整顿党风和反对特殊化。1980 年 2 月,党的十一届五中全会通过了《关于党内政治生活的若干准则》,就如何恢复和发展党的优良传统和作风进行了部署,通过了新的党章,废除了干部职务终身制。为了加强党的建设,党中央决定从1983 年下半年开始,用三年的时间分期分批进行全面整党,解决当时党内突出的不良作风和不良倾向问题。经过三年的全面整党,全体党

---

① 《三中全会以来重要文献选编》(上),人民出版社 1982 年版,第 97 页。
② 《三中全会以来重要文献选编》(上),人民出版社 1982 年版,第 253 页。
③ 《三中全会以来重要文献选编》(上),人民出版社 1982 年版,第 256 页。
④ 《三中全会以来重要文献选编》(下),人民出版社 1982 年版,第 664 页。

员深刻认识到党的建设是一个长期的任务,关键在于抓好各级领导干部的思想道德建设和作风建设。

(二) 公务员制度建立后职业道德建设的发展(1992—2012)

本书将邓小平南巡讲话之后到十八大召开之前二十年的时间归结为一个时期是基于这个阶段具有共同的、显著的特征:各项改革在摸索中迅速推进,国家政治、经济、社会和文化体制都发生了重大变化;经济增长模式以规模扩张、粗放式发展为主要特征;改革手段往往以增量改革化解存量矛盾,以新人新办法、老人老办法的方式解决各项问题,形成了"双轨制"模式;改革内容以单项改革为主要模式,即经济改革主要在经济管理和市场范围内解决,社会改革主要在社会管理和社会范围内解决,文化改革主要在文化管理和文化市场范围内解决,较少需要不同范围内的统筹协调和顶层设计。同样在这二十年间,公务员制度从正式确立到飞速发展,公务员职业道德建设逐步从大一统的党员干部的道德管理和建设体制下相对独立出来,公务员职业道德考核、培训工作逐步深化,公务员职业道德观念逐步深入人心,取得了长足的进步。

1. 公务员职业道德建设要以服务人民根本利益为宗旨

1992 年邓小平南巡讲话之后,全党和全国人民聚心凝气,把思想和行动都统一到深化改革上来,不搞无谓的争论,开始专心为建立社会主义市场经济体制而努力奋斗。20 世纪 90 年代和 21 世纪前十年,社会主义市场经济体制的逐步建立和发展是社会主义公务员职业道德建设的重要时代背景,它的核心是把社会主义制度与市场经济紧密地结合起来。市场经济的蓬勃发展带来了社会财富的极大增加,大大增强了中国的综合国力和人民群众的生活水平,也改变了广大人民群众的思想观念,人民的权利意识、自由竞争、公平交易的观念深入人心。但与此同时,市场经济的市场交换原则也随着经济的发展大大超越了经济的范围,渗入到道德和文化层面,对公务员职业道德建设产生了深远的影响。

通过对市场经济体制的探索,我们党深刻地认识到经济体制不仅仅同基本经济制度和政治制度有关,而且和社会主义思想道德建设息息相关。随着社会主义市场经济的发展,分配方式、就业方式、利益关系和经济成分的多元化带来了思想道德观念的多元化,人们的价值取向和生活方式日益丰富多样,与此同时,西方的各类自由主义、极端个人主义、虚无主义、享乐主义等等价值观和生活方式随着国际交流的深入而逐步渗入我国,对公务员、党员干部和人民群众的思想道德建设提出了挑战,如何坚持和发展中国特色社会主义道德体系尤其是公务员职业道德体系成为党和国家考虑的重要问题。党的十四大对思想道德建设问题进行了具体部署,将其提上了党和国家的重要日程。1993 年 3 月,江泽民在十四届二中全会上发表重要讲话,指出如何"加强新形式下的思想政治教育",强调:"我们建设的是有中国特色的社会主义,出发点和归宿是发展社会生产力,不断增强综合国力,不断提高人民生活水平,并且逐步实现全体人民的共同富裕。"[①]1993 年 11 月,党的十四届三中全会又强调:"积极倡导在社会主义市场经济条件下坚持正确的人生观和文明健康的生活方式,加强社会公德和职业道德的建设,反对拜金主义、极端个人主义和腐朽的生活方式。"[②]从 1995 年底开始到 2000 年底结束,党中央又根据当时的党员、干部道德和公务员职业道德中存在的突出问题,依据国际国内的形势,继承了党的学习传统,紧紧围绕如何提高思想道德水平、更好地服务人民为

---

① 中共中央文献研究室编:《社会主义精神文明建设文献选编》,中央文献出版社
1996 年版,第 444 页。

② 中共中央文献研究室编:《社会主义精神文明建设文献选编》,中央文献出版社
1996 年版,第 469 页。

中心,开创了党的"三讲"教育活动形式。通过将近 5 年的学习实践,"三讲"教育使公务员和领导干部普遍受到了深刻的马克思主义教育和群众路线教育,促进了作风转变和廉洁自律的自觉性,也拓展了公务员职业道德教育的深度,使公务员队伍的道德品质得到了锤炼和道德水平得到提高。

社会主义市场经济与社会主义思想道德建设的关系是我国市场经济体制建立过程中的核心问题之一。随着改革开放的加快,社会、经济和文化得到全面发展,人们的思想道德、价值观念和行为方式都发生了很大的变化,同时市场经济中的拜金主义、享乐主义、唯利是图的消极因素也进入了人们的精神生活当中来,产生了很大的危害。为了解决这些问题,党和国家将思想道德建设的重要性提高到前所未有的高度,1996 年党的十四届六中全会通过了《中共中央关于加强社会主义精神文明建设若干重要问题的决议》的文件,从党和国家长远战略高度上部署社会主义精神文明建设包括党员干部和公务员职业道德建设,初步形成了与社会主义市场经济相适应的思想道德建设框架:思想道德建设的理论基础是马列主义、毛泽东思想和邓小平建设有中国特色社会主义理论;原则是把先进性和广泛性结合起来;基本任务是坚持爱国主义、集体主义、社会主义教育,加强社会公德、职业道德、家庭美德建设,引导人们树立共同理想和正确的世界观、人生观、价值观;以为人民服务为核心和集体主义原则;基本途径是既要靠教育又要靠法制。

党在 2000 年前后,对党政领导干部、公务员职业道德进行了持续不断的教育培训活动,尤其是"三讲"教育活动对我国新时期公务员职业道德的成型打下了坚实的基础。2000 年 2 月,江泽民在广东考察时首次提出"三个代表"重要思想,并在 5 月份的考察中将其提升到"立党之本、执政之基、力量之源"的高度。"三个代表"重要思想回答了"建设什么样的党、怎样建设党"的问题，其根本的落脚点在于"代表最广大人民的根本利益"，也是我们党进行思想政治教育的核心内容。2000 年底，党中央决定在全国开展将近三年的"三个代表"重要思想的学习教育活动，对全体党员、尤其是农村基层干部进行了一场深刻而又广泛的马列主义思想道德教育，产生了巨大的影响。

2. 公务员职业道德建设要以干部思想道德建设为重要前提

从十一届三中全会到党的十四大，经过近 15 年的改革开放，我们党总结经验教训，发现无论是社会主义精神文明建设还是思想道德建设，都必须以领导干部、公务员的思想道德建设为重点，必须以反腐倡廉为重要抓手，深刻认识到"加强廉政建设、反对腐败是建立社会主义市场经济体制的必要条件，也是关系改革事业成败、关系党和国家命运的大事。"[①]正是出于这样的考量，上世纪 90 年代，我们党对新时期如何加强和改进党的建设，如何在社会主义市场经济条件下认真抓好干部思想道德建设推出了一系列举措，下发了《中共中央关于加强党的建设的通知》《中共中央关于加强党的建设几个重大问题的决定》《关于加强党风和廉政建设的意见》《中国共产党党员领导干部廉洁从政若干准则（试行）》《国家公务员暂行条例》等重要文件和法规，并创造性地开展了"讲学习、讲政治、讲正气"的"三讲"教育，探索了新时期如何加强党员干部和公务员思想道德建设的途径，积累了经验。

十六大之后，我们党更加重视思想道德典型的示范作用，以郑培民、任长霞等同志为代表的一大批优秀党员干部的事迹在中华大地上广为传播，对引导广大干部群众深刻领会党的精神、激发广大公务员

---

① 中共中央文献研究室编：《社会主义精神文明建设文献选编》，中央文献出版社1996 年版，第 472 页。

在平凡本职岗位上创造不平凡的事业起到了不可替代的作用。十六届三中全会后,中央出台《关于开展社会诚信宣传教育的工作意见》规范领导干部、公务员的诚信问题,提出到 2008 年要实现:"各级领导干部、公务员带头严格遵诺守信,廉洁公正和依法行政的意识明显增强,政府机关的公信力显著提高。"十六届四中全会把思想道德建设提高到"党的执政能力建设的重要内容"的地位。党的执政能力建设关键在于搞好党员领导干部的思想道德建设和执政素质建设,《中共中央关于加强党的执政能力建设的决定》要求各级党政领导干部"牢固树立马克思主义的世界观、人生观、价值观,坚持正确的权力观、地位观、利益观,始终与人民群众同呼吸、共命运、心连心,坚决反对脱离群众、以权谋私;坚持科学发展观和正确政绩观,重实际、说实话、办实事、求实效,坚决反对形式主义、官僚主义和弄虚作假;坚持谦虚谨慎、艰苦奋斗,坚决反对骄傲自满、铺张浪费"。

3. 公务员职业道德建设要以法制为前提,德法并重

党的十四届六中全会关注到思想道德在治国安邦中的作用,提出了"德治"思想。党的十五大把思想道德建设纳入了中国特色社会主义初级阶段基本纲领,同时把依法治国确立为基本治国方略,强调法制建设与思想道德建设同步推进。十五大之后,法制建设取得突破性进展,立法工作迅速加强,执法力度不断加大,法制教育蓬勃发展,但是同时道德领域的失范、部分公务员的堕落腐化、行业的不正之风屡禁不止等等思想道德扭曲的现象时有发生。仅仅靠单一的法制手段无法解决国家、社会中的各种复杂问题。因此,建立健全法制体系固然重要,但同时也迫切需要有相匹配的社会主义思想道德体系才能有效规范各种行为,因此,以江泽民为核心的党中央鲜明指出:"我们发展社会主义市场经济,建设有中国特色社会主义,除了要确立与之相适应的社会主义法律体系,还必须在全社会形成与之相适应的社会主

义思想道德体系。"①2000 年 2 月,江泽民在广东考察时在讲话中首次使用了"德治"的概念,6 月在中央思想政治工作会议上再次对"德治"进行了阐述,并赋予传统的德治思想以崭新的时代内涵。从 2000 年开始,党将法制和德治都纳入了国家治理的基本方略之中。2002 年 11 月,党的十六大提出要"建立与社会主义市场经济相适应、与社会主义法律规范相协调、与中华民族传统美德相承接的社会主义思想道德体系"。

4. 公务员职业道德建设以社会主义核心价值体系为重点

江泽民指出:"一个民族,一个国家,如果没有自己的精神支柱,就等于没有灵魂,就会失去凝聚力和生命力。"②2006 年 3 月 4 日,胡锦涛在讲话中首次发表"树立社会主义荣辱观"的讲话,在公务员队伍中掀起了学习"八荣八耻"的高潮,竖起了核心价值体系的大旗,有力推动了公务员职业道德的发展。2007 年 10 月,党的十七大召开,十七大报告深入阐述了科学发展,指出科学发展观是社会主义思想道德发展的根本指针。2008 年 2 月,党中央根据发展形势和时代的需要,开始了学习实践科学发展观的教育活动。2008 年下半年,我们党面对来势汹汹的国际金融危机,以科学发展观为强大武器,果断应对,经过一段时间的努力,成功走出了危机。历史和事实证明,现代风险社会是基于现代信用经济基础上的社会,迫切需要一套与我国社会主义初级阶段相适应的核心价值体系来统领社会意识,把全社会的意志和力量凝聚起来,避免社会的混乱和风险的扩散。建构核心价值体系、发展主流意识和整合社会意识是现代社会运行的重要途径,公务员无疑是构建核心价值体系的重要力量,公务员职业道德建设的发展离不开核心价值体系的教育和坚持。

---

① 《江泽民文选》(第二卷),人民出版社 2006 年版,第 567 页。
② 《江泽民文选》(第二卷),人民出版社 2006 年版,第 230—231 页。

从十七大之后到十八大之前,党中央为了推进和改善党员干部和公务员的思想道德建设,先后在全党范围内开展了深入学习科学发展观、建设学习型党组织、创建先进基层党组织和争做优秀共产党员的活动,有效宣传和贯彻了社会主义核心价值体系的精神,把党风廉政建设和思想道德建设提高到了一个新的水平。

(三)十八大以来公务员职业道德建设的创新(2013—至今)

改革开放以来,我国的各项改革在摸索中前进,党和国家政治、经济、社会和文化体制发生了重大变化;以规模扩张、粗放式为特征的经济增长模式逐步难以为继,以增量改革化解存量矛盾的模式慢慢走到了尽头;尤其是对公务员职业道德建设而言,二十年间公务员制度正式确立并飞速发展,公务员职业道德建设也迅速推进,进入新世纪以来,政府改革和公务员职业道德建设过程中逐步发现原来的改革模式已经行不通,改革进入深水区,硬骨头问题一时难以解决,经济改革、行政改革往往和政治改革纠缠在一起。新的改革模式迫切需要成型。以习近平为核心的党中央高瞻远瞩,迅速以大魄力、大智慧开创了改革开放的新局面,解决了很多想解决而解决不了的困难,办成了很多想办而办不成的大事。

1. 社会主义核心价值观教育铸就了公务员职业道德建设思想根基

核心价值观是一个民族、一个国家全体人民共同认可的深层力量,它承载着民族和国家的精神追求,体现了一个社会的价值标准。十八大报告提出了社会主义核心价值观的"三个倡导",拉开了培育和践行社会主义核心价值观的大幕。十八大后,党中央对培育和践行社会主义核心价值观高度重视。2013 年 12 月,党中央出台《关于培育和践行社会主义核心价值观的意见》,对培育和践行社会主义核心价值观工作进行了周密部署,2014 年 1 月中宣部先后召开座谈会和交流会,学习和研究具体部署工作,2014 年 2 月 24 日,党中央带头召开专题会议集体学习社会主义核心价值观。2015 年 4 月,中宣部、中央文明办下发了《培育和践行社会主义核心价值观行动方案》,对培育和践行社会主义核心价值观的详细工作细节进行了安排,有效动员各方面的力量开展行动、进行组织、深入贯彻、持之以恒。

从另外一个角度来讲,党的各大中心工作,也都具有思想道德的功能,最成功的例子就是"中国梦"。党在十八大以来的社会主义核心价值观教育实践路径是以"爱国"为主题的"中国梦"教育开始的。2012 年 11 月 29 日,习近平在参观《复兴之路》大型展览时发表重要讲话,提出了"中国梦"的概念。他强调,中国梦就是国家富强、民族振兴、人民幸福的梦。习近平指出:"每个人都有理想和追求,都有自己的梦想。现在大家都在讨论中国梦,我以为,实现中华民族伟大复兴,就是中华民族近代以来最伟大的梦想。"①中国梦反映了中华民族的共同理想,鼓舞了中华民族生生不息的民族精神,对全国人民都是一个巨大的鼓励,也激发了全体公务员献身国家和社会的巨大热情。

2. 各项学习教育活动筑起了公务员职业道德建设的思想长城

公务员职业道德建设归根结底是为人民群众提供服务的,必须以人民的需要和人民的根本利益为第一要务,它不仅仅在于公务员队伍内部的示范指导作用,其面对广大社会的带头模范作用也是公务员职业道德建设的重要职能。习近平认为:"领导干部既应该做全面依法治国的重要组织者、推动者,也应该做道德建设的积极倡导者、示范者。"②"要充分发挥榜样作用,领导干部、公众人物、先进模范都要为全社会做好表率、起好示范作用,引导和推动全体人民树立文明观念、争

当文明公民、展示文明形象。"①十八大以来党中央多次推动党员干部学习教育活动。2013年底,党中央发文号召全体党员干部和公务员学习贯彻社会主义核心价值观,树立为人民服务、坚持人民利益第一的理念,从思想道德上筑牢人民主体地位的信念。2015年4月,党中央对县处级以上干部开展学习实践"三严三实"教育活动,重点围绕着如何更好地用权为民这个中心任务开展学习教育。2016年2月,党中央提出全体党员和公务员学习贯彻"两学一做"教育实践活动,打牢为人民服务的基础,将为人民服务的精神贯彻到每一个基层党员公务员。这些活动都贯彻了人民主体地位的重要原则。

3. 法律法规体系加固了公务员职业道德建设的制度根基

公务员的职业道德底线不能仅仅由社会舆论、个人良知和领导提醒来保障,必须依靠法律法规的硬性规定对底线进行"兜底",对公务员的权力进行监督和制约,尤其要实现公务员、国家干部的全面监督。随着时代的变化,原有的党内监督、行政监察体系已经无法满足公务员职业道德建设的需要,党中央及时提出建立国家监察体系,将所有党政部门纳入监察体系,做到了全覆盖、无死角,这是建国以来党政监督体系的新突破,必将大大改善公务员职业道德建设的环境。习近平指出:"强化党内监督是为了保证党立党为公、执政为民,强化国家监察是为了保证国家机器依法履职、秉公用权,强化群众监督是为了保证权力来自人民、服务人民。"②

同时,党中央在十八大以来不断修订和制定新的党内法规总计超过50部,这些法规对党员干部和公务员提出了新的要求。从制定《中国共产党廉洁自律准则》、修订《中国共产党纪律处分条例》,从出台

---

① 《习近平谈治国理政》(第二卷),外文出版社2017年版,第324页。
② 《习近平谈治国理政》(第二卷),外文出版社2017年版,第169页。

《关于防止干部"带病提拔"的意见》，到制定出台《关于新形势下党内政治生活的若干准则》、多次修订《中国共产党问责条例》、制定《中国共产党纪律检查机关监督执纪工作规则（试行）》等一系列重大法规。这一系列举措对公务员职业道德建设的制度环境起到了明显的提升作用，标志着全面从严治党由治标走向了治本，管党治党由宽松软走向严实硬。

另外，党和国家也对干部的选拔和培养提出了新的要求，明确提出"德才兼备、以德为先、任人唯贤"的人才标准，并制定了《关于防止干部"带病提拔"的意见》，对如何选拔干部提出了具体的意见。可以说公务员职业道德建设的制度基础已经非常牢固，剩下的主要问题在于各个制度如何衔接和落实。

4. 德法并举的模式完善了公务员职业道德建设体系

习近平多次指出，道德和法律从根本上说是互相支持、互相保障的，道德的底线就是法律，法律的升华就是道德，法律和道德共同组成国家的治理方式。习近平强调："法安天下，德润人心。法律有效实施有赖道德支撑，道德践行也离不开法律约束。法治和德治不可分离、不可偏废，国家治理需要法律和道德协同发力。"①习近平总书记继承了邓小平同志的"两手抓，两手都要硬"的建设原则："必须坚持依法治国和以德治国相结合。法律是成文的道德，道德是内心的法律，道德和法律都具有规范社会行为、维护社会秩序的作用。治理国家、治理社会必须一手抓法治、一手抓德治，既重视发挥法律的规范作用，又重视发挥道德的教化作用，实现法律和道德相辅相成、法治和德治相得益彰。"②他把法治和德治共同视为推进国家治理体系和治理能力现代化的重要手段："法律是准绳，任何时候都必须遵循；道德是基石，任何

---

① 《习近平谈治国理政》（第二卷），外文出版社2017年版，第133页。
② 《习近平谈治国理政》（第二卷），外文出版社2017年版，第116页。

时候都不可忽视。在新的历史条件下,我们要把依法治国基本方略、依法执政基本方式落实好,把法治中国建设好,必须坚持依法治国和以德治国相结合,使法治和德治在国家治理中相互补充、相互促进、相得益彰,推进国家治理体系和治理能力现代化。"①

习近平深入论述了法律和道德的互为支撑的关系。他指出:"发挥好法律的规范作用,必须以法治体现道德理念、强化法律对道德建设的促进作用。一方面,道德是法律的基础,只有那些合乎道德、具有浓厚道德基础的法律才能为更多人所自觉遵行。另一方面,法律是道德的保障,可以通过强制性规范人民的行为、惩罚违法行为来引导道德风尚。要注意把一些基本道德规范转化为法律规范,使法律法规更多体现道德理念和人文关怀,通过法律的强制力来强化道德作用、确保道德底线,推动全社会道德素质提升。"②

"发挥好道德的教化作用,必须以道德滋养法治精神、强化道德对法治文化的支撑作用。再多再好的法律,必须转化为人们内心自觉才能真正为人们所遵行。'不知耻者,无所不为。'没有道德滋养,法治文化就缺乏源头活水,法律实施就缺乏坚实社会基础。在推进依法治国过程中,必须大力弘扬社会主义核心价值观,弘扬中华民族传统美德,培育社会公德、职业道德、家庭美德、个人品德,提高全民族思想道德水平,为依法治国创造良好人文环境。"③

纵观改革开放以来的公务员职业道德建设,可以看出有三根红线贯彻始终。一根红线是"人民的根本利益":从邓小平提出的"三个有利于"之一,有利于提高人民的生活水平,到江泽民提出的"三个代表"之一,代表中国最广大人民的根本利益,在到胡锦涛提出的"科学发展

① 《习近平谈治国理政》(第二卷),外文出版社 2017 年版,第 133 页。
② 《习近平谈治国理政》(第二卷),外文出版社 2017 年版,第 117 页。
③ 《习近平谈治国理政》(第二卷),外文出版社 2017 年版,第 117 页。

观"的核心以人为本,最后到习近平新时代中国特色社会主义思想提出的"确立人民主体地位"都紧紧抓住了人民的根本利益这一条,道出了党历久弥新的奥秘;第二根红线是公务员职业道德建设的地位逐步提升:从改革开放初期的"道德建设方针",到深化改革时期的"以德治国提升到新高度",再到习近平新时代提出的"依法治国为以德治国提供保障",步步深化和突出公务员职业道德建设的重要地位;第三根红线是公务员职业道德建设的主题不断深化:从江泽民提出的"三讲""三个代表"重要思想,到胡锦涛提出的"社会主义荣辱观"和社会主义核心价值体系,再到新时代提出的"社会主义核心价值观",每一个时代都在前面的基础上更加突出国家和社会的需要,更加凸显时代的主题,更加具有针对性。这三条脉络随时代的进步而逐步推进,并互为支撑,形成了改革开放以来公务员职业道德建设的严密体系。

三、我国公务员职业道德建设的成就

从上世纪 80 年代开始探讨公务员制度的可能性,到 90 年代正式建立公务员制度,再到新世纪以来不断出台各项制度、法律与规定,公务员职业道德的有关规范不断完善,公务员队伍稳定发展,认识逐步深刻,思想道德素质不断提高。我国公务员职业道德建设取得了巨大成就,有力地支撑了我国社会主义现代化建设。

(一) 形成了中国特色公务员职业道德规范体系

中国公务员职业道德规范是公务员进行职业活动的道德准则,历来受到政府的重视。尤其是进入新世纪以来,公务员职业道德规范成为国家组织人事部门重点关注的问题。

2001 年 9 月 20 日,中共中央第一次把党员领导干部的道德问题写入中央印发的纲要,在《公民道德建设实施纲要》中指出:"加强公民道德建设,共产党员和领导干部的模范带头作用十分重要。广大党员特别是各级领导干部要讲学习、讲政治、讲正气,牢记党的根本宗旨,

努力改造主观世界,加强道德修养,自重、自省、自警、自励。要严格遵守党员领导干部廉洁从政的有关规定,清正廉洁,勤政为民,要求群众做到的自己首先做到,要求群众不做的自己坚决不做。要教育好自己的配偶和子女,管好身边的工作人员,自觉接受党组织和群众监督,用良好的道德形象取信于民,带动广大群众进一步做好工作。"

2002年2月21日,原国家人事部印发了我国第一个公务员行为的规范性文件:《国家公务员行为规范》,提出八条公务员的行为规范:政治坚定、忠于国家、勤政为民、依法行政、务实创新、清正廉洁、团结协作、品行端正。2005年9月全国实施公务员法工作会议又指出了我国公务员精神的科学内涵:热爱祖国、忠于人民,恪尽职守、廉洁奉公,求真务实、开拓创新,顾全大局、团结协作。

2011年10月17日,原国家公务员局印发了《公务员职业道德培训大纲》,提出公务员的职业道德培训:"以忠于国家、服务人民、恪尽职守、公正廉洁为主要内容,大力加强公务员职业道德培训,全面提升公务员职业道德水平,努力造就一支政治信念坚定、精神追求高尚、职业操守良好、人民群众满意的公务员队伍。"

2016年,中组部、人力资源和社会保障部、国家公务员局联合发布《关于推进公务员职业道德建设工程的意见》,文件进一步对公务员职业道德规范进行了完善,在上述主要内容上加入了信念坚定和依法行政,形成了六条公务员职业道德规范:坚定信念、忠于国家、服务人民、恪尽职守、依法行政、公正廉洁。

除了中央和国家部门出台相关的规范外,各地方省市政府也根据中央和国家的文件精神陆续制定了公务员职业道德的相关规范,如:1996年青岛市政府率先出台《青岛市国家公务员行为规范(试行)》,在1993年的《国家公务员暂行条例》的基础上提出了31条详细的职业道德和个人道德规定;1997年四川省人民政府就出台了《四川省国家公务员职业道德规范(试行)》,明确提出公务员职业道德规范为:"政治坚定,忠于国家;勤政为民,务实创新;恪尽职守,依法行政;顾全大局,团结协作;公道正派,廉洁奉公;诚实守信,品行端正";2003 年北京市、廊坊市也提出了各自的公务员职业道德规范,2008 年广元市、杭州市、濮阳市也提出了具有本地特色的相关规范等等。根据不完全统计,到十八大前后,有 14 个以上的省市出台了相关规定,和国家公务员职业道德规范一起形成了具有中国特色的公务员职业道德规范体系。

(二)建立健全了公务员职业道德建设的相关制度

在上世纪八九十年代试行公务员制度开始,到新世纪初期,我国的公务员制度及其配套建设制度都在摸索之中,相应的公务员职业道德建设制度仍然处于党员领导干部道德建设的涵盖之下,尚未单独凸显出来。较早的涵盖公务员职业道德建设的相关文件是 1997 年 3 月中共中央颁布的《中国共产党党员领导干部廉洁从政若干准则(试行)》,这份文件一直试行到 2010 年,党中央对其进行修订后颁布了《中国共产党党员领导干部廉洁从政若干准则》的正式文件。从试行到正式实施,上述文件对促进我国党员领导干部的廉洁自律和良好作风起到了重要的作用。考虑到公务员领导干部和党员领导干部的重合性,该文件实质上也是公务员领导干部职业道德建设的暂时性文件,不过少部分非党员领导、普通公务员尚未涵盖进来。党中央在总结上述文件在实施过程的经验教训后,结合新的形势和问题,又于2015 年 10 月印发了《中国共产党廉洁自律准则》代替《中国共产党党员领导干部廉洁从政若干准则》,将全体党员干部涵盖在文件之内,不再只针对党员领导干部,从而更好的涵盖了公务员群体中的党员领导干部和普通党员干部公务员,但是极少部分非党员公务员和非党员领导干部尚未能进入准则的管理范围。这是以党员从政道德建设制度代替公务员职业道德建设制度所带来的不可避免的弊端。

党和国家也较早就意识到了这个问题,但是鉴于领导干部的关键性作用,党和国家主要关注的是领导干部的从政道德问题,普通公务员干部的从政道德或者职业道德问题在很长一段时间内尚未成为重点。1995年4月30日,中央办公厅和国务院办公厅颁布了两份党员和公务员职业道德的文件:《关于党政机关县(处)级以上领导收入申报的规定》《关于对党员和国家机关工作人员在国内交往中收受的礼品实行登记制度的规定》。1997年1月31日,中央办公厅和国务院办公厅又颁了《关于领导干部报告个人重大事项的规定》。这三个法规对公务员领导干部和行政机关所有公务员都具有强烈的约束性,对公务员职业道德建设起到了重要作用。

进入新世纪后,2006年国家又在上述文件的基础上颁发了《关于党员领导干部报告个人有关事项的规定》,将"重大事项"调整为"有关事项",更具有针对性。2010年中央办公厅和国务院办公厅又重新修订颁发了《关于领导干部个人有关事项的规定》,上述《关于党政机关县(处)级以上领导干部收入申报的规定》和《关于党员领导干部报告个人有关事项的规定》同时废止,整体内容纳入新规定中。2004年2月,《中国共产党党内监督条例(试行)》颁布,反腐倡廉制度取得突破性进展,对领导干部公务员的职业道德是一个重大促进。2007年4月29日,国家颁布《行政机关公务员处分条例》,第一次对政府机关公务员的职业道德建设提出了正式要求,摆脱了以党内法规代替行政法规的窠臼,表明公务员和相关公职人员的职业道德建设进入了一个细化、深化的阶段。2009年党和国家连续出台了《关于实行党政领导干部问责的暂行规定》《中国共产党巡视工作条例(试行)》《国有企业领导人员廉洁从业若干规定》《关于在党政机关和事业单位开展"小金库"专项治理工作的实施办法》等四个重要文件,进一步将包含公务员在内的公职人员职业道德建设推向深入。

十八大以来,公务员职业道德建设制度化进入快车道。以《改进工作作风密切联系群众八项规定》的出台为标志,反腐倡廉进入了前所未有的新阶段,"打虎""拍蝇""猎狐"等一系列重拳对国内腐败风气起到了极大的遏制作用,反腐败效果成为中国的一张名片。同时,各项制度的笼子越扎越紧。例如《建立健全惩治和预防腐败体系 2013—2017 年工作规划》《党政机关厉行节约反对浪费条例》《党政机关国内公务接待管理规定》《中国共产党廉洁自律准则》《中国共产党纪律处分条例》等一系列具有针对性、可操作性的法规党纪出台,对公务员职业道德建设制度的完善起到了关键性作用。

(三)公务员职业道德整体水平明显提高

八十年代筹备、试行、建立公务员制度以来,党和国家采取各种措施努力提高公务员职业道德水平,经过近三十年的持续努力,今天中国公务员的职业道德水平整体已经有了极大提高,有力支撑了改革开放和社会主义现代化事业的发展,其主要体现在三个方面:

一是对职业道德的认识逐步深入。公务员职业道德意识是公务员群体职业化程度的标志之一,我国公务员职业道德意识经历了一个分化、显化的过程。很长一段时间以来,我国公务员职业道德意识一直完全置于党员干部的从政道德意识之下,职业道德的"以党代政"一方面体现公务员职业政治性优先的要求,但另一方面也是公务员职业本身特色不明显的结果。公务员职业的权力特色和党管干部的政治原则要求公务员必须将政治性放在首位,必须以全心全意为人民服务为宗旨,这和党员干部的要求没有区别。但同时公务员岗位的职业化又是现代社会主义市场经济发展的必然要求,广大公务员尤其是基层公务员必须有强烈的职业道德意识,将职业道德融入到自身的职业生涯中,需要凸显其专业性、执行性特征以提供优质高效的公共服务。因此,公务员职业的政治性和职业的专业性并不是冲突的,但是政治性毕竟不能替代专业性。进入新世纪以来,我国政府对公务员职业道德的职业化特征逐步重视起来,针对公职人员的各项措施逐步严密和完善,取得了很大的效果,尤其是实行多年的公务员公开考试录用制度、职业道德培训制度对我国基层公务员的职业道德意识提升起到了巨大的作用。鄯爱红教授的公务员道德调查结果显示:公务员群体中没有人认为道德不重要或不太重要,有 24.45% 的公务员认为公务员道德重要,74.55% 的公务员认为公务员道德很重要。[①]

二是公务员法纪观念明显增强。我国公务员总体上来说,应该说还不错,但是具体到个别部门和个别的人,问题就比较多了,极个别公务员领导干部不仅违反职业道德,还把法律视为无物。一段时间以来,随着市场经济的进一步发展,不少商品交换的原则被滥用到公权力领域,虽然我国的党规法纪制度越来越完善,但是由于部分公务员法纪观念淡薄,导致完善的制度未能约束住个别违法违纪的公务员,使制度出现"破窗效益",腐败在一定领域内有所蔓延。十八大以来,党中央将反腐倡廉工作提高到关系党和国家生死存亡的高度,以莫大的勇气和智慧"刮骨疗伤",办成了多年想办而没有办成的大事、难事,扭转了公务员队伍中存在的不良趋势,使公务员队伍的法纪意识空前增强。党中央采取标本兼治的措施,制度的笼子越扎越紧,取得了极大的成果,增强了法律法规的震慑力。根据来自中纪委的数据[②]:十八大以来,截至 2016 年底,全国处分乡科级及以下党员干部 114.3 万人,农村党员干部 55.4 万人。纵向对比来看,1991—2012 年,每年查处 13 万~14 万人,而十八大之后:2013 年查处 18.2 万人,高级干部

---

① 葛晨虹,鄯爱红:《中国社会道德发展研究报告(2015)》,中国人民大学出版社 2016 年版,第 27 页。

② 本数字引自 2017 年中纪委政策研究室的统计数据,如有误差以有关部门公布为准。

18 人;2014 年查处 23.2 万人,高级干部 60 人;2015 年查处 33.6 万人,高级干部 61 人;2016 年查处 41.5 万人,高级干部 43 人。已查处高级干部 182 人,实际查处 240 人;2013—2016 年底,立案 116.2 万件,处分 119.9 万人。

三是公务员为人民服务的宗旨意识明显增强。宗旨意识不仅仅是对党员公务员的要求,而是对所有代表社会主义国家掌握权力的公务员的要求,全心全意为人民服务是所有公务员永恒的宗旨。自公务员制度建立起,公务员就把"服务意识"当成职业精神的核心:上世纪 90 年代是建立服务意识,新世纪初是完善服务意识,十八大以来是提高服务意识,尤其是近几年以来的政府改革更是把如何提升为人民服务的效率和便捷程度当成最重要的大事,2018 年以来的"放管服"改革成为新时代公务员服务意识提升的重要措施。公务员职业道德建设工作进入了一个崭新的时期,公务员的职业道德水平也到了一个全新的水平。

(四) 涌现出一大批职业道德优秀的先进公务员

公务员职业道德建设的成果到底如何,不仅仅要算服务效率的提升、服务态度的转变,还要看有没有涌现出大量拥有优秀职业道德的公务员典型人物,只有这些实实在在的先进典型才能承担起榜样的重任、代表了时代的足音。幸运的是在公务员职业道德建设的各个时期,我们国家都涌现出了大量的先进模范人物,他们在不同的年代中成为"时代楷模"。

上世纪 90 年代到本世纪初,有大量优秀的先进公务员干部涌现出来。比如焦裕禄式的好干部孔繁森多次援藏将自己的生命奉献给那片他热爱的高原;新时代共产党员的榜样牛玉儒为了抗击"非典"做出突出贡献,交出了老百姓满意的答卷自己却最后累倒在工作岗位上;感动中国的好干部郑培民一生清廉不搞特殊化,为了群众的幸福和发展奉献出了自己。这样的好干部好公务员在各个时期都远远不止各种媒体报道和各级部门肯定的那些突出人物,大量具有良好职业道德的公务员干部默默奉献在自己的工作岗位上,所有宣传报道的都只是其中极少部分的佼佼者。

我们党和国家对所有具有良好职业道德的公务员历来都是充分肯定的,只是宣传报道工作本身的有限性只能选取个别具有特殊典型意义的人物进行宣传而已,但是不同时期的宣传角度不太一样。以往的宣传报道往往因为各方面的原因,很多时候是在先进人物做出了巨大贡献并去世了以后才会"盖棺定论"式地大量宣传报道,较少对正在工作岗位或尚健在的人物进行宣传,但十八大以来的宣传报道的典型人物有所变化,无论是奉献出了生命的英雄模范人物,还是品德高尚的退休公务员,甚至职业道德优秀的在职公务员一律都进行宣传报道,该肯定的时候肯定,出了问题照样处理,不搞"盖棺定论"。

十八大以来,我国又涌现了一大批职业道德优秀的公务员先进模范。比如新时期县委书记的榜样王伯祥以大胆开拓、勇于担当的精神为群众谋福利让山东寿光人民在他离职近 20 年后还念念不忘;新时期共产党人的楷模、四川北川原副县长兰辉信念坚定、对党忠诚、为民尽责、敢于担当,生动诠释了"人民公仆"四个字的分量,用生命谱写为民务实清廉的壮丽赞歌;上海市高级人民法院原副院长邹碧华投身司法事业近 30 年,在司法改革中,敢啃硬骨头,生动诠释了一名共产党员对党和人民事业的忠诚。总书记称赞:"邹碧华同志是新时期公正为民的好法官、敢于担当的好干部。他崇法尚德、践行党的宗旨、捍卫公平正义,特别是在司法改革中,敢啃硬骨头,甘当'燃灯者',生动诠释了一名共产党员对党和人民事业的忠诚。"福建省南平市原常务副市长廖俊波用真诚、无私、睿智书写一名县委书记的优秀答卷,总书记称赞他:"廖俊波同志任职期间,牢记党的嘱托,尽心尽责,带领当地干部群众扑下身子、苦干实干,以实际行动体现了对党忠诚、心系群众、忘我工作、无私奉献的优秀品质,无愧于'全国优秀县委书记'的称号。"全国优秀法官詹红荔从事少年审判工作以来兢兢业业,审结近500起未成年人犯罪案件,涉及1140多人,无一发回重审、无一错案、无一投诉、无一上访,她把这些失足少年都当成了自己的孩子,很多未成年犯都称她为"詹妈妈"。四川南充市营山县城南镇党委书记文建明扎根农村31年,被百姓誉为"治乱书记""灭火队长",他公而忘私、积劳成疾,身患癌症,做过20多次手术,依然工作在一线,被群众亲切地称为"营山的焦裕禄"。

　　类似上述情况的公务员还有很多,他们的职业道德境界让人肃然起敬,也正是他们和那些同样优秀但在默默无闻的岗位上奉献自己的公务员们,才有了今天中国政府服务能力的提高,才支撑了中国社会主义事业的快速发展。

第四章 新时代我国公务员职业道德
建设存在问题与面临的挑战

我国公务员职业道德建设主要存在行政组织部门的相关建设机制不畅、责任不清、效果不强的问题，也存在个人不重视、个别领导干部认识有偏差的问题，这些问题在新时代的条件下迫切需要改进、完善和纠正，才能推进国家治理体系和治理能力现代化，有效应对我国近年来渐露端倪的巨大国内国际困难，为实现中华民族伟大复兴梦想铺平道路。

一、我国公务员职业道德建设现状调研

我国公务员职业道德建设在公务员制度建立以来取得了巨大成就。但是具体的情况还是需要靠大量的第一手调查资料和数据分析才能慢慢呈现出来。由于数据的可获得性、数据的代表性和全面性等问题的限制，笔者以中国人民大学葛晨虹教授主编的系列研究报告《中国社会道德发展与研究报告》(2011—2012、2014、2015)、东南大学樊浩教授的《中国伦理道德报告》、马向真教授的《当代中国社会心态与道德生活状况与研究报告》、王泽应和向玉乔教授主编的《中国道德状况报告》(2015、2016)等研究报告为主要分析数据来源，再结合国家有关部门的公开数据，本书的数据足以支撑公务员职业道德现状的基本分析。考虑到上述原因和调查数据的新颖性，本书以十八大以来的

调查数据为主要分析对象和主要论述点。一方面由于职业道德问题的相对稳定性和继承性,另一方面由于十七大以来是中国社会转型期进入深水区的关键阶段,也是公务员职业道德建设从法律法规到道德规范体系等都是发展最快、进展最大的一个阶段,故笔者认为研究近十年来(2006—2016)的相关数据更能说明公务员职业道德建设的现状,在此特别说明。

(一)公务员个体职业道德状况透视

公务员职业道德建设是一个体系,从认知角度来说,除了外部法律法规制度和道德规范之外,内部对各类规范的了解、认可和践行也是一个复杂的体系;而从组成角度来说,又分为组织层面和个体层面,只有当公务员个体对这些规范熟悉和认可之后才会有实际的践行规范。从这个意义上来说,公务员对职业道德建设的各方面认识是公务员职业道德建设的起点,行政组织部门对公务员职业道德建设的认识是关键。①

1. 公务员个体职业道德正面性现状调研

公务员个体对职业道德建设的印象分为正面和负面两个方面,正面的认知主要包括对规范的熟悉和遵守程度、对道德失范现象的看法、对发展趋势的看法和信心、对解决职业道德问题的看法等等。

(1)公务员对职业道德规范的认知

公务员对职业道德规范的遵守必须在了解并理解的基础上才能实现,但理解是一个内化环节,因此公务员对职业道德规范的认识状况可以通过对其了解和遵守职业道德规范的情况调查做出一个整体判断。

① 公务员对职业道德规范的了解情况

葛晨虹教授主编的报告显示:公务员对职业道德规范了解情况:

---

① 本节数据主要引自鄁爱红教授的《当前中国公务员道德状况及其伦理分析》,该报告依据约 2500 名不同层级公务员的调查。该报告出自:葛晨虹等:《中国社会道德发展研究报告(2011—2012)》,中国人民大学出版社 2013 年版,第 115—170 页。

超过 64%的公务员表示熟悉公务员职业道德规范的内容,36%的公务员表示听说过或不熟悉。(图 1)①对于公务员职业道德规范的有效性,"69%的公务员认为工作中会使用到道德规范,31%的公务员有时使用和不使用",报告认为不少公务员对职业道德规范的效果持怀疑态度,并结合访谈认为道德规范太宏观,指导性不强。②

公务员群体中 74.4%的人认为《公务员职业道德培训大纲》对提升公务员职业道德有用,20%左右认为作用不大,而非公务员人员则有 42.2%的人员认为作用不大。(图 2)③

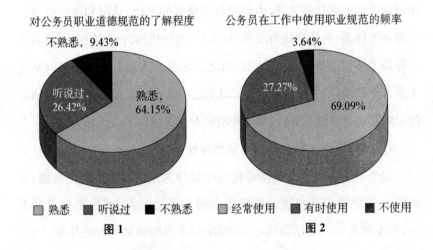

图 1 　　　　　　　　　　　　**图 2**

② 公务员职业道德规范的遵守情况

葛晨虹教授主编的《当前中国公务员道德状况及其伦理分析》调查报告指出:71%左右的公务员比较认同我国目前(2011—2012 年)的法律法规制度基本完善,但缺少监督与执行;有约 67%的人认为领导干部

---

① 葛晨虹等:《中国社会道德发展研究报告(2011—2012)》,中国人民大学出版社 2013 年版,第 128 页。

② 葛晨虹等:《中国社会道德发展研究报告(2011—2012)》,中国人民大学出版社 2013 年版,第 128 页。

③ 葛晨虹等:《中国社会道德发展研究报告(2011—2012)》,中国人民大学出版社 2013 年版,第 129—130 页。

收入申报制度作用有限,该制度执行情况有 62% 的人认为一般或者不好说。[①]上述报告的形成时间在 2011 年前后,当时公务员们认为法律制度和道德规范体系已经比较完善,但是缺乏监督和执行,本书认为十八大以来的整风反贪和监督体制改革已经基本解决了这个问题。

上述报告在调查公务员是否按照职业道德规范严格办事时,有 17.24% 的公务员表示非常符合,48.97% 的公务员表示比较符合,有 22.07% 的公务员表示难以确定,较不符合的情况有 11.03%,还有 0.69% 的公务员表示非常不符合。(图 3)[②]在预期倾向"政治正确"的被调查心态下,公务员群体中竟然有接近 35% 的人表示难以符合现实,可以认为在实际领域中公务员职业道德规范并未被严格遵守。

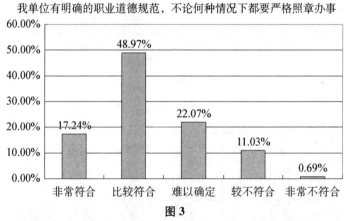

我单位有明确的职业道德规范, 不论何种情况下都要严格照章办事

图 3

樊浩教授的《中国伦理道德报告》中的两次调查报告显示,公务员对工作中实际尊奉的道德规范是有差异的。两次调查的问题是"您认为现在公务员实际遵循的行为规范是哪些?"第一次调查(主要是处级

---

① 葛晨虹等:《中国社会道德发展研究报告(2011—2012)》,中国人民大学出版社 2013 年版,第 130—131 页。
② 葛晨虹等:《中国社会道德发展研究报告(2011—2012)》,中国人民大学出版社 2013 年版,第 129 页。

干部)结果表明：39.8%的公务员第一选择是廉洁奉公；第二选择是忠诚，占38.6%；第三也是廉洁奉公，占30.7%。（图4）第二次调查（主要是科级干部）结果表明：65.0%的公务员第一选择是廉洁奉公；第二选择是公正，占61.9%；第三选择是服从上级，占61.5%；第四选择是忠诚，占52.2%。（图5）[①]

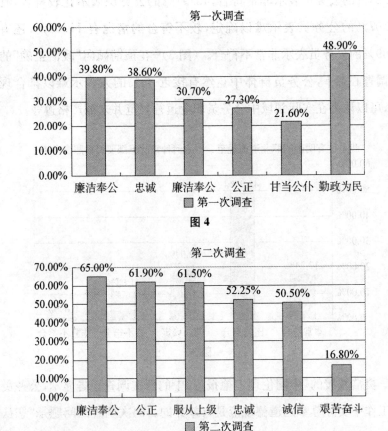

图4

图5

该报告认为："从两次调查结果看，公务员实际领域实际遵奉的行为规范以证明的积极价值居主导，包括了廉洁奉公、忠诚、公正、甘当

---

① 樊浩等：《中国伦理道德报告》，中国社会科学出版社2012年版，第100页。

公仆、勤政为民、诚信等，中性的也有，比如服从上级，但有些正面的规范实存度比较低，比如艰苦奋斗，有些负面的规范也有一定的市场，比如自私自利、结党营私等。"①本书再次分析上述报告认为：总体而言公务员均以廉洁奉公为首要规范，但处级干部的第一、第二选择的比例和科级干部的第一、第二选择比例是有差距的，凸显出层级越高越注重忠诚，同时廉洁的要求似乎有所降低，层级越低越注重公平公正，同时似乎更加注重廉洁。

（2）公务员对职业道德的重要性、必要性认知调查

① 公务员对职业道德及其作用的认知

根据葛晨虹教授主编、鄁爱红教授撰写的调查报告，74.55%认为公务员加强道德修养很重要，25.45%认为重要（图6），综合各种因素考虑，"至少有70%的公务员认同道德在人们生活中的确存在，并且发挥着作用"，②但是道德调节社会关系的功能弱化，65%的公务员认为道德调节功能一般，16%的公务员认为很差。（图7）③也就是说，大部分公务员认为道德约束在生活中确实存在但作用比较弱。

加强道德修养的重要性

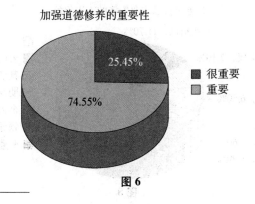

25.45%

74.55%

■ 很重要
■ 重要

图6

① 樊浩等：《中国伦理道德报告》，中国社会科学出版社2012年版，第100页。
② 葛晨虹等：《中国社会道德发展研究报告（2011—2012）》，中国人民大学出版社2013年版，第118页。
③ 葛晨虹等：《中国社会道德发展研究报告（2011—2012）》，中国人民大学出版社2013年版，第118—119页。

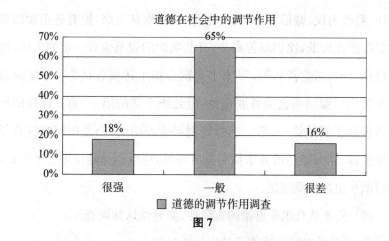

图7

基于这种认识倾向,这些公务员就有可能忽视道德建设的重要性,并在工作中减弱对道德因素的考量。根据樊浩教授的《中国伦理道德报告》中的调查现实,只有 24.1％的公务员认为自己人生的主要扮演角色是公务员,居于第二位;而认为自己首要的角色是公民的公务员占 27.3％;第三是家庭角色,占 18.8％;第四才是职业角色,占 11.7％。(图 8)①

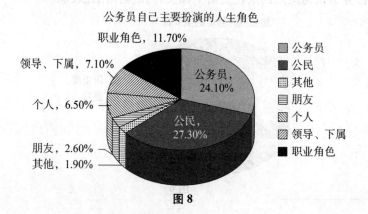

图8

从这些数据可以看出,公务员在道德认知上首先不是从职业角度

① 樊浩等:《中国伦理道德报告》,中国社会科学出版社 2012 年版,第 440 页。

区分的,而是先从工作方式、身份和生活角度区分的。首先认为是一国的公民,然后才是公务员身份、家庭身份,然后才是职业角色,显示我国公务员的职业成熟度并不是很高,仍然在政治和伦理的笼罩之下;如果把公务员身份的角色与职业角色的比率合并都视为公务员职业的角色,那么可以看出总体占比39%,在公民和家庭角色合并占比之后,同样显示出我国公务员的职业特征尚不是很明显,起码没有成为最优先认可的特征,职业道德也难以成为最优先考虑的道德。

上述调查针对的是职业道德在实际工作中的重要性,是"实然",而对工作中是否需要职业道德进行调查,即"应然"的调查却显示,大部分公务员对职业道德及其伦理有着高度的认同,这可以从樊浩的《中国伦理道德报告》中的公务员对职业伦理态度调查显示出来。针对公务员调查"您认为有无必要对公务员提出特殊的道德要求",第一次调查中93.2%的公务员认为"有必要",只有5.7%的公务员认为"没必要",1.1%的公务员认为"从政有自己的游戏规则,谈不上道德不道德";第二次调查有92.4%的公务员认为"有必要",4.8%的公务员认为"没必要",2.8%的人认为"谈不上"。[1] 可以说基本上公务员都高度认同职业道德的必要性。

② 公务员对职业道德内涵的认知

葛晨虹教授主编的调查报告显示,48%的公务员经常考虑上级决策是否影响公共利益,35%的公务员对此并不在意。在公务员品德排序调查中,正直、责任心、敬业、廉洁、大局意识位列前五,而且廉洁被认为公务员最重要的品德位居第一。[2]

根据樊浩2006年主持的两次关于公务员伦理关系和道德生活状

---

① 樊浩等:《中国伦理道德报告》,中国社会科学出版社2012年版,第90页。
② 葛晨虹等:《中国社会道德发展研究报告(2011—2012)》,中国人民大学出版社2013年版,第134—135页。

况调查报告,二者的数据有所区别。第一次调查报告的分析指出:公务员认为最重要的美德第一是"事业忠诚,爱岗敬业",占 73.9%;第二是"诚信",占 25.0%;第三是"廉洁奉公"。[1] 但经核查,第一次报告的数据库,与上述阐述有所区别,而是如呈现如下排位:第一是"事业忠诚,爱岗敬业",得分 1.92;第二位的是"诚信",得分 1.23;第三位的是"公正",得分 0.89;第四位的是"廉洁奉公",得分 0.73。(表1)[2]第二次调查报告中 60.4%公务员认为官员的首要德性是"公正廉洁",18.35%的公务员认为首要的是"敬业守法",13.6%的公务员认为是"博爱"。(图 9)[3]

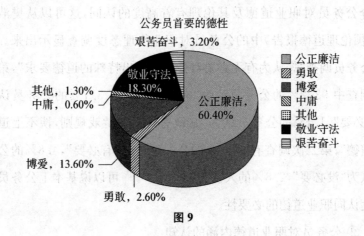

图 9

表1 公务员认为的最重要的美德

美德类型	第二次调查得分	第二次调查排序
对事业忠诚,爱岗敬业	1.92	1
诚信	1.23	2
服从上级	0.11	8

① 樊浩等:《中国伦理道德报告》,中国社会科学出版社 2012 年版,第 98 页。
② 樊浩的《中国伦理道德报告》中的此部分的表 7 似有误,应为第一次调查数据,出自《公务员伦理关系、道德生活状况数据库(一)》。
③ 樊浩等:《中国伦理道德报告》,中国社会科学出版社 2012 年版,第 442 页。

续　表

美德类型	第二次调查得分	第二次调查排序
公正	0.89	3
智慧	0.13	7
廉洁奉公	0.73	4
勤政为民	0.44	5
艰苦奋斗	0.04	9
有公仆意识	0.38	6

二者之间的区别在于第一次调查对象主要是处级干部,第二次主要是科级干部,级别较低的干部对公正廉洁的要求更高,而较高级别的干部对工作效率更加重视,廉洁问题排在后面,显出不同级别岗位公务员对职业道德的追求目标不同。这一点也可以从另外的一组数据看出差异:在对公务员道德价值取向中认为最羞耻的事的调查中看出,第一次调查处级干部的结果显示公务员认为最感羞耻的事是"人际关系处理不好",不能顺利进行升迁,占42%;第二次调查科级干部的结果显示公务员认为最羞耻的事是"贪污腐败",占43.3%。[①] 这种差异樊浩教授的报告中并未做出合理的解释。本书认为该数据同样显示出不同级别的公务员对职业道德追求目标的差异:初级公务员干部更加重视对廉洁和公正价值的追求,更加关注对职业晋升渠道的公正性;中高级公务员干部更加重视对工作效率和人际关系的追求,更加关注职业晋升渠道中的竞争性。

2. 公务员个体职业道德负面性现状调研

(1)公务员职业道德失范现状调查

① 公务员对职业道德失范的感受

根据葛晨虹教授主编的系列调查报告显示,公务员道德失范情况

---

① 樊浩等:《中国伦理道德报告》,中国社会科学出版社2012年版,第99页。

较多,社会公信力总体状况不高。

68.52%的公务员在过去一年中看到过破坏道德规范或政策法规的事情,31.48%的表示没看到(图10),而非公务员更是有73.4%的人表示看到过。[1]

过去一年看到过破坏道德和政策法规的事

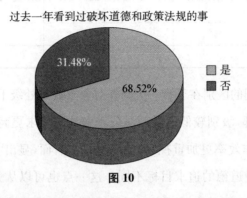

图10

② 公务员面临的道德困境

道德困境、伦理冲突是公务员个体在职业活动中不时会遇到的问题,如果这种困境过多,表明相关机制不够顺畅或者相关领导的道德品质存在问题。作为一个群体性的调查,如果道德困境同样成为一个重要现象的话,则表明相关的道德规则、行政法规和程序甚至组织体系存在问题。调查报告表明,公务员面临道德选择困境情况较多:有35.19%的公务员表示经常遇到道德选择困境,57.41%的公务员偶尔遇到,没有遇到或不发表评论的仅仅7%左右(图11),而工作中遇到道德问题居然有77%的公务员不认为困惑,更有19%的公务员表示曾经困惑过,但已经习惯了。[2] 以上数据表明公务员道德问题不仅多,而且逐步容忍、忽视,可能习惯甚至喜欢,这将带来巨大的职业道德隐患。

---

① 葛晨虹等:《中国社会道德发展研究报告(2011—2012)》,中国人民大学出版社2013年版,第136页。

② 葛晨虹等:《中国社会道德发展研究报告(2011—2012)》,中国人民大学出版社2013年版,第136页。

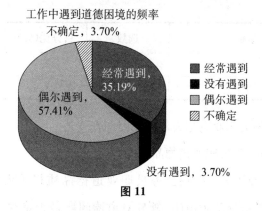

图11

③ 公务员职业道德领域的突出问题

调查报告显示,公务员职业道德领域突出的问题是知行不一:"品德是知、情、意、行的统一,但是,目前公务员品德中存在的最重要的问题表现为知行分离、执行脱节。"①她的调查报告显示:最常见的不当行为中有90%以上的公务员认为知行不一,75%的公务员认为唯上不唯下,46.4%的公务员认为官本位意识严重。(表2)②

表2

选项	选数	百分比(%)	排序
知行分离	769	90.1	1
以权谋私	366	42.9	4
追求享乐	153	17.9	8
唯上不唯下	641	75.0	2
责任意识淡化	336	39.3	5
着眼于小团体、小部门利益	305	35.7	6
道德评价标准混乱	290	33.9	7

① 葛晨虹等:《中国社会道德发展研究报告(2011—2012)》,中国人民大学出版社2013年版,第137页。

② 葛晨虹等:《中国社会道德发展研究报告(2011—2012)》,中国人民大学出版社2013年版,第137页。

选项	选数	百分比(%)	排序
官本位意识严重	96	46.4	3
偏听偏信、办事不公	31	3.6	9

（2）公务员职业道德失范的原因调查

① 影响公务员职业道德品质的因素

调查报告认为：影响公务员职业道德品质最重要的有 6 项因素，包括职责划分是否清晰、领导对道德问题是否重视、选人用人是否公正、上级领导是否以身作则、领导决策是否坚持民主集中制、道德规范是否清晰有效。（图 12）[①]这些方面的选择基本圈定了公务员职业道德领域的主要问题。职责划分是确定公务员个人的事权范围，属于客观范畴，其余五项都偏向主观范畴。因此，影响公务员职业道德品质的主要因素还是主观因素居多，加大对各级领导干部的政治教育、道德教育和素质培育是从根本上解决公务员职业道德问题的办法。

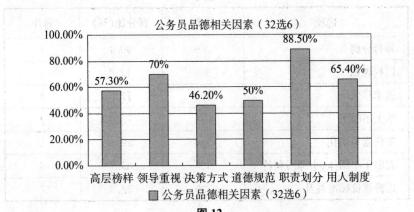

图 12

────────────

① 葛晨虹等：《中国社会道德发展研究报告（2011—2012）》，中国人民大学出版社 2013 年版，第 137 页。

　　这是从行政体制的诸因素考虑影响公务员职业道德的因素,而从外部考虑、更宏观的角度来考虑的话,影响公务员职业道德的因素主要是经济、政治、社会风气和教育因素。鄢爱红教授的调查报告显示:通过调查的累积百分比,经济和政治因素是影响公务员职业道德的两大首要因素,占绝对地位。(图 13)[1]本书认为,这与公务员功利化道德选择一致,即影响收入和前途的因素是最重要的,这主要是体制内因素的影响。

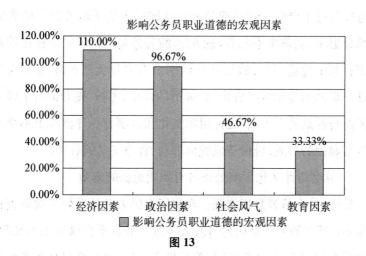

图 13

　　另外,社会风气被认为是影响公务员职业道德的主要社会因素,但同时公务员也认为公务员职业道德是影响社会风气的重要原因。[2]

　　② 组织道德文化影响公务员对职业道德的遵循

　　组织道德文化积极向上依然是主流,"一个规律性的现象是,经济发展水平与组织文化的健康程度成正比",[3]73.10%的公务员否定对

　　① 葛晨虹等:《中国社会道德发展研究报告(2011—2012)》,中国人民大学出版社2013年版,第125—126页。
　　② 葛晨虹等:《中国社会道德发展研究报告(2011—2012)》,中国人民大学出版社2013年版,第125—126页。
　　③ 葛晨虹等:《中国社会道德发展研究报告(2011—2012)》,中国人民大学出版社2013年版,第142页。

组织中不讲道德的实用主义生存哲学,而且层级越高的公务员越讲道德。[①] 但是组织文化的积极向上并不能掩盖单位中的集团利己主义文化,很多公务员并不能因为出自公道正义而做出不利于单位和部门利益的言行,32%的公务员认同"在我单位,即使是出于正义的原因而对单位利益造成损害也会遭到排斥",对此还有接近40%公务员态度模糊不置可否。[②]

当前行政组织中有一些不良倾向,比如会做的不如会说的,只要说得好胜过干得好。66%的公务员认同组织给予能说会道能表演的人机会更多,老黄牛不吃香,近60%的公务员认同领导重视比群众拥护更有利于提拔,63%的公务员认同个人力量无法改变组织风气。[③] 从这一系列的数据可以看出,公务员的评价、考核、提升都与上级领导相关而与群众关系不大,这种组织文化和机制容易导致唯上不唯下的风气与制度的形成,进而造成脱离群众、官僚主义的后果。

③ 社会道德文化影响公务员对职业道德的遵循

首先,公众监督意识增强。在中国人民大学的系列道德调查报告中显示:95%的公务员认为当前大多数公务员不会谋取不当私利,但社会公众只有56%对此认同,差异极大,显示了公众对公务员的要求和监督意识与公务员的自我认知区别很大,公众要求更高。而在对社会群体信任度的调查中显示,公务员中有47.45%认为商人信誉最低,但46.11%的公众认为政府官员信任度最低,商人只排在第二位。[④]

---

① 葛晨虹等:《中国社会道德发展研究报告(2011—2012)》,中国人民大学出版社2013年版,第142—143页。

② 葛晨虹等:《中国社会道德发展研究报告(2011—2012)》,中国人民大学出版社2013年版,第143页。

③ 葛晨虹等:《中国社会道德发展研究报告(2011—2012)》,中国人民大学出版社2013年版,第144—145页。

④ 葛晨虹等:《中国社会道德发展研究报告(2011—2012)》,中国人民大学出版社2013年版,第145—146页。

公务员的道德水平与社会公众相比，80.6％的公务员自认为更高，而只有32.64％的公众持此看法，差异极大。① 从这些结论可以看出，相对市场领域的那么多不规范，公众对行政领域的不规范更难以容忍，人们对公务员的道德评价很低。

其次，社会文化对公务员职业道德产生巨大影响。工作中的实用主义思维和人情交往中的利益交换都容易导致公务员对职业道德要求的松懈，同时也因此对腐败的容忍度较高。在个人前途和坚持原则之间有冲突的时候，亲友劝其以前途为重的公务员比例达到了46.15％。② 这是一个惊人的数字，因为公务员个人也是受到社会因素的巨大影响，亲友的这种实用主义抉择会大大影响公务员的职业行为，当这种行为进一步和亲友们的利益联系起来的时候，就成了人情请托掩盖下的不道德行为、违纪行为、甚至违法腐败行为。调查显示，有64％的公务员认为有时候接受礼品是出于人情而非收取好处，甚至有52％的公务员认为是人情难却的交往行为。③ 实质上这种"交往"在和"收礼受贿"之间并没有截然分开的界限，中国的人情文化往往是温情脉脉的情感面纱下的实用主义文化，一旦公务员的职位不存在，这种人情也随之消失了。人情文化掩盖下的实用主义指向根本不是公平公正的现代交往，而是传统的亲疏有别，其目的是为了维护关系亲近者的特殊利益，在这种情况下，人们就会拼命地"拉关系"以显得亲近。一旦这种人情世故成为人们的自觉认同，人们愤慨的便不是自己受到的不公正，而是愤慨自己没有获得优胜于他人的、可以

---

① 葛晨虹等：《中国社会道德发展研究报告（2011—2012）》，中国人民大学出版社2013年版，第146—147页。

② 葛晨虹等：《中国社会道德发展研究报告（2011—2012）》，中国人民大学出版社2013年版，第148页。

③ 葛晨虹等：《中国社会道德发展研究报告（2011—2012）》，中国人民大学出版社2013年版，第148页。

不公正的机会。如此一来,公众对腐败的容忍度就会提高很多,以至于腐败官员被判刑之后会获得更多同情而不是唾弃。调查报告认为,"公众对于利用公权谋点小私利,方便自己和熟人也表示出极大的理解",例如公务员利用职权优先看病竟然获得 47％的公众的理解。①

④ 公务员个人的道德认知与自我约束力影响对职业道德的遵循

年轻公务员中 90％以上不知道"慎独"这个道德概念及其含义,制度意识、法律意识较强而自律意识较弱,绝大多数公务员认为腐败不是道德问题而是制度问题。② 当面对是否同意"宁要腐败但干事的官,不要腐败而不干事的官"这一说法的调查,居然有超过 16％的公务员有点赞同,有接近 36％的公务员"不太赞同",二者合计将近 50％的公务员对此是非不分或态度模糊。③ 这说明不少现代公务员认为腐败行为并不是一种羞耻的行为,而是归咎于道德之外的因素,这一方面助长了腐败行为的产生,另一方面侵蚀了社会的伦理道德基础。这也在公务员对荣辱感的调查中得到印证:公务员回答"当今中国社会的荣辱感如何"的问题时,46％的人认为荣辱感尽管存在但是已经严重退化,24％的人认为荣辱感很少,5％的人认为没有荣辱感,只有 25％的人认为荣辱感存在于每一个人心中。④

⑤ 错误的权力观影响公务员职业道德行为

所谓权力观就是"公务员权力来自于谁、公务员为谁掌权、公务员

---

① 葛晨虹等:《中国社会道德发展研究报告(2011—2012)》,中国人民大学出版社 2013 年版,第 149 页。

② 葛晨虹等:《中国社会道德发展研究报告(2011—2012)》,中国人民大学出版社 2013 年版,第 125 页。

③ 葛晨虹等:《中国社会道德发展研究报告(2011—2012)》,中国人民大学出版社 2013 年版,第 125 页。

④ 葛晨虹等:《中国社会道德发展研究报告(2011—2012)》,中国人民大学出版社 2013 年版,第 125 页。

掌权为谁服务"的总看法,正确的权力观就会带来良好的服务,不正确的权力观就会带来危害。葛晨虹主编、袁和静博士实证调研的结果显示:54.84%的公务员认为权力是人民赋予的,而其他的公务员均认为权力是领导给予的或自己争取的;而该调查组针对权力寻租的现象调研证实:67.20%的公务员表示批评,却有18.82%的公务员竟然表示可以理解,还有13.98%的公务员表示无所谓。①"这一错误的权力观必然会导致对权力的滥用。"②

3. 公务员职业道德发展趋势调查

根据葛晨虹主编《中国社会道德发展研究报告(2014)》一书的第五部分,即由袁和静博士撰写的《基层公务员价值观状况调研与分析》显示:根据中国社科院政治学研究所2012年在全国10个省份对处级以下2482名公务员进行了问卷调查,得到大量详实的数据和意料之外的结论。虽然该课题组选择的是基层公务员作为调查对象,但是基层公务员的道德状况大致也能反映公务员总体道德的状况,一方面是正如习近平总书记所说"干部的党性修养、思想觉悟、道德水平不会随着党龄的积累而自然提高,也不会随着职务的升迁而自然提高",③中高级公务员与初级公务员的道德状况应该有相似性,另一方面基层公务员约占全国公务员总数的九成,是公务员群体的主体部分,因此本书认为他们的职业道德状况也基本反映出公务员的整体道德状况。本书在上述报告的数据基础上再分析,认为我国的基层公务员职业道德状况呈现以下特点:

---

① 葛晨虹等:《中国社会道德发展研究报告(2014)》,中国人民大学出版社2015年版,第91页。

② 葛晨虹等:《中国社会道德发展研究报告(2014)》,中国人民大学出版社2015年版,第91页。

③《习近平谈治国理政》,外文出版社2014年版,第417页。

（1）公务员道德价值观已从集体利益至上转向突出个人利益

在上述调查中,课题组所列举的九种重要的价值观中,基层公务员挑选的最重要的三项分别为责任,占比 18.82%;公正,占比 15.77%;人性尊严,占比 14.16%,而廉洁奉公价值位于第八（占比 4.66%）（图 14）①。

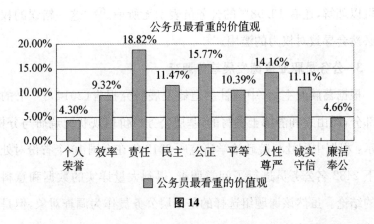

公务员最看重的价值观

图 14

袁和静博士在该报告中并未对上述数据展开论述。笔者认为,上述九项价值观都是公务员履职过程中需要关注的,但是前述的责任、公正、人性尊严这三项恰恰是最切合公务员个人利益的道德观:责任体现工作中个人所负责的法律责任和道德义务的轻重程度;公正体现的是个人职务晋升、工资福利提升所遵循的机制;人性尊严反映的是社会公众和上级领导对基层公务员个人的关注和尊重程度。这些都是公务员从个人角度对社会和组织的期望,而恰恰将国家和社会对公务员个人最关注的职业道德期望——廉洁奉公——放在众多价值观重要性排比中倒数第二,说明不少基层公务员在当时并不认为廉洁奉公是公务员职业道德当中的头等大事,反映一段时间以来基层公务员在职业道德观中的一种倾向:重个人利益轻责任担当,好处多多益

---

① 葛晨虹:《中国社会道德发展研究报告（2014）》,中国人民大学出版社 2015 年版,第 88—89 页。

善、责任越少越好。这份数据也印证了社会公众在日常生活中对部分公务员的印象。当然,这也同时从另一个侧面、一定程度上反映了基层公务员之间责任区分不够科学合理、干部选拔机制不够公正、公务员社会形象有待提升等问题。

　　上述推论在该报告的"基层公务员的利益选择状况"部分得到印证。调查中有 30.11% 的基层公务员认为个人利益、单位部门利益和政府利益优先于"人民群众利益",[①]而且在群众利益与个人利益出现矛盾时,有 14.52% 的公务员认为要"调和个人利益和群众利益",20.43% 的公务员认为要"兼顾个人利益与群众利益",也就是说,有 34.95% 的公务员并不认为群众利益应当优先于个人利益。[②] 根据日常经验,公务员在填写问卷的时候,应当有不少人倾向于选择"政治正确"选项的可能,那么我们至少可以推定,至少有接近 4 成的基层公务员在利益冲突面前并不将个人利益排在群众利益后面,如果再考虑到部门利益和地方政府特殊利益的情况,有更多的公务员会将"首先维护群众利益"这信条搁置。

　　另外,在面对调查"如果说真话对我的前途不利,我会选择沉默"中接近 80% 的公务员选择沉默有利于前途而非坚持原则;[③]面对"集体利益是一个很模糊的概念"的调查,有 44% 的公务员认为比较符合,还有接近 26% 的表示中立,说明公务员对集体利益的认识已经发生变化,逐步演变为维护单位部门利益;在"我和我同事都赞成为单位利益而有选择地执行上级部门的政策"的调查中,有接近 35% 的公务员认

---

　　① 葛晨虹:《中国社会道德发展研究报告(2014)》,中国人民大学出版社 2015 年版,第 92 页。

　　② 葛晨虹:《中国社会道德发展研究报告(2014)》,中国人民大学出版社 2015 年版,第 93 页。

　　③ 葛晨虹等:《中国社会道德发展研究报告(2011—2012)》,中国人民大学出版社 2013 年版,第 122 页。

为符合现状,还有接近 28% 的公务员表示中立。① 同时,公务员在选择做人的标准调查时,把"多做对社会和他人有益的事"作为选项的有53%,在参与公益性活动调查时,有 98% 有意愿参加公益活动,参与实际公益活动的有 45%。这又说明公务员总体上公益精神较强,对奉献精神和利他精神具有良好的认识基础。总体上,以上调查数据表明公务员的道德价值观大部分已经逐步功利化,尽管具有一定的奉献精神和公益行为,但似乎以将工作、前途的公共服务精神与业余的、志愿形式的公益精神截然分开,具有两面性。工作中以单位部门利益代替集体利益,并为了部门利益进行选择性执行政策,这表明公务员群体的大局观、集体意识、公正意识有待提高,维护个人和小集体利益的行为倾向可能成为中国深化改革的阻碍。

上述分析表明,有少部分公务员在职业道德中是典型的自私倾向性的。

(2) 公务员个人权利意识崛起,在履责中更注重客观责任

针对基础公务员责任践履状况,袁静和博士在报告中引用两个自己调查的数据:针对公务员自己首先对谁负责的问题,有35.48% 的公务员认为应当对国家、政府和上级领导负责,而不是首先对群众负责;针对公务员的首要责任,46.24% 的公务员认为是"遵纪守法,恪守职责"。这两组数据都反映了很大一部分(40%左右)公务员职业道德倾向的保守性,均以保证自身利益不受损、不被责任追究的前提下才能实施"群众优先"原则。另外,袁和静博士引用和再分析了谢治菊教授对 362 位公务员进行问卷调查后的数据,如下表:

---

① 葛晨虹等:《中国社会道德发展研究报告(2011—2012)》,中国人民大学出版社2013 年版,第 123—124 页。

表3 基层公务员责任意识调查表

责任指向	很不同意(%)	不太同意(%)	一般(%)	比较同意(%)	十分同意(%)	分值(0—5)	排序
我应对我的职责(职位)负责	1.1	0.6	3.7	28.2	66.4	4.58	2
我应对我的上级负责	1.1	0.8	4.5	23.2	70.3	4.61	1
我应对我的下属负责	1.7	0.9	9.7	34.4	53.4	4.37	7
我应对选举我的民众负责	1.7	1.1	8.0	29.3	59.8	4.44	5
我会对国家法律或制度负责	1.1	0.3	6.5	24.7	67.3	4.57	3
做事要对得起我的良心道德	1.4	1.1	7.4	26.1	63.9	4.50	4
我不能做违背我人生观、价值观的事	1.7	1.4	6.6	33.0	57.2	4.43	6

上表显示出几个特征:(1)公务员更愿意对上级、国家负责,其次对职责负责,对下级和民众负责排在最后;(2)在七项选择中,以自己的道德良心作为责任的衡量标准整体排在第四,上级第一、国家第二、职位第三;(3)在道德和价值观中,道德高于价值观。[①] 本书认为,以上排序和数值反映了:(1)公务员的负责方向是上级以及上级代表的组织和国家,由于当前的选拔机制,职位在公务员看来也同样是由上级赋予的,因此可以认为,公务员的责任压力来源主要在于能够影响自己切身利益的因素上,而人民群众——权力来源的根源却被放在了次要的位置上。(2)道德良心的责任压力反而高于人生观、价值观的压力,这说明基层公务员受道德教育的影响大于宣传教育的影响,或者说受道德教育的影响大于政治教育的影响。从另一个方面也可以说,个人独立性进一步增强,政治依赖性减弱。

---

① 葛晨虹:《中国社会道德发展研究报告(2014)》,中国人民大学出版社2015年版,第94页。

4. 公务员对职业道德建设途径的认识

公务员身在体制内,对公务员职业道德的各种行为与现象非常熟悉,也对各种弊端具有亲身感受,因此他们对公务员职业道德建设的途径也具有他们自己的见解。经过大量问卷调查和实地调研,葛晨虹、鄗爱红主编的《中国社会道德发展研究报告》系列对公务员职业道德问题和建设途径进行了深入研究。将他们所有被调查的职业道德建设途径大致分为制度建设路径和伦理建设路径。

(1) 制度建设途径

从世界公务员职业道德建设的经验来看,将公务员职业道德准则法制化是一个趋势,但是从国内的情况来看并非如此简单。虽然不少公务员认为强化惩戒力度可以提高公务员职业道德水平,但是以法律和行政命令的方式颁布伦理准则并不被公务员认可。[1] 调查报告显示,在针对是否认同把职业道德准则以法律或行政命令的形式颁布,仅有 44.27％的公务员表示认同,38.54％的公务员表示不认同,还有 17.19％的公务员表示不确定。(图 15)[2] 同时,提升公务员职业道德水平的有效方法与此项调查相近:44％的公务员认同要打击不道德行为,36％的公务员认为要鼓励道德行为,20％的公务员表示不确定。[3] 这种现象该报告认为是"人们对道德规范法律化的认识不清,不能理解道德与法律之间的界限有关",本书对此不完全认同,而是要结合该报告中的另一个关于制定《公务员财产申报法》的调查一起来看。同样,世界各国都认为公职人员财产直接公开的法律是规范公务员道

---

[1] 葛晨虹,鄗爱红:《中国社会道德发展研究报告(2015)》,中国人民大学出版社 2016 年版,第 76 页。

[2] 葛晨虹,鄗爱红:《中国社会道德发展研究报告(2015)》,中国人民大学出版社 2016 年版,第 76 页。

[3] 葛晨虹,鄗爱红:《中国社会道德发展研究报告(2015)》,中国人民大学出版社 2016 年版,第 76 页。

德行为的最有效法律,而我国的公务员同样以绝大多数的比例认同制定《公务员财产申报法》,如图 16 所示。

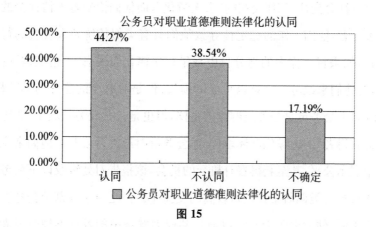

公务员对职业道德准则法律化的认同

图 15

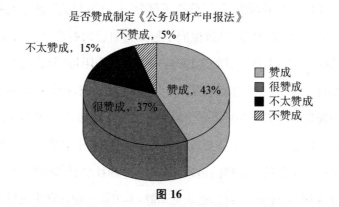

是否赞成制定《公务员财产申报法》

图 16

上述两图的调查对象是同一群公务员,但是他们"对不道德行为进行打击"和"进行财产公开",二者之间的赞同比例相差接近 36%,不赞成比例相差近 20%,为何出现如此大的差异? 这不仅仅是该报告认为公务员对道德准则法制化的不认可、不利于培养责任感的问题,①而是公务员自利倾向转型下的理性选择:对道德问题法律化会涉及全体公

---

① 葛晨虹、郗爱红:《中国社会道德发展研究报告(2015)》,中国人民大学出版社2016 年版,第 76—77 页。

务员及其相关利益者,在人情社会的中国以强制化的法律手段要求部分柔性道德行为刚化,会导致大量公务员尤其是处级及以下基层公务员自身社会交往、工作交往的"去人情化",而他们恰恰是人情社会的重要参与者,他们工作的稳定性导致他们具有类似传统熟人社会的行为模式,如果将工作中的部分自由裁量权法律化而失去"人情交往"的机会,对他们来说是一个难以承受的损失;但是对财产的公开则不一样,处级以下公务员是公务员群体的主体,但也是公共权力领域中"非正当利益获得者"的边缘化群体,对全体公务员财产进行公开对他们来说是一个展示公平、甚至获得晋升机会的机会,该报告对处级及以下公务员群体进行此类调研必然获得较高的支持率。但是对于少部分公务员则完全不同,他们由于十八大以前公共权力领域中的各种不规范或者不违法但难以公开的原因,他们获得了部分"非正当利益"、甚至他们认为是正当但不合规的利益,导致他们不愿意将自己的财产公开,试图在一个较长的时期内消化或者处理掉这些利益,从而阻挠《公务员财产申报法》的出台。从另一个方面来看,十八大以来的反腐成果巨大,种种触目惊心的现象表明腐败存量是一个较为突出的问题,如果贸然对全体公务员财产进行公开,将会对社会造成一定的冲击,其中的政治风险我们不能不考虑。正是基于这样的道理,我国学界和社会群体呼吁 20 多年的《公务员财产申报法》一直迟迟未见动静,本书认为随着党中央反腐的持续推进、腐败存量的逐步减少、标本兼治的逐步成功,我们离《公务员财产申报法》的出台已经越来越近,而不是越来越远。

(2) 伦理建设途径

公务员职业道德的伦理建设途径主要有:道德规范的可接受性与可操作化、领导的模范带头作用、决策的伦理化、道德文化的培育等途径。对以上措施的调查可以看出公务员对职业道德伦理建设途径的现实情况和思想倾向。

① 道德规范的可接受性与可操作化

道德规范的可接受性主要是指其与公务员的普遍性的价值观相一致,而可操作化是指能够在实际工作中具体得到执行。公务员普遍认为,目前的职业道德规范存在缺乏可操作性的缺陷,根据 2013 年和 2015 年葛晨虹的课题组两次调查,"公务员道德准则得到严格执行的条件(6 选 3)",两次调查结果排序第一的都是"道德准则与公务员价值观一致",排序第二的都是"道德准则要明确,具有可操作性",排序第三则不同。(图 17)①

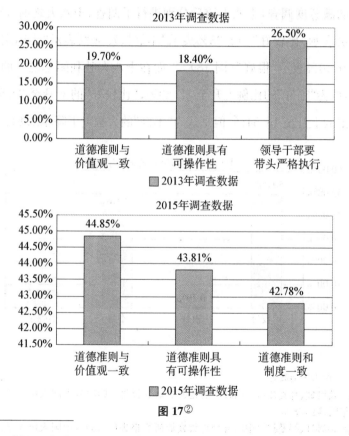

图 17②

---

① 葛晨虹、郜爱红:《中国社会道德发展研究报告(2015)》,中国人民大学出版社 2016 年版,第 74—75 页。

② 本图是根据上述研究报告的图 2-7 和图 2-8 综合处理而成。

② 领导的模范带头作用

"政者,正也。子帅以正,孰敢不正!"①从古至今,领导的模范带头作用都是为政者非常重视的问题,它关系到规则的公正性、合法性。正如上图所示的 2013 年的调查中排序第三的就是领导干部带头问题,另外 2015 年葛晨虹的研究报告专门就领导干部带头的问题进行了调查,公务员对"提高公务员职业道德,高层领导必须树立榜样"这一说法的认同度显示,80.77%的公务员表示"很认同",19.23%的公务员表示"比较认同",没有人表示"不认同"。②针对公务员对高层领导的榜样作用的满意度调查,十八大前后分别进行了调查,十八大之前 50%的公务员表示"比较好",42.23%表示"不好",7.30%表示"不确定",仅仅有 0.40%表示"很好"(图 18)。③ 而在十八大胜利闭幕之后的调查显示,认为"很好"的比例上升至 22.80%,"比较好"的上升至 22.80%,不确定的上升至 15.54%,但是认为"不好"的大幅度下降至 8.81%。④

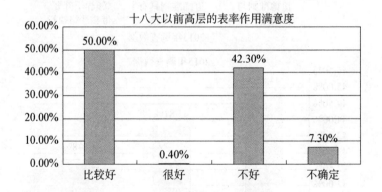

① 《论语·为政》。

② 葛晨虹、郗爱红:《中国社会道德发展研究报告(2015)》,中国人民大学出版社 2016 年版,第 128 页。

③ 葛晨虹、郗爱红:《中国社会道德发展研究报告(2015)》,中国人民大学出版社 2016 年版,第 129 页。

④ 葛晨虹、郗爱红:《中国社会道德发展研究报告(2015)》,中国人民大学出版社 2016 年版,第 129 页。

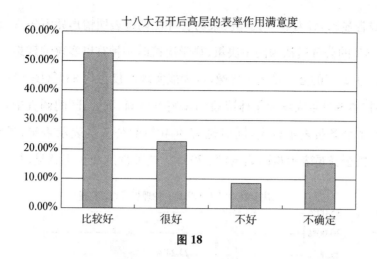

图18

上述报告认为"应当看作十八大以来党的作风建设取得的成效"，本书则认为更多的是体现了广大公务员对新一届领导人的期待，这一期待能否得到实现，还需要后续的调查数据进行说明。由于数据的缺乏，仅仅根据笔者的工作访谈、各种报道和群众的反映等最直观的感受，应当说十八大以来的反腐倡廉取得的巨大成就表明，以习近平总书记为核心的新一代领导人在表率作用上超出了以往公务员的预期，获得了全体公务员和广大人民群众的高度认同。

③ 决策的伦理化

决策的伦理化是指公务员个体或公务员领导集体在进行权力决策时能够公开、民主的表达对决策事务的道德考量及其态度。这种机制或者说决策方式对公务员职业道德意识的生成具有巨大的影响，如果领导决策只讲集中不讲民主，领导集体和下级公务员不但没有机会思考和决策伦理问题，还会积累对领导专断的不满，逐步把一切责任判断归咎于领导决策，不仅增加领导决策的繁重性，还增加了领导个人决策的风险，甚至个别公务员以信息不对称为手段利用领导个人决策实现其个人目的。因此，决策的伦理化和民主化是一个问题的两面，有助于公务员道德意识的思考和生成，增强公务员的使命感。研究报告显示,针对领导集体决策的公开性调查表明情形并不乐观,超过 43% 的公务员认为民主决策、科学决策时一种难以实现的理想,还有超过 23% 的公务员表示犹豫,认为能实现的仅占约 33%(图 19)。[①]针对"本单位重大事项集体决策的规则不明确、不公开"的调查中,约40% 的公务员表示肯定,同时也有约 40% 的公务员表示否定,另有20% 的公务员表示难以确定(图 20)。[②] 这种肯定和否定意见对半开

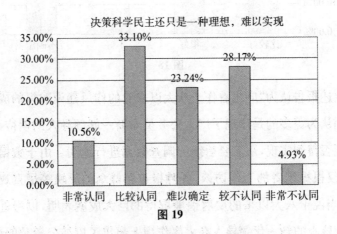

图 19

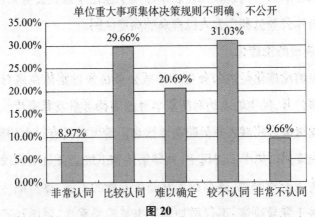

图 20

① 葛晨虹、鄙爱红:《中国社会道德发展研究报告(2015)》,中国人民大学出版社2016 年版,第 132 页。

② 葛晨虹、鄙爱红:《中国社会道德发展研究报告(2015)》,中国人民大学出版社2016 年版,第 131 页。

的结果本身就表明公务员对集体决策程序感受的不一致,说明集体决策与领导个人的决策风格具有很大的关系,目前我国领导集体决策仍然人治因素较大,规则意识或法治意识有待加强。

④ 道德文化的培育

对于公务员来说,道德文化主要是指社会道德文化和组织道德文化,他们都对公务员的职业道德产生巨大的影响,但是就道德影响产生的场域和主导作用来说,组织的道德文化对公务员职业道德产生直接的、主导的作用,因此在这里本书只调查研究针对公务员职业道德影响较大的组织道德文化,而社会道德文化则在第 5 章论述公务员职业道德建设路径的时候统一阐述。

对于公务员个体来说,组织中已经形成的道德文化是一种已经给定的软环境,无论认同与否,都不得不在其中工作,如果一个不认同当前组织道德文化的个体没有站在组织体系的最顶端,几乎很难对组织道德文化有所改变。因此,组织的道德文化对公务员的职业行为、价值取向都产生重要影响,是公务员职业生涯中最直接的道德环境,公务员对组织道德文化的态度体现了组织道德文化对他们的影响程度。调查发现,接近 64％的公务员觉得"个人力量太渺小了,很难改变组织中的不良风气",而不认同的仅仅占 20％左右(图 21)。[①] 这说明公务员个体较为普遍的认为自己难以改变单位里的不良风气,个体不是保持沉默就是"和光同尘",这种情形长期发展下去对公务员队伍的道德建设极为不利,亟待有关制度保障和培育正气为先的道德氛围。已有的调查表明,部门利益或单位利益为代表的集团利己主义已经在侵蚀公务员组织的肌体,公务员个人即使出于正义而对单位

---

① 葛晨虹、鄙爱红:《中国社会道德发展研究报告(2015)》,中国人民大学出版社
2016 年版,第 139 页。

利益不利也会受到排斥，被人认为"不正常"（图 22），①而工作中"会干的不如会喊的""群众拥护不如领导重视"的案例公务员们也屡见不鲜（图 23）。②

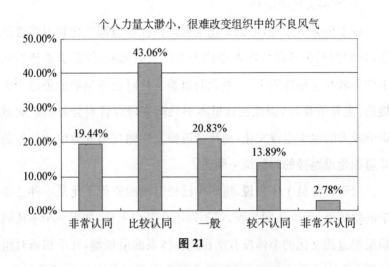

个人力量太渺小，很难改变组织中的不良风气

图 21

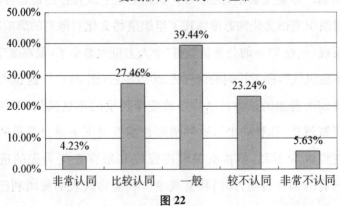

在单位里即使出于正义原因而对单位利益造成损害也会受到排斥，被认为"不正常"

图 22

---

① 葛晨虹、郗爱红：《中国社会道德发展研究报告（2015）》，中国人民大学出版社 2016 年版，第 136 页。

② 葛晨虹、郗爱红：《中国社会道德发展研究报告（2015）》，中国人民大学出版社 2016 年版，第 137 页。

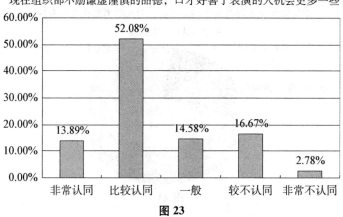

现在组织部不励谦虚谨慎的品德，口才好善于表演的人机会更多一些

图23

不过在党的领导下，尤其是党的十八大以来，我们党对党和国家肌体内的种种不良倾向进行了严重打击，我们公务员的主体依然是积极健康的，依然在党的领导下牢牢保持了中国公务员的本色。根据调查，七成以上的公务员认可道德在组织文化中的作用，积极向上依然是主流。[①] 在这个急剧转型的现代社会中，我国的公务员要切实面对种种道德冲突和伦理困境，但是调查表明我国绝大多数公务员依然保持了良好的职业品格，超过69%的公务员认为在他们的单位中每个人都有很强的责任心（图24）。[②]

（二）组织部门职业道德建设状况扫描

从上世纪80年代开始探讨公务员制度的可能性，到90年代正式建立公务员制度，再到新世纪以来不断出台各项制度、法律与规定，公务员职业道德的有关规范不断完善，公务员队伍稳定发展，认识逐步深刻，思想道德素质不断提高。我国公务员职业道德建设取得了巨大成就，有力地支撑了我国社会主义现代化建设。

---

① 葛晨虹、鄯爱红:《中国社会道德发展研究报告（2015）》，中国人民大学出版社2016年版，第134页。

② 葛晨虹、鄯爱红:《中国社会道德发展研究报告（2015）》，中国人民大学出版社2016年版，第135页。

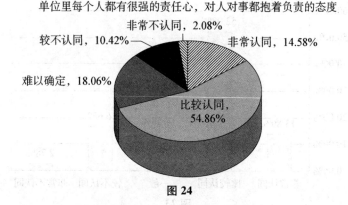

单位里每个人都有很强的责任心，对人对事都抱着负责的态度

图 24

1. 规范与政策

中国公务员职业道德规范是公务员进行职业活动的道德准则，我国政府历来非常重视，尤其是进入新世纪以来，公务员职业道德规范成为国家组织人事部门重点关注的问题。

2001 年 9 月 20 日，中共中央第一次把党员领导干部的道德问题写入中央印发的纲要——《公民道德建设实施纲要》。2002 年 2 月 21 日，原国家人事部印发了我国第一个公务员行为的规范性文件——《国家公务员行为规范》，提出八条公务员的行为规范：政治坚定、忠于国家、勤政为民、依法行政、务实创新、清正廉洁、团结协作、品行端正。2011 年 10 月 17 日，原国家公务员局印发了《公务员职业道德培训大纲》，提出公务员的职业道德培训"以忠于国家、服务人民、恪尽职守、公正廉洁为主要内容"。[①] 2016 年，中组部、人力资源和社会保障部、国家公务员局联合发布《关于推进公务员职业道德建设工程的意见》，形成了六条公务员职业道德规范：坚定信念、忠于国家、服务人民、恪尽职守、依法行政、公正廉洁。除了中央和国家部门出台相关的

---

① 国家公务员培训与监督司：《公务员职业道德读本》，中国人事出版社 2012 年版，第 12 页。

规范外,各地方省市政府也根据中央和国家的文件精神陆续制定和实施了公务员职业道德的相关规范,据不完全统计,到十八大前后,有 14 个以上的省市出台了相关规定,和国家公务员职业道德规范一起形成了具有中国特色的公务员职业道德规范体系。

2. 法规制度

从我国上世纪末期试行公务员制度开始,我国的公务员制度及其配套建设制度一直都在摸索中发展,公务员职业道德建设和党政领导干部道德建设存在较大的重复性,这一局面尚未有根本性改变。较早提出公务员职业道德建设的文件是 1997 年 3 月中共中央颁布的《中国共产党党员领导干部廉洁从政若干准则(试行)》,党中央 2010 年对其进行修订后颁布了《中国共产党党员领导干部廉洁从政若干准则》。党中央在总结上述文件实施过程的经验教训后,于 2015 年 10 月印发了《中国共产党廉洁自律准则》代替前者,覆盖全体党员,但是少部分非党员干部尚未能进入准则的管理范围。进入新世纪后,2006 年国家又在上述基础上颁发了《关于党员领导干部报告个人有关事项的规定》、2010 年中央办公厅和国务院办公厅又重新修订颁发了《关于领导干部个人有关事项的规定》。2004 年 2 月,《中国共产党党内监督条例(试行)》颁布;2007 年 4 月 29 日,国家颁布《行政机关公务员处分条例》;2009 年党和国家连续出台了《关于实行党政领导干部问责的暂行规定》《中国共产党巡视工作条例(试行)》《国有企业领导人员廉洁从业若干规定》《关于在党政机关和事业单位开展"小金库"专项治理工作的实施办法》等四个重要文件;2017 年 2 月 8 日,中央颁布了《领导干部报告个人有关事项规定》和《领导干部个人有关事项报告查核结果处理办法》等配套文件,对公务员领导干部和行政机关所有公务员都具有强烈的约束性,对公务员职业道德建设起到了重要作用。

十八大以来,公务员职业道德建设制度化呈现两个特点,一个是各项制度的制定迅速有效，从治标走向了治本，另一个是注意制度体系的建设，对各项制度进行了清理、配套，防止重复建设和互相冲突。前者以《改进工作作风密切联系群众八项规定》的出台为标志，反腐倡廉建设和干部道德建设进入了迅速发展时期，各项制度的笼子越扎越紧，一系列具有针对性、可操作性的法规党纪出台，对公务员职业道德建设制度的完善起到了关键性作用。后者以 2012 年出台的《中国共产党党内法规制定条例》《中国共产党党内法规和规范性文件备案规定》《中共中央办公厅关于开展党内法规和规范性文件清理工作的意见》和《中央党内法规制定工作五年规划纲要（2013—2017 年）》等一系列的制度建设保障措施出台，有效清理、废除、修订、完善和制定了大量法规文件，有效促进了公务员职业道德建设的组织保障。

3. 培训体系

从上世纪 90 年代建立公务员制度后，我国政府就很重视公务员培训，包括公务员职业道德培训。尤其是进入新世纪后，我国每个五年计划内都对干部培训进行了详细规划，其中也包括公务员的培训。2001 年 9 月，人事部公布《2001—2005 年国家公务员培训纲要》，提出确立培训在公务员队伍建设中的基础性地位，但当时主要还在于公务员业务和能力等方面的基础培训，"按照公务员职业发展需要，有计划地分级分类对公务员进行培训，使公务员的政治、业务、文化素质有明显提高，公务员队伍的学历、专业、知识结构从总体上得到优化，以现代行政管理为核心的能力建设得到明显加强。同时，初步建立起有中国特色的公务员培训体系，培训管理水平明显提高。"①2007 年 2 月 7 日，国务院办公厅转发人事部《"十一五"行政机关公务员培训纲要》，主要还是在于能力建设，但是思想素质和政治素质建设明确被凸显出

---

① 《国务院办公厅转发人事部 2001 年—2005 年国家公务员培训纲要的通知》，中国政府网，2016 年 10 月 10 日。

来，"五年内对全体公务员普遍轮训一遍，使公务员的思想政治素质和业务能力明显提高，促进经济社会全面协调可持续发展的本领显著增强。"①2007 年 9 月，国家人事部宣布我国公务员培训体系初步建立。2011 年，人力资源社会保障部和国家公务员局联合出台《2011—2015 年行政机关公务员培训纲要》，更加注重公务员职业道德建设，提出"通过培训，使公务员的道德水平、能力素质和作风修养进一步提升，政治鉴别力、贯彻执行力和创新服务力进一步增强，更好地服务于学习型政府机关建设、服务于和谐社会建设、服务于人民群众需要。"②同时，国家公务员局制定了《公务员职业道德培训大纲》，并首次提出在"十二五"期间将公务员职业道德作为公务员培训的重要内容，并对公务员进行职业道德轮训。③ 2016 年 12 月 13 日，国务院办公厅转发《"十三五"行政机关公务员培训纲要》，要求深入开展以"坚定信念、忠于国家、服务人民、恪尽职守、依法办事、公正廉洁"为主要内容的公务员职业道德培训，通知要求"突出理想信念教育和职业道德教育，把能力培养贯穿行政机关公务员培训的始终，坚持学以致用，全面提高公务员德才素质和履职能力。"通知将职业道德教育单独列出来作为重要培训内容，提出"深入开展以'坚定信念、忠于国家、服务人民、恪尽职守、依法办事、公正廉洁'为主要内容的公务员职业道德培训。突出信念、忠诚、责任、纪律、廉洁等方面培训，使行政机关公务员具有文明人格、高尚精神追求、良好职业操守。实施公务员职业道德教育计划，力争 5 年内将行政机关公务员培训一遍。将职业道德教育作为公务

---

① 《国务院办公厅转发人事部"十一五"行政机关公务员培训纲要的通知》，中国政府网，2008 年 3 月 28 日。

② 《国务院办公厅关于转发人力资源社会保障部国家公务员局 2011—2015 年行政机关公务员培训纲要的通知》，中国政府网，2017 年 3 月 22 日。

③ 新华社：《公务员局："十二五"对公务员进行职业道德轮训》，中国政府网，2011 年 11 月 2 日。

员初任、任职、在职培训的必修内容,纳入各级行政学院等培训机构培训课程。"①

从新世纪以来的国家培训计划看,公务员职业道德的重要性越来越突出,公务员职业道德建设也逐步成为国家精神文明建设体系中关键的一环,职业道德建设在新的时代环境下得以凸显。

4. 资金投入

近几年,国家提出要求,要求各级政府将公务员培训费用列入财政预算,并不得随意扩大费用规模和改变使用途径。2007年初人事部发布的《"十一五"行政机关公务员培训纲要》指出:"根据公务员法关于将公务员培训等所需经费列入财政预算予以保障的规定,各级政府要把培训经费列入年度预算,保证培训经费随着财政收入的增长逐步提高。同时,对重要培训项目应予以重点保证。加强培训经费管理,确保专款专用,提高经费的使用效益。"②2008年颁发的《国家公务员培训规定(试行)》第二十八条:"公务员培训所需经费列入各级政府年度财政预算,并随着财政收入增长逐步提高。对重要培训项目予以重点保证。"2011年公布的《2011—2015年行政机关公务员培训纲要》提出:"各级政府要将公务员培训经费列入年度财政预算,随着财政收入增长逐步提高,保证公务员培训工作需要。建立健全公务员培训专项经费制度,加强专项经费管理,完善培训经费管理办法,探索建立培训经费新的使用方式,推进培训经费管理科学化精细化。加大培训经费使用监督检查力度,确保专款专用,提高资金使用效益。"③2016年底

---

①《国务院办公厅关于转发人力资源社会保障部国家公务员局"十三五"行政机关公务员培训纲要的通知》,中国政府网,2016年12月13日。

②《国务院办公厅转发人事部"十一五"行政机关公务员培训纲要的通知》中国政府网,2007年2月7日。

③《国务院办公厅关于转发人力资源社会保障部国家公务员局2011—2015年行政机关公务员培训纲要的通知》,中国政府网,2017年3月22日。

《"十三五"行政机关公务员培训纲要》提出："各级政府要按照公务员法规定将行政机关公务员培训经费列入年度财政预算,按照公务员培训管理分工安排经费,尤其要对'双基'公务员培训给予必要保障,保证培训工作需要。完善培训经费'跟着项目走'的管理办法。加强培训经费管理,确保专款专用,并厉行节约、勤俭办学,提高经费使用效益。"①各级地方政府也对此提出了相应的管理办法,如河北省政府提出《河北省省级机关培训费管理办法》,2018 年省级机关培训全部纳入预算管理,各单位培训费用在办公经费中不得超过 5%。②

　　从全国的总体情况来看,公务员的职业道德培训费用包含在年度培训费用之中,属于办公经费部分,但是由于各种原因没有成立单独的公务员职业道德培训预算,甚至不少地方政府没有明确公务员培训的整体预算,导致这块的经费保障不够稳定。更为复杂的是,公务员培训费用往往在部分政府和单位手中成为机动经费的组成部分,个别单位的领导用其来报销非正规途径能报销的经费,成为变相的"小金库",这对公务员职业道德建设的保障形成了不良影响。

二、我国公务员职业道德建设存在的主要问题

　　公务员职业道德建设一直是党和政府高度关注的问题,国家通过各项措施大力促进公务员队伍的道德水平,注重公务员、领导干部的模范带头作用,注重公务员的道德风貌和工作作风的培养,各类公务员学习培训、轮训定期举行,大量学习教育活动与党的学习教育活动从未间断。十八大以来,习近平总书记多次强调,领导干部要注重自身修养,一步步加紧领导干部的职业道德的学习教育,发挥了巨大的

---

① 《国务院办公厅关于转发人力资源社会保障部国家公务员局"十三五"行政机关公务员培训纲要的通知》,中国政府网,2016 年 12 月 13 日。
② 刘清波、赵志伟、何菲:《我省规范省级机关培训费管理　机关培训费全部纳入财政预算管理》,河北新闻网,2018 年 3 月 23 日。

功效。尽管如此，当前公务员职业道德建设的效果尽管有了很大进步，但仍然很多顽固性的问题没有解决，主要有以下几个方面：

（一）晋升报酬机制不够公平

公务员的利益保障机制是维护公务员道德公平感、正义感的重要途径，也是促进公务员职业道德发展的动力。公务员的公平感主要来源于两个，一个是看公务员晋升机制是否公平，另外一个是公务员工资福利是否相对体现了社会劳动价值。

韦伯认为，公务员体制是一种科层制，公务员最大的动力之一就是向"金字塔"上层攀爬的动力，如果晋升机制不够公平，容易导致公务员的不公平感，从而阻碍职业道德水平的提高。虽然这种言论有所偏颇，但也在某个侧面描述了体制内公务员的追求和动力，毕竟进步就是对其自身工作的一种认可，因此对很多公务员来说，如何取得政绩以获得晋升是其职业的重要动力，职业道德的水平主要体现于政绩观上。从某种程度上来说，公务员的晋升机制与公务员职业道德激励机制之间存在一定的矛盾。公务员职业道德的效果往往是隐形的、长期的、甚至是难以衡量的，而公务员工作的绩效或者政绩则是可以量化考核的，那么在公务员队伍选人用人的时候，领导层面进行初始提名时考虑的因素就复杂化：一方面如果完全以政绩为指针，则容易出现以 GDP 论英雄，甚至出现以晋升为目的的政绩工程；另一方面如果不考虑政绩而考虑公务员的道德水平或者服务水平，则很难做出完全具有说服力的指标来；即使领导层统筹考虑政绩和公务员的职业道德水平，也具有较大的主观性。关于德的考察方法，比较适宜的是根据习近平总书记指出的做法："要多到基层干部群众中、多在乡语口碑中了解干部，既要在'大事'上看德，又要在'小节'中察德。"当前的公务员干部选人用人机制的初始提名权还是在上级领导那里，而不是同级或下级的民主动议。报刊中常常批评一些落马的公务员干部："不学习党的理论,不研究中央精神,热衷于搞表面文章,甚至断章取义歪曲中央的指示,给人民群众带来巨大损失。有的干部为了追求升官,不顾人民利益大搞政绩工程、形象工程,劳民伤财,损害党和政府公信力,给当地人民和政府带来巨大的财政负担。"在一定程度上说,选人用人导向问题与公务员职业道德建设问题息息相关,以领导的权力和关注点为重点,则公务员干部的政绩就是要让领导好看、喜欢,以工作成绩、人民群众的实际利益为重点,则公务员干部的政绩就是要让群众喜欢。

马克思指出:"物质生产的方式制约着整个社会生活、政治生活和精神生活的过程。"①从本质上说,公务员职业道德失范的原因之一在于中国经济结构的变迁而导致的公务员价值观扭曲和道德伦理的失控。40 年来,中国特色社会主义建设过程发生了巨大的经济转轨,利益格局和经济结构发生了重大转型,经济基础的变化引起上层建筑的变化,突出地表现在价值观的冲突和道德伦理的失范。

从国际经验来看,经济的转型极易带来社会道德失范和官员腐败。当今自我标榜清廉的欧美国家,在工业革命时期,经济迅速发展的同时同样出现了大规模的官员腐败现象。亨廷顿认为:"有证据表明,腐化的程度可能与迅速的社会经济现代化有着相当密切的关系。"②在改革开放前期,我国从计划经济体制转向市场经济体制,由于双轨制的并存,二者之间的价格差非常大,导致巨大的寻租空间,官员手中的权力、条子很容易变成现金或物资。到 90 年代中期,价格改革已经完成,双轨制不再存在,但国家还控制着大量的国有企业和各种稀缺资源,寻租空间转变为稀缺资源的控制权和国有企业的改制,各

---

① 《马克思恩格斯文集》(第二卷),人民出版社 2009 年版,第 591 页。
② 〔美〕塞缪尔·亨廷顿著,李盛平等译:《变革社会中的政治秩序》,华夏出版社 1988 年版,第 59 页。

种利益集团利用官员手中的权力攫取市场与管控之间的利润差,部分官员只需要在改革过程中或说点话、或定个调、最多签个字,走正常的程序就可以为行贿者谋取巨大的利润。到了今天,国企改革基本完成,各类物质资源基本配置完毕,政府手中握有的更多的是各种垄断权、准入资格、牌照、补贴、产业政策等权力资源,握有这些资源的公务员成为现代利益群体围猎的目标。中纪委政策研究室副主任孙飞研究员提到一个公式:权力在握 + 自身弱点 + 缺乏自律和监督 + 追逐利益者的围猎=100%腐败。最根本的一点在于权力的监督自律。

经济转轨只是提供寻租的可能,而寻租的实现最根本的在于公务员的主观意志在利益格局中发生变化,为自身谋取利益寻求借口。改革开放以来,伴随我国经济发展的显著社会特征就是社会多元化。初期的改革开放是以农村和城市的放权让利开始的,就是把原有的国有、集体经济的边边角角放开,把不适合计划经济体制的东西放开,这样原来固定、死板的社会空间逐步松动,个体经济、小集体经济逐步活跃,不同于大集体和国有单位的社会空间开始发展。随后的国有企业改革,"抓大放小"导致大量的企业转制,大量工人分流下岗,加上数次经济波动,大量企业破产,同时政府改革大刀阔斧,各类企事业单位都通过改革甩包袱,把原本由单位承担的大量医疗、教育、养老、房产等公益半公益的职能统统推向社会,导致社会空间急剧扩张,利益格局进一步分化,各种思想冲撞交织。这个时期,两次下海浪潮都曾影响到各个阶层的干部队伍,大量腰缠万贯的老板、巨富闪现,不乏一夜暴富的案例,从而导致公务员、干部队伍思想出现不平衡,为各方利益主体染指公权力提供了思想和心理基础。

恩格斯在《法兰西内战》中指出,公务员必须低薪为人民服务。当前我国的社会主义国家性质和党的宗旨要求公务员和各类干部保持艰苦奋斗、勤劳俭朴的作风,以及广大人民群众对少部分公务员收入问题的不满，当前公务员工资水平仍然较低，与社会上高收入群体的差距进一步加大，加上在教育、住房等方面的压力，部分公务员心理极度不平衡，对物质的需求日益迫切，从而导致少部分公务员不惜以权谋私来获取报酬。这是极少部分公务员职业道德底线和法律红线松动的客观基础。

（二）交易原则入侵道德领域

公务员不是温室里的花朵，他们也时刻受到社会上各种思想和价值观的影响，职业道德的养成、发展、提高需要有社会主义价值观做思想大潮中的中流砥柱来保障。当前的网络文学、影视剧甚至部分自媒体，都极力宣扬封建传统文化"唯上"的不良思想，部分公务员受封建传统文化的影响，将自身视为高高在上的上等人，忘记了公仆的本质，把人民群众视为"羊群"，权力意识极度膨胀，枉顾人民群众的利益诉求，将不听话的群众视为"刁民"。这些公务员没有从本质上认清手中权力的来源，没有从内心接受党的教育，严重缺乏法治意识、责任意识，工作上自以为是人民父母官，搞的还是封建家长的老一套，顺之则趾高气扬，逆之则雷霆之怒，简单粗暴、滥用职权。他们几乎没有现代公民权利意识和平等意识，在他们的眼里只有上级君主和下级臣民两类人，公共权力的运用、公共资源的保护、公民利益的保障被他们视为糊弄书生和老百姓的说辞，本质上他们只相信权力、维护权力和攫取权力，并以传统"差序格局"的方式运用权力，从而使自己成为被人民群众所唾骂的人，同时成为亲友、同学、老乡口中的好人。这部分的公务员从本质上来说缺乏现代性思想和思维的启蒙，他们往往相信日常生活中的传统教育经验，笃信传统帝王权谋，对党的教育、现代思想的教育阳奉阴违，并将其视为"遮羞布"和"愚民术"。

还有部分公务员不思进取，骄奢淫逸，习惯了碌碌无为的生活，对十八大以来的管理方式心存不满，喜欢沉迷于酒场、娱乐场所，提起玩乐就精神,提起学习就萎靡,讲话就说套话,办事就推诿扯皮、圆滑如油。这部分公务员往往喜欢传统的衙门习气,官僚作风严重。由于当前公务员退出机制还不够顺畅,这种公务员不少仍然尸位素餐,既浪费了国家资源,又破坏了组织风气。

中国公务员职业道德所存在的问题中有很大一部分是由于传统伦理文化所造成的,有着深层的民族心理、民族习惯在内的伦理根源。现代公务员职业精神与中国的传统伦理存在一定的内在冲突,要解决公务员职业道德的失范问题必须学习、领会、践行社会主义核心价值观,扬弃日常传统伦理中的不合理部分。社会主义市场经济条件下的公务员职业道德要求具有强烈的公平公正意识、平等意识、服务意识,对不同的市场主体一视同仁地提供廉洁高效的服务,它是基于诚实守信、平等交易、公平竞争、司法公正裁决、政府公平服务的现代市场经济理念和道德。而传统伦理文化是以血缘为中心的"差序格局"(费孝通语),即以自我为中心,纵向以父母、子女为轴线,横向以配偶、兄弟姐妹为轴线一层一层以血缘关系远近扩散开去的不平等伦理关系,处理事务的重要考量不仅仅是事实本身的是非对错,而是以自我为中心的亲疏远近。因此,在中国公务员手握公权力处理公共事务时,往往有亲友、同学、老乡、领导、朋友等不同伦理关系的人前来求情,或需要其以权力、关系换取信息或机会,或直接谋取某种利益等等不一而足。如果说大部分公务员都能够明辨是非不以权谋取私利的话,那么更多的是亲友同学朋友前来谋取的不是行贿受贿的"大事",而是办事插队、加快办理的"小事",这种情形在公务员工作中往往大量出现。中国的传统伦理是一个人情社会,以差序格局延展出来的不是一个公平公正的陌生人社会,而是一个有区别的熟人社会,所以中国人办事往往喜欢找关系,越亲近的关系越好办事,即使是原本不需要找关系的公共事务,也要辗转多少个关系网找到一丝关系,尽量将"公事"变成

"私事",这样当事人才能放心。这种传统伦理破坏了市场经济所需要的公平公正的环境,也潜在地破坏了诚信交易的契约精神,不是以事情的是非来分对错,而是以自身的亲疏来分远近。现代公务员在行政过程中常常遇到上述插队办事、加快办事的情况,目前这种状况尚未纳入违法犯罪的制度上去,都以为办理了是小事,顶多算一个工作作风问题,不办理就会顶着"白眼狼、冷漠、不近人情"的名声,日后公务员个人需要办事也会遇到障碍。因此从基层到中上层,少数公务员和领导"日犯而不自知",习惯性的"偏心"。以管窥豹,传统伦理破坏现代市场精神、不符合社会主义核心价值观的问题尚有不少。由此可见,对公务员在内的公民进行现代社会主义核心价值观的培育还是一个需要长期努力的过程。

另外,日常交往对公务员的职业精神也有很大的影响。公务员道德的权力性特征,不得不要求公务员在私人道德方面也必须遵守高于常人的规范。部分公务员生活作风不好,贪图美色,个人道德低下,往往容易被行贿者以美色攻破,利用手中的权力为行贿者谋取利益;也有部分公务员贪图口腹之欲,奢侈浪费,丢失了艰苦奋斗的作风,利用公款吃吃喝喝,造成大量的经济损失;或者利用有求于手中权力的谋利者大吃大喝,渐渐成为老板的"哥们",权力也随之成为"哥们"的好处。生活作风、个人道德的不良倾向往往是腐败的突破口,即使个别人能够把握住公私之间的界限,也难免影响个人在单位形象,影响群众对公务员的形象,如果是领导干部更是容易受下属、同事们所鄙视,不利于工作的开展。有的公务员世界观不正确,不信马列信鬼神,大搞封建迷信,大搞风水。有的是非不分,只相信权力。有的公务员人生观严重错误,将权力、美色当成彰显风光和价值的炫耀品,个人的价值以手中的权力和美色的获得为依据。还有的公务员价值观不正:个别公务员领导党性观念不强,立场不坚定,破坏政治规矩、组织纪律,表现在堕落的价值观与错误的政绩观联系在一起,将腐朽的生活,声色犬马视为巨大的荣耀与满足,将劳民伤财的政绩工程当成好大喜功的样板。

最后,市场原则侵入道德领域造成不良影响。社会主义市场经济同样遵循等价交换的原则,交换双方恪守契约精神,在公平透明的条件下各取所需,这是市场经济的法则。但经济的等价交换原则不能轻易地移植到非市场领域,尤其不能运用到道德和公共利益的领域,这是维护人类社会文明进步发展的需要,也是精神世界发展的法则。在公务员群体中,部分公务员,尤其是部分长期与市场资源打交道的公务员,受市场经济消极因素的影响,三观扭曲、欲壑难填,将市场经济原则套用到公权力领域,将手中的公共权力和权益视为可交换的资源,进行权力寻租而获取私人利益或部门利益。甚至个别人堂而皇之地搞"等价交换""诚信经营",给多少钱办多少事,不给钱就不办事。他们完全淡化了为人民服务的理想信念,享乐主义、拜金主义至上,眼睛里除了权就是钱,将亲友、同学、老乡等一切可以利用的关系网络视为谋利、交易的工具,害人害己,不仅给公务员队伍抹黑,还对党和国家的事业与公信力造成巨大的损害。有些领导干部为了私利或部门利益拒不执行党的路线、方针、政策,对上级和中央的指令阳奉阴违,搞上有政策下有对策。还有少部分干部特权思想、官僚主义思想仍然存在,日常生活脱离群众,搞一言堂,独断专行,不仅疏远了干群关系,更破坏了政治生态。

（三）职责不清导致懒政庸政

公务员职业道德是一种在行政管理中依靠个人内在伦理进行自我规范、自我管理的道德,但外在的他律是保证内在自律的重要因素,他律更多的表现在制度环境的约束性上。邓小平在谈到领导问题时说:"我们过去发生的各种错误,固然与某些领导人的思想、作风有关,但是组织制度、工作制度方面的问题更重要。这些方面的制度好可以使坏人无法任意横行,制度不好可以使好人无法充分做好事,甚至会走向反面。……不是说个人没有责任,而是说领导制度、组织制度问题更带有根本性、全局性、稳定性和长期性。"①个人道德作用和示范性是有限的,制度作用的影响是广泛性的,而且会产生长期的、历史性的影响。

中国公务员职业道德的核心问题之一在于政府本身的责任与边界不清晰,从而在某种情况下导致公务员"懒政"、"庸政"。这种责任边界不清晰有两个层面,一个是行政组织内部权力的划分不够科学,另一个是政府与市场的关系不够合理。

行政组织内部权力的划分不够科学首先表现为政府内部职能分工不清晰。同一件事往往多个部门管理,而且管理范畴的划定和衔接不够明确,导致九龙治水、架构重叠,很多涉及人民群众的事宜跑断腿也办不成,互相推诿、权责不清。这种体制下即使公务员个人道德良好也无可奈何,导致了"懒政"。部门责任划分不清晰容易导致公务员个体多干多错、不干不错,严重挫伤公务员个人的积极性。其次政府预算与监督不严,大量公共资源被浪费,也有权责划分不清的原因。当前的主要问题还是各级政府和行政单位的主要领导的监督有待加强,工作随意性大,一把手对财政、人事方面的权力实际上几乎没有掣肘,容易导致个人说了算。这种情况下,往往领导喜好的项目和政绩工程容易上马,领导不喜欢而人民群众亟需的项目却被弃置一边,既浪费了国家资金又损害了人民群众对党和政府的公信力。再次,政府组织人事制度缺乏具有公信力的标准和办法。实际工作中的干部晋升往往以领导个人赞赏为标准提拔干部,"德才兼备"的标准在"伯乐相马"的选拔制下缺乏公信力,和领导走得近的进公务员提拔快,不靠

---

① 《邓小平文选》(第二卷),人民出版社 1994 年版,第 333 页。

关系靠工作业绩的公务员反而提升得慢。这种状况会大大破坏公务员队伍的道德水平，尤其是会导致干部队伍缺乏正气、"劣币驱逐良币"，严重破坏党和国家的人才培养制度，导致选人用人方面的腐败，使部分公务员干部失去奋斗的动力，导致了"庸政"。

政府与市场的关系不够合理主要表现在政府该管什么、怎么管还不够清晰，哪些不能管的不够明确，不愿管的容易被遮掩。一段时期以来，我们政府部门权力运用的随意性太大，对私营企业搞行政指导，插手国有企业的正常经济活动，用行政方式干预地方金融系统工作。尤其是十八大以前，个别已经落马的公务员领导过去喜欢将行政性、技术性问题政治化处理，对市场问题习惯行政性手段管理，喜欢搞窗口指导、下命令、压任务，很多该管的事管不到底，不该管的事管得过多，不但搞坏了经济、抹黑了政府名誉，还造成了腐败使自己锒铛入狱。十八大以来，党和国家采取系统性措施，彻底地清理各类害群之马，对各类不合理的制度进行清理，对权力不合理的配置进行改革，尤其是十九大所确定的重大改革，一定程度上大大减少了上述不良现象的出现。不过，改革只有进行时，没有完成时，新时代各级公务员要时刻根据国家和社会的发展完善和调整自己的工作方式，让改革服务于新时代建设全过程。

（四）道德教育效果有待加强

推进公务员道德教育是我国公务员制度中非常重要的一环，公务员制度建立以来已出台不少文件加以强调，实际工作中各级公务员管理部门也实实在在的做了不少事来推动公务员职业道德的提升，但是总体而言，实际效果和预期有所差距。出现这种情况的原因很多，本书认为主要有以下几个原因。

1. 教育中忽视公务员的主体性

公务员的职业道德教育是成人的思想政治教育，它的教育规律必须遵循成年人的心理和生理规律,多采用隐性思想政治教育、启发式教学手段和情感式教育路径。公务员都是受过高等教育的群体,他们对外铄型教育手段、生硬的灌输式道德教育方式不感兴趣甚至反感,而行政部门的道德教育往往采用讲座宣传、领导讲话、知识竞赛、演讲比赛、网络自学和考试等手段,而这些恰恰都是外铄型教育手段,所起的效果不佳是不足为奇的了。

公务员的职业道德教育需要渗透在支部活动、党课教育等显性教育工作中去,也要渗透到业余活动、工会活动、员工福利活动工作当中去,更要渗透到日常管理、调研、慰问和服务等各项工作中去。比如按照规定在重大节假日可以由工会发放小额度的购物券或其他福利产品,有的单位就让各位公务员领回去了事,有的单位就由工会主席甚至主要领导亲自到基层发放,其效果肯定不一样;再比如按照规定每个公务员过生日工会可以发放一张蛋糕券,有的单位领导连自己部门的下属都认不全,更不会去为每个公务员发放生日蛋糕券,但是有的单位领导不但亲自送蛋糕券,还写上一张祝福卡,感谢公务员又一年的劳动和付出。二者对比,自然大为不同,天长日久,良好的、接地气的道德教育和思想政治工作如涓涓细流慢慢会汇成巨大的海洋,成为公务员工作的重要动力,该单位公务员的精气神都会不同。尊重基层、尊重每位公务员的主体性就是尊重自己的工作、尊重自己的尊严,发挥公务员的主动性就是发挥自己的能力。公务员的职业道德教育只有重视每个公务员的主体性才会开出德性之花。

2. 教育中对公务员利益的公正性重视不够

公务员队伍的金字塔结构决定了从下往上的竞争机制,而这种竞争方式的公平公正性是否体现,关系到每个公务员的切身利益和职业价值观。职业道德的基础必须建立在行政组织的公正性上,因此西方行政伦理学非常重视罗尔斯的《正义论》的研究,就是试图在工作中体现公正性,从而获得行政活动在广大公务员心中的合法性。我国的公务员职业道德教育也必须建立在公正的基础上才能获得广大公务员的认可,最重要的就是干部晋升必须公正,否则道德教育是一套,实际晋升又是一套,各级公务员必然不会相信教育的那一套。因此,我们公务员的职业道德教育一定要与他们的切身利益和具体工作联系起来,各级教育宣传部门和领导要努力解决他们的后顾之忧,深入基层调研他们工作中遇到的实际困难。各级公务员领导要率先垂范,以公开公正的方式进行干部晋升,尤其不得以"假民主、真集中"的方式搞选拔。有的单位领导在台上讲得一套又一套,自己心中一套也不信,只有自己的私心作祟,这种道德教育不但无效,还会引起相反的效果。道德教育的说教必须与工作实际的做法相统一才有底气,才有说服力。

3. 教育的内容现实性不强

公务员的职业道德教育要体现两个方面的内容,一个是超越性,一个是现实性。超越性内容就是不管现实条件如何,要求公务员大公无私、不图名利、鞠躬尽瘁死而后已。这种要求和教育作为共产党员、公务员的理想信念和道德追求是没错,但是必须在满足公务员的合理需求、利益和权利的基础上提出这样的要求才是有说服力的。公务员的职业道德教育必须注重现实性。

我国有将近 800 万公务员,这样庞大的队伍人员的素质肯定参差不齐,不能设想所有的公务员都是雷锋式、焦裕禄式的干部,尤其是在市场经济高度发达的今天,公务员职业活动之外的生活必须通过商品交换才能实现自己的目的,不在其基本利益和权利的基础上、不在其生活与发展的基础上讲道德讲奉献是难以达到教育效果的。前文就强调过,现代公务员在工作之余都是市场化的生存方式,其家庭生活、个人生活的实现必须依靠市场交换才能实现,职业道德教育、思想政治教育如果不建立在保障他的基本生存和发展权利的基础上，其效果肯定是不强的，甚至可能培育出"两面人"。

在实际工作中，某政府部门曾出现过这种案例：某机关干部群众基础好、工作能力强，组织部门在考核干部时，称为了夯实其发展基础，主要领导考虑"墩墩苗"，该同志听从组织安排，没有意见。第二年领导安排组织部门对其进行考察后，却告知上级部门根据工作安排调来一位公务员领导，要该同志耐心等待，称赞其是金子哪里都会发光，该同志也没意见。第三年到了应该调整公务员岗位的时候，该领导晋升到其他部门了，新到任的领导由于不熟悉情况，干部调整暂缓一年……这种情形虽然像段子，但现实生活中类似的事情确实不只发生过一次。那么这名群众基础好、业务能力强、思想觉悟高的同志也许就因为被这样一折腾就变成了心里有意见、工作无动力的同志。倘若新的领导又在职业道德教育会议上宣扬奉献精神，认为有意见就是缺乏思想觉悟、没有理想信念的表现，那么在这种情形下，即便该同志真的是思想觉悟很高，不求名利、默默奉献，起码也会对台上的这种说教打了问号。因为该实例中组织部门和领导没有体现基本的公正性、现实性，知行不一，那么道德教育的效果是可想而知的了。

（五）个人重视程度有待提升

总体上来说，各级公务员对职业道德建设不能说不重视，但是这种重视还远远达不到党和国家所要求的程度，主要存在的问题是：部分领导个人不够重视，认为不是重点；部分公务员个人不够重视，只为完成任务。

部分领导不够重视的原因主要在于公务员职业道德建设是抓人的内在养成的工作，它需要持续的投入而见效较慢，无法在短期内体现成绩，部分领导对于任期内难成效的工作当然难以重视，这是和当前的政绩考核环境有关的问题。另外，各个单位的领导主要业务工作和事务处理大多比较繁忙,尤其是主要领导难得有闲暇的时间,而公务员职业道德建设在一定程度上需要耗费领导干部和普通公务员一定的时间和精力的,这就和平时的业务工作形成了一定的冲突,部分领导干部认为主要工作还忙不过来,没有空去忙公务员职业道德建设,而且一时间不抓公务员职业道德建设也不会出啥大问题,有法律法规和纪律进行约束。如此一来,部分领导干部对部署公务员职业道德建设的重视程度大打折扣。总体上来说,还是政绩观出了问题,把公务员职业道德等同于法纪建设,认识不到位,重视就有限。

部分公务员个人不够重视的原因首先是认识不够。不少公务员认为职业道德建设和平时的党风廉政建设、反腐倡廉建设、党性教育、法规教育等等一系列的教育存在大量重合,这些教育中也都体现了道德的有关要求,对重复进行职业道德建设缺乏热情,没有认识到公务员职业道德建设的适应性和超越性的统一,没有认识到道德建设背后的意义。其次,公务员职业道德建设在工作中没有硬性的要求,目前在一些省份仅仅需要公务员在网络上完成每年一定学时的网络视频培训和考试就可以了,就是这样的工作也常常有公务员采取"专人放视频、专人考试"的模式,大多推给年轻的公务员来完成。当公务员职业道德建设被当成一项没有热情的任务时,它的效果是极度有限的。

上述原因只是主要问题,当然还有职业道德建设的诸多配套问题,比如激励机制、资金配套、培训的趣味性、是否纳入硬性考核等等,但是本书认为最重要的还是部分公务员的政绩观出了问题,以有用性、实效性为原则,追求见效快、看得着的成绩,这种浮躁、庸俗的不良风气亟待出台各种措施持续加以改善,公务员职业道德建设才能在"最后一公里"的工作中落实下来。

三、新时代公务员职业道德建设面临的挑战

尽管中国公务员职业道德建设从上世纪 80 年代以来取得了巨大

的成就,有力支撑了中国改革开放的进程和中国的崛起,但同时也不容否认中国公务员职业道德建设仍然存在很多问题,有的问题甚至还很严重,深入分析我国公务员职业道德建设面临的挑战有助于我们把握新时代公务员职业道德建设的方向和路径。

(一)多元文化带来的挑战

随着我国经济社会的快速发展,各个阶层的利益出现一定程度上的分化,社会人群的思维模式和文化背景也从单一走向多元,不同人群的道德观、价值观也有一定的区别,这对公务员职业道德的建设产生了巨大的影响,使传统的道德教育模式面临危机,当代公务职业道德建设面临新的挑战。

1. 虚无主义对公务员职业道德的影响

这里的虚无主义主要是指道德虚无主义,它是个人价值观、道德观堕落的结果,对正面的道德事实和现象进行全面否定和消解,认为一切道德都没有意义,归结为消极和虚无。虚无主义对公务员职业道德建设的影响主要在于它消解公务员职业道德建设的意义,认为一切道德建设都是无用的、虚伪的,它蔑视、嘲讽道德建设,诋毁一切英雄模范人物的道德精神和道德事实,它自己无法提出一个可行的道德建设方案却把一切良善拉进深渊,最终的结果就是让人绝望和精神麻痹,堕落于肉体的享乐和精神感官的刺激,如此一来,受到虚无主义感染的公务员从道德堕落到贪污腐化成为一条必然道路。

2. 享乐主义对公务员职业道德的影响

如前所述,享乐主义往往和虚无主义连在一起,但也可能是单独存在。部分公务员可能会对积极的道德现象和人物给予肯定,也可能存在一些向往,但是落实到自身可能就不那么积极了。部分公务员对自己放松要求,追求及时行乐、贪图享受,如果说花费自己的金钱、在一定的范围内享受还不至于触犯法律的话,但它已经触犯了公务员职业道德的底线。公务员对整个社会具有极大的示范性,他的一举一动都影响着人民群众的行为和人民对党和国家的看法,因此,只要是贪图享受、挥霍无度,即使花的自己的钱,都会受到行政处罚追究,花费公款更会受到法律严惩。这是职业道德规范和法律对公务员所划出的底线,如果此公务员同时还是党员,还会受到党纪处理。2015 年 11 月 18 日,中纪委副书记张军专门对党员干部用合法收入享受的问题进行了解答,他指出:《中国共产党纪律处分条例》第 126 条规定"生活奢靡、贪图享乐、追求低级趣味、造成不良影响的"要进行处分。他对"生活奢靡、贪图享乐"的做出了解释,指出这种行为超出了当地经济发展水平,超出了风俗习惯的容忍度,超过了人民群众心理底线的挥霍行为,这种行为违反了党章要求的"吃苦在前、享乐在后"的义务和《中国共产党廉洁自律准则》中"尚俭戒奢"的要求。[①]

3. 个人主义对公务员职业道德的影响

个人主义曾经在历史上有过积极的影响,改革开放初期,中国还未从大一统的社会观念里解放出来,来自西方的个人主义在一定程度上对促进公民个人权利的觉醒和主体意识的增强起到过积极作用。但是任何事物都存在两面性,个人主义也不例外。在经历了 40 年改革开放之后,中国的社会各个阶层受到了大量西方思维的洗礼,个人主义从社会整体层面来讲已经有些过头,从个人层面来讲则显得非常复杂:部分中老年人的观念还处于较为传统甚至陈旧的状态,在其身上体现出封建性的个人主义、封建家长制,呈现出蛮横自私的状态;而部分大城市年轻人的身上已经呈现出极端的个人主义,除了自身的利益和享乐,其他基本不予考虑。我国当代公务员牢牢继承了社会主义集体主义价值观,同时对个人的合法权益有了清醒的认识,个人主体

---

① 《中纪委回应领导干部用合法收入购豪车名表会否受处分》,人民网,2015 年 11 月 18 日。

意识早已觉醒,总体状况呈现良好的职业道德状态,但是也有个别的公务员不同程度地受到极端个人主义的影响。有的公务员把手中的权力视为自己的私有物,任何人办事都要从中捞一把,甚至有的人雁过拔毛的事情也要做;有的公务员本职工作上或许没有捞取个人利益,但是在单位内的工作分配上极端自私,工作拈轻怕重,能推的决不承担,能躲的决不主动干,导致单位内氛围不好,工作扯皮推诿、踢皮球。

(二)封建糟粕带来的挑战

我国是一个历经 5000 年而不间断的古老文明古国,封建王朝的统治时间超过 2000 年,其深厚的传统文化早已融入了中国人的血脉之中,既继承了优秀的文化基因,同时也继承了一些封建糟粕。尽管自近代以来,中国多次经受西方文化的冲击,尤其是五四运动的洗礼、新中国成立后社会主义文化的宣传普及、"文化大革命"的强烈冲击和改革开放后西方文化的再次侵染,中国传统文化仍然在工作和生活中顽强的继承了下来,"一切已死的先辈们的传统,像梦魇一样纠缠着活人的头脑",[1]部分封建糟粕在改革开放后甚至有死灰复燃的趋势,表现较为明显的是封建迷信活动大量增加、封建官僚主义和任人唯亲、宗族主义在政治生活领域不时显现、宗族式地下经济组织在改革大潮中常常成为破坏正常经济秩序的力量等等。如何继承优秀传统文化至今仍然是一个较为紧迫的任务。习近平总书记强调:"古代思想文化对今人仍然具有很深刻的影响。我们要对传统文化进行科学分析,对有益的东西、好的东西予以继承和发扬,对负面的、不好的东西加以抵御和克服,取其精华、去其糟粕,而不能采取全盘接受或者全盘抛弃的绝对主义态度。"[2]

---

① 《马克思恩格斯全集》(第一版第八卷),人民出版社 1961 年版,第 121 页。
② 《习近平主持中共中央政治局第十八次集体学习》,中国政府网,2014 年 10 月 13 日。

1. 封建官僚主义对公务员职业道德建设的危害

封建官僚主义对当代政治风气和党的工作作风损害极大,毛泽东一生都在与封建官僚主义做斗争。毛泽东认为,官僚主义是社会主义民主政治发展的主要障碍,它从根本上破坏了人民当家作主的权利和民主集中制原则。① 封建官僚主义的主要特点是高高在上脱离人民,把人民当奴隶而不是主人。封建官僚主义表现在对人民的时候是趾高气扬、漠视人民利益,对人民群众指手画脚却不能听见一点人民的意见,动辄勃然大怒、颐指气使,实际上就是一种专制主义,因此与社会主义格格不入。封建官僚主义表现在上下级关系中的时候则是"唯上主义"、人身依附、君君臣臣那一套,官员只关心自己的"乌纱帽",眼睛只有上级没有下级,更没有群众。这些特点在很多落马的贪官身上都可以看到,今天我们公务员队伍中也仍然有部分人存在这种不良作风。

今天的社会主义新中国已经不存在国家和社会之间的对立,国家政权掌握在人民手中,但是由于中国的发展仍然极度不平衡、不充分,群体素质、经济条件、文化条件都不足以达到直接地、普遍地参与社会管理的水平,人民群众的权力仍然需要以代议制的形式进行表达,这样人民就通过以国家权力机关和中国共产党为代表的形式参与国家政治过程,从而提出自己的利益诉求。从这个角度来说,公务员和党员就是人民的政治的直接代表,他们本身来自人民同时也是人民利益的维护者和诉求者,他们向上代表人民表达的政治诉求,向下代表国家表达政治决定,他们与人民的关系直接表达出国家政权的性质。公务员与人民如鱼水,则国家是社会主义国家,他们是人民的仆人;公务员与人民如油水,则国家不是社会主义国家,他们把自己当人民的主

---

① 梁柱:《论毛泽东反对官僚主义和反特权思想》,《毛泽东邓小平理论研究》,2013年第11期第27—33;90页。

人。到了今天，尽管中国已经进入了新时代，但由于封建残留的影响，公务员和党员干部中依然还有部分人存在着的官僚主义作风，极少部分人甚至还很严重。这对我们建设良好的公务员职业道德具有强烈的负面作用。

官僚主义破坏着公务员与人民群众的信任关系。官僚主义使公务员对人民利益漠不关心，人民对公务员则怨声载道，人民与公务员不再是一体的而是分开的，甚至公务员是骑在人民头上作威作福的敌人。这样，官僚主义破坏国家政权的合法性，危及党的执政地位的巩固。

官僚主义破坏公务员队伍的团结和斗志。官僚主义让公务员对上级溜须拍马，对同级勾心斗角，对下级趾高气扬，官僚主义公务员关心的只是头上的"乌纱帽"，时刻想如何将自己的权力运用到极致，巴结上级不过是升官的手段，与同级斗争也只是当官的需要，奴役下级则是官位表达的需要和动力的来源。所以，公务员一旦变成了官僚，他就再也不能正确运用公权力，严重破坏队伍的良好风气，严重损害公平公正的干部队伍体制机制，公务员队伍就会怨声载道、乌烟瘴气、团团伙伙，搞人身依附、对领导个人忠诚那一套。

有了这些严重的危害，公务员职业道德就无法建设起来，不仅道德风气会被败坏，就是已有的选人用人制度也会逐步受到破坏。反官僚作风从毛泽东、邓小平直到习近平都是狠抓、常抓的一项重要内容，因为它从根子上破坏社会主义的民主政治，损害党的执政基础。

2. 宗派宗族主义对公务员职业道德建设的危害

宗派主义和宗族主义虽然表现不太一样，一个是以"立山头"、拉帮结派为表现，另一个是以裙带关系、任人唯亲为表现，但其实质都是一样，都是在搞小圈子、团团伙伙的基础上试图更好地升官发财、互相提携，为的是个人官帽子的稳定与提升。公务员处罚制度、公务员道德教育尤其要强调对这种宗派主义、宗族主义的防范，"圈子"里的公务员以利益或亲缘关系为纽带，迅速获得各种机会提升，公道正派能力强的干部往往因此失去上升的机会，时间一长，就会严重破坏党和国家政治生态，危及国家安危。十八大以来，以郭伯雄、徐才厚、周永康、令计划之流政治野心分子，都具有宗派主义的典型特点，通过各种私下的圈子谋取公权力、进而图谋损害国家之大利益而攫取个人之小利益，他们对党和国家造成的损失是无比巨大的，有的损失甚至是难以挽回的，当代公务员职业道德建设尤其需引以为戒。

3. 封建奴隶思想对公务职业道德建设的危害

所谓封建奴隶思想是指没有自己的个性与精神、臣服于他人的权威的思想。应当说在现代社会，公务员基本上都是经过了现代文明洗礼和高等教育的群体，封建奴隶思想不应该还出现在公务员身上才对，但实际上并非如此，由于历史的原因，至今还有不少人身上还残留着奴性的思维，人格独立与精神独立仍然是一个有待教育、启蒙的课题，公务员队伍中同样存在这个问题。封建奴隶思想在这里是指公务员没有自己独立的人格与尊严，为了官帽子不惜奴颜婢膝地谄媚、臣服、忠诚于上级领导个人。如果我们对照落马的周永康、周本顺等官员的历史轨迹，就会发现在党和国家工作人员队伍中，不少人为了官帽子不仅丧失了自己的独立人格，甚至丧失道德良心。公务员职业道德建设重点突出防止奴性的教育很有必要。

毛泽东曾指出："中国如果没有独立就没有个性，民族解放就是个性解放，政治上要这样做，经济上要这样做，文化上也要这样做。"[1]他对党内没有自己的思想、思想上的奴性极端反对，他强调："共产党员对任何事情都要问一个为什么，都要经过自己头脑的周密思考，想一

---

[1]《毛泽东文集》(第三卷)，人民出版社1996年版，第336页。

想它是否符合实际,是否真有道理,绝对不应盲从,绝对不应提倡奴隶主义。"[①]

（三）信息化带来的挑战

从 90 年代建立公务员制度到现在,中国和世界都发生了翻天覆地的变化,世界经济贸易日益紧密,国与国之间的交往广泛而深刻,世界科技飞速发展,以信息技术、生物技术为代表的高科技迅速改变了人类的生活方式和生活观念,今天的公务员面临的时代背景与过去已经大不一样,人们面临的精神困境和思想矛盾也产生了很大的差异性,文明的冲突、恐怖主义的发展、世界权力中心的转移都导致了国际政治、经济和文化的环境产生了巨大的变化。今天的中国公务员在这个飞速发展的时代所面临的一系列工作需要、职业诉求都有新的发展,公务员的职业道德建设同样面临着新的诉求亟待我们去解决。

进入新世纪以来,互联网的飞速发展与信息产业的深度融合促使人类真正进入了信息文明时代,尤其是近十年以来的智能终端、移动互联网、物联网和自媒体的发展,使信息网络和社会生活紧密联系在一起,人类进入了"互联网＋"时代、大数据时代。这一高度发达的技术与经济生活形态大大改善了人们的生活方式和思维模式,对人类社会产生了深远的影响,公务员职业道德建设也不例外。

1. 信息化对道德建设理论与实践的一致性提出了挑战

过去有一段时期里,我国公务员职业道德建设上往往理论阐述多、实践落实少,往往教育培训多、融入工作少,往往以会议落实会议、文件对付文件,而如何落实、落实到谁、谁怎么办并不具体。一切只有良好的愿望和口号,而没有具体的行动和细节来落实都是虚假的。这种公务员职业道德的建设模式在信息时代之前,通过对不良影响的路

---

①《毛泽东选集》(第三卷),人民出版社1991年版,第827页。

径封锁、传播途径的有效切断和事后的及时补救基本上可以控制公务员群体中发生的道德失范的影响规模,从而减低负面影响。

比如,十多年前某偏远地区的某位公务员领导因某种原因(渎职或者贪污受贿、贪财好色等等任何一种行为都可以,只要具备话题性)受到群众的非议,即使当地群众议论纷纷、甚至怨言载道,当地政府领导出于维护政府声誉考虑,可能利用公权力对社会舆论进行控制,使得对该领导的舆论控制在私下口口相传的较小范围内,即使非本地媒体对当地进行采访都可能存在被控制的风险(现实中就上演过某县警察进京拘捕采访记者的案例)。

同样,对于英雄模范人物也可以通过整材料、补故事、会演讲、重宣传的模式得以迅速树立,迅速扩大影响,无论正反面的典型,其影响力的大小与控制都是建立在政府和有关部门可以完全掌控信息渠道的基础上。但社会进入了自媒体时代、移动智能时代之后就不行了,每个人的手机都是"摄像机""发言台"和"出版社",对整个社会现象、对政府、对公务员个人时刻都存在"被直播"的可能,政府和公务员的一切言行都被置于广大群众的"众目睽睽"之下,一切言行不一的行为都可能存在巨大的风险。

上述失德的公务员领导的"事迹"如果发生在今天肯定会迅速被微信、微博和网络媒体迅速传播,当地政府的控制手段就完全无法进行掩盖,上级领导就会立即获知偏远地区发生的事情并迅速对当事人进行处理(当然由于十八大以来的强势反腐成绩和国家新监察体系的成立,如果现实中当地领导发生类似的事情不用上级出手,当地纪检监察系统就已经介入处理,本文只是着重于从技术对政治、社会的影响角度进行阐述)。而对于政府出于工作的需要所树立的正面典型人物,如果不是真正经得起考验的英雄模范,那么这个模范人物有可能因为生活中某一件不符合其身份和道德形象的行为而被传播到网络上,英雄形象可以在一夜之间坍塌,甚至危及政府的公信力。

通过上述阐述我们可以看出,当代信息技术的发展已经对公务员职业道德建设的理论与实践的一致性提出了更高的要求,道德建设工作来不得半点的虚假。

2. 互联网大数据对道德建设的整体性提出了挑战

公务员职业道德建设的整体性主要从两个方面来理解:一个是公务员职业道德建设系统架构的完整性,包括职业道德的培训、考核与激励机制的实现,也包括职业道德的理论发展、法规的制定和实践进展等等,这主要是从他律促进自律的整体性角度进行理解;另一个是从公务员个人道德修养的角度来论述,除了与工作相关的职业道德,还包括对父母、子女、配偶的家庭婚姻道德,对朋友、陌生人、公共财物、甚至动物的社会公共道德,对同事、领导和客户等职业相关、但非工作时间的私人道德等等,这主要是从个人道德的自我修养及其提升的整体性角度进行理解。现代社会的高技术发展,大数据、互联网＋对公务员职业道德建设的整体性提出了更高的要求主要是从第二种角度来说的。公务员职业道德已经不仅仅是工作时间、在工作场所发生的道德,而是一切关系到公务员个人形象、关系到公众利益和公众心理的道德问题都会影响到公务员职业道德,这和国家近年来越来越注重公务员的整体素质的趋势是一致的,因为公务员职业道德不是凭空出现的,它与公务员身上的其他道德息息相关,以至于公务员职业道德除了其发生的特定的工作时间与场所之外,还存在一个公务员职业道德的"合法性"问题,即人们会拷问公务员在工作时间、工作场所展现出来的道德是否从内心出发、是否具有两面性而存在随时违背的可能? 比如公众会很合理地质疑:一个对父母不孝顺、配偶不忠诚的公务员是不是一个合格的公务员? 对父母都不尊敬是否会尊敬领导? 对配偶不忠诚是否会以权谋色? 大数据时代将公务员的私人生活也置于社会的监督之下,其朋友圈的不良言论、酒桌上的蛮横无理、购物就医时的飞扬跋扈等等,都可能被置于公众的关注之下,公众对公务员的要求不再仅仅是"窗口的职业微笑",而是期望公务员从内到外都是道德的楷模、工作的专家、困难的解决者和群众的贴心人,时代的进步要求提高对公务员的道德要求。

(四)全球化带来的挑战

由于公务员职业道德的公权力特征,它的运行状态关系到社会经济与政治的发展,公务员职业道德的水平如何与国家政治、政权的运行、社会的经济发展水平密切相关,反过来,国家的政治状况、政府的治理水平以及社会经济的发展水平对公务员职业道德也提出了相应的挑战。

1. 全球化要求提供更便捷的服务

当今时代是一个经济高度互相依赖、信息和金融流动性高的市场社会,它要求政府公务员提供便捷、高效的公共服务来实现工商业的交易和流通,从技术手段上来说,当今的政府部门为企业和个人提供服务应当可以立即实现现场服务,理论上来说不存在延迟和拖沓,但是我们从现实中可以看到,大量的商业企业无法及时得到政府部门的服务,大量的市场交易被迫在数月甚至数年的时间内才能完成,不仅耽误了地方经济的发展,给企业和个人也往往带来巨大的损失。这中间的重要一条就和有关部门的领导不作为、乱作为有重大关系,与具体的主管、业务人员的懒政庸政也有关系。

以中西部地区的 G 城投资为例:假设市场上有某个人工智能项目具有极大的市场价值,某投资商在 G 城政府的招商引资会议上二者迅速达成一致,到 G 城某开发区投资兴建该项目。从投资商与 G 城市政府签订投资意向书开始,生产者与政府确定生产项目(规模、产销模式、优惠政策等等)、选定工程地址、资金划拨等等举动都非常快,一系列的商业决策、政府决策都可以在较短的时间内完成,但是一旦落实到具体开工建设的行动上,很多问题接踵而来:根据国家和地区的有关规定,项目开工必须先经过环境评估、城市规划审核、土地规划审核、土地预审及正式审批、土地拍卖(拍卖能否被投资商得到尚不得而知,如果定向拍卖是违反法律的),这个过程即使很顺利地走完也要几个月,即使市政府为之开通绿色通道的重点项目,也往往要两三个月以上(这还需要看当地领导对该项目到底有多重视,领导的作风是否雷厉风行等情况),最后投资商经过多个部门协调,数月后终于拿到了开工许可,工厂建设起码也要一个月以上,投资开工期间该项目所需要的工商、税务等手续能否办完同样是未知数,消防、监理、规划验收等部门是必须在建设过程和建设完成后才能审批完成的,等投资商安装完机器、调试好设备、招聘和培训好人员正式投产,快则近一年过去了,慢则两三年过去。以摩尔定律为规律的现代信息产业的发展在这两三的时间内很可能发生了巨大的变化,高度的产品迭代导致该投资商的产品可能刚生产出来就已经濒临淘汰,原本计划年缴纳巨额的利税也成为泡影,G市的经济也未能发展起来。

　　该投资商的失败不是产品的失败也不是眼光的失败,而是政府提供公共服务低下导致的失败,关键的因素之一就是当地的公务员队伍职业道德状况不佳。如果G市的投资环境类似东北"亚布力事件"中的环境的话,"开门引资、关门打狗",该投资商可能连产品都生产不出来就人财两空。因此,现代市场经济是高度依赖于市场诚信、政府诚信的经济模式,也高度依赖于公务员良好的职业道德。

2. 高风险社会需要更主动的公务员队伍

　　西方思想家乌尔里希·贝克在上世纪80年代指出,由于人类社会进入了现代化社会,传统的可预见"风险"被不可预见的"文明风险"

所代替,风险是指"以系统的方式应对由现代化自身引发的危险和不安"①,"风险仿佛就是文明指派的".② 现代市场经济社会由于市场经济内在的不稳定性,经济危机不定期的爆发是必然的事件,经济的高风险已成为世界的共识。另外世界范围内的政治冲突、宗教文化冲突、军事冲突和社会矛盾冲突等诸多因素的影响,在现代化的技术条件下进一步放大,对正常的社会生活形成剧烈冲击,个别情况下还会形成社会动荡。中国社会主义市场经济社会虽然是一个政治上根本区别、经济上也有别于西方资本主义社会的体系,但无论如何中国也是市场经济体制,与世界的经济、文化和政治的联系是深度开放、高度联系的,一方面世界的各种危机和冲击必然影响到中国社会,同时中国社会内部也存在各种矛盾,倘若处理不好也会造成巨大的社会问题甚至影响世界。

面对世界经济危机,中国需要一个职业道德良好的公务员队伍有效应对危机。以 2008 年以来的世界经济危机来看,中国的党员干部和公务员队伍沉着冷静,及时化解了该危机对中国的巨大风险,总体上展现了中国公务员的良好职业素质和职业道德,但我们也要看出其中的存在的巨大问题。中国部分公务员的职业理性尚待进一步培育,工作执行起来往往过头:国家号召加大投入抵御危机,就猛干快上,个别地方甚至不顾经济规律和投资回报盲目地扩大基础设施和指定项目的投资,导致巨大的经济投入趋于无效,留下呆账坏账。其次部分公务员的政绩观存在一定偏差,对国家政策选择性执行,对当地有利或个人有利的就加大力度执行,对个人无利的事情就阳奉阴违甚至

---

① [德]乌尔里希·贝克著,张文杰、何博闻译:《风险社会:新的现代性之路》,译林出版社 2018 年版,第 7 页。

② [德]乌尔里希·贝克著,张文杰、何博闻译:《风险社会:新的现代性之路》,译林出版社 2018 年版,第 10 页。

抵制执行。还有极少部分公务员对国家和社会的重要事项无动于衷，无比"淡然淡定"地慢悠悠工作，对各种可能的风险和危机漠然甚至无视，只做好自己手中的一点点事情，决不主动做事。上述各种情况在十八大以后呈现总体好转的趋势，但是这些现象依然不同程度地存在，对国家应对各类危机、有力地保障民生具有很大的阻碍作用。现代风险社会迫切要求公务员"打起精神"主动服务，及时、有分寸地化解各类风险和矛盾，这也是现代社会对公务员职业道德建设提出的挑战。

第五章 古今中外公务员职业
道德建设的经验借鉴

统治与行政是人类进入文明社会以来一直存在的重要活动,它有效地维护了社会的运转,每个文明社会都产生了符合自己特点的统治者的职业道德建设经验,值得我们今天仔细考察和研究。中国有着两年多年的封建帝国统治历史,拥有丰富的官德建设经验,西方发达国家拥有数百年的公务员职业道德建设历史,部分东南亚国家在短短数十年的实践中迅速将公务员职业道德建水平提高到了一个较高的位置。这些国家有益有效的官德建设和公务员职业道德建设经验值得我们今天认真汲取,努力推动我国新时代公务员职业道德建设的发展。

一、我国古代官德建设对公务员职业道德建设的启示

任何道德包括职业道德都是在历史累积的基础上继承和发展的,中国公务员职业道德既继承了中华优秀传统文化,又吸收了西方近现代精神文明成果,才支撑了中国改革开放以来的崛起。传统官德是中国公务员天然浸染的文化环境,建设现代公务员职业道德不能不考虑和借鉴传统官德思想资源。

（一）古代官德建设的经验借鉴

1. 古代官德的社会基础

中国传统官德建设是中国封建社会治国理政的基本手段,对维系

中华文明传承和中国社会的稳定起到了举足轻重的作用。任何社会只要存在管理和统治,相应的管理和统治道德就一定会产生,但具有较为成熟的官吏制度和明晰的官德思想是社会发展到一定阶段才有的。有学者认为中国的官德思想起源于夏朝,①还有学者认为中国的官德思想起源于西周,发展于战国,成熟于两汉。② 笔者倾向于起源于商周之交的说法,不仅仅是因为官吏系统在西周才比较完善,更重要的是自上古至夏商,古人均极度重视巫术和占卜,"天""神"不分,人皆在"天""神"之下,各项管理和统治事宜皆受巫术影响,而只有武王伐纣之后,周朝统治者从历史中吸取教训,第一次提出"以德配天"的思想,要求统治阶层实施"德政"。自此"天""神"分殊,人的历史地位凸显出来,人心、民心对"天"形成影响,成为后来儒家"民心即为天心"的源头,③儒家德治的源头也西周而始。

按照历史学家的说法,中国古代社会属于典型的农耕文明,加上中国独特的地理环境,形成了一个相对具有独立性而又广袤的文明区域。在长期的历史发展中,中华农耕文明在天地四季轮回、代代繁衍不息的基础上形成了敬天敬祖的文化传统,在原始社会向奴隶社会和封建社会的演变中,血缘关系在社会结构中被保留下来,并逐步演变为以血缘关系为纽带的宗法制度和皇权专制制度,传统官德思想也在这一特殊的政治和文化环境下产生和发展,从而具有自己独特的历史传承。不过需要注意的是,传统官德在历史上从未成为一种职业道德,官员此时并非一种职业,而是一种身份、一种地位和阶层的体现,

---

① 杨鑫:《我国公务员行政道德建设研究》,中共中央党校 2009 年博士论文,第 29 页。

② 刘彦芬:《新时期中国官德建设研究》,中共中央党校 2013 年博士论文,第 33 页。

③ 沟口雄三在《中国的思想》一书中也对此进行了论述,认为中国的天道观尽管从终极的意义上说具有神秘性,但也有一定客观自然主义的色彩,并以天道观对皇权进行一定程度的抑制。

官员本身就是统治者,管理、行政和统治是一体的,故总体而言,传统官德只是统治者的工具道德而已。

传统官德是在我国古代农业社会、伦理性社会、熟人社会的基础上发展起来的,其经济基础是小农经济、政治基础是皇权专制、伦理基础是宗法制度。在中国古代社会中,由于生产力的不发达,农民基本上都是靠"男耕女织"的农业生活自给自足,一方面社会关系、交往关系极为简单,另一方面抵御自然灾害和安全隐患的能力天然不足,为了抵御各种灾害和意外,以田地为生的农民必然以血缘和地缘关系结合起来,形成宗族,并在此基础上形成宗法制度和国家。费孝通先生在《乡土中国》中称中国社会是"差序格局",以自己的血缘关系的远近来判断亲疏关系,以家庭为中心从家庭、宗族、乡邻而一圈一圈扩展开去,直到推广至国家,家国同构,家是小的国,国是大的家,君权即是父权。因此中国传统社会是一个基于伦理基础的关系社会,在这种视野下,公私之分没有明确的界限,人人以自己的视角和圈子大小来判断公私问题:圈子内的都是自己人,自己人之间要秉公处理、以义为先;圈外都是陌生人,自己人和陌生人之间必然维护自己人的利益、以利为先,至于与己无关的公共利益,那是不存在的。正如费孝通所言:"中国的道德和法律,都因之得看所施的对象和'自己'的关系而加以程度上的伸缩。"①基于这种伦理关系,在古代这种血缘联系起来的农业社会,农民从整体来看就如同马克思所说的"一袋松散的马铃薯",不可能形成公共领域和公共关系,更不用说公共精神了。低水平小规模生产的小农经济必然仰仗国家权力的保护,而国家权力即是封建皇权。封建皇权一方面凝聚了中国社会松散的力量以维系社会的安全,另一方面"朕即国家"的私有性导致它必然压迫社会,从而形成马克思

---

① 费孝通:《乡土中国》,北京大学出版社 2012 年版,第 57 页。

所说的"归根到底,小农的政治影响表现为行政权支配社会。"①官员的从政之德天然遵从"天地君亲师"的排序,以忠君事主为官德第一要务,官德就是"牧民"之德。总而言之,中国传统官德建设在上有皇权、下有宗族血缘伦理的条件下,唯有内求于己,以"修身齐家治国平天下"为路径,以"内圣外王"为最高境界。

2. 传统官德建设述评

影响当代中国人民族心理的传统文化以儒释道三者为核心,另有法家也有所影响,其余诸家如兵家、阴阳家和墨家思想等影响较小。由于佛教文化以出世为宗旨,不涉为官之道,主要从民间文化心理的角度对人有所影响,个别官员或许受因果报应、积福行善之说不敢做恶或多行善,整体而言对为官之道的影响甚微。其余诸家论及中国政治与儒家文化,法家却与儒家如影随形,故常有"儒表法里"之说,因此对我国公务员职业道德产生影响的传统官德主要有儒道法三家的思想。三者的哲学思想颇有不同,但其官德的基本精神却大致相同,以儒家官德思想为核心,只是具体的施政取向有所不同而已,故其官德建设也是同中有异。

（1）传统官德的主要派别

传统官德最大的特点是强调"以德治国",儒道法三家均对此赞同,但具体到如何以德治国,三家的具体官德建设路径却差异极大。

在儒学看来,官德核心是"为政以德""以德治国""内圣外王"是儒家为政者的最高理想。儒家强调伦理善恶是治国理政的基础,是从胥吏到君王都需要尊重的原则,道德不仅仅是教化民众,更用来规范官员和君王。孔子认为官员有德才是以德治国的前提,"其身正,不令而

---

①《马克思恩格斯文集》(第二卷),人民出版社 2009 年版,第 567 页。

行;其身不正,虽令不从",①将官员的个人道德与政令的畅通紧密联系在一起,指出了官员道德所具有的特殊地位和示范效应。不仅如此,官员的道德还与统治稳定联系起来。"君仁,莫不仁;君义,莫不义;君正,莫不正。一正君而国定矣。"②"上无礼,下无学,贼民兴,丧无日矣。"③这样将从政道德和社会的稳定联系起来,把君主、官员的德性与江山的稳固、国家的治乱紧密联系在一起,一定程度上约束君王和官员的失德行为。儒家理论的基点是性善论,认为官员要根据"仁"的原则,持有仁爱之心,通过修心和家庭(家族)治理出发,进而扩展为治国方略的修德体系。为官者应当以"克己复礼"的道德规范自己的行为,从而实现天下大治的政治盛世。因此,儒家的官德建设路径就是从个人的内心修养开始,以善良和爱心推而广之,最后所有人各得其位,天下大治。儒家的官德思想在历史上众多朝代均有所体现,最为有名的便是唐玄宗开创的"贞观之治"时期,唐玄宗及其臣子尊崇儒家"以民为本"的思想,高度重视官德建设,强调勤政廉政。唐代史臣吴兢编著有《贞观政要》对此进行了详实的记载。

道家思想的核心是顺从天地规律"无为而治",即所谓:"人法地,地法天,天法道,道法自然。"④因此道家官德思想强调要尊重世界和社会规律,"以无为而无不为"的方式对民众进行统治,为政者应当清静无为、守朴去智,以回到人性、人类原点的质朴方式来管理民众,以诚信获得民众拥护,慢慢养成淳朴的民风,就会使民众自然形成良好的道德环境和自由思想环境,民众会自我启发并主动解决好自己的事务,通过这种良性循环进而促进社会进步。"我无为而民自化,我好静

---

① 《论语·子路篇》。
② 《孟子·离娄上》。
③ 《孟子·离娄上》。
④ 《道德经·二十五章》。

而民自正，我无事而民自富，我无欲而民自朴。"①从这种"以德治国"的方式可以看出，道家反对儒家充满权谋的管理方式，认为："以智治国，国之贼；不以智治国，国之德。"②所以，同样是"以德治国"，道家反对儒家的"仁义"治国路线，称"大道废，有仁义；智慧出，有大伪"。③ 道家认为靠严刑峻法、森严的宗法等级制度和充满阴谋的统治权术是无法征服民众的，反而会导致上行下效、败坏社会风气，影响民众的道德观念和质朴的民风，从而威胁到社会自身的和谐稳定，因此官员的手段反而走向失败。道家的这种思想在历史上同样有实践的支撑，著名的"文景之治"便是尊崇黄老之学、推崇"无为而治"，使人民安居乐业、各项生产迅速发展，同样开创了一个盛世。

法家的思想是基于人性自私，认为人都有"趋利避害"的本性，即"好利恶害，夫人指所有也。"④为了利国利民，必须通过国家法律对人性予以约束，因此法家思想注重法治，提倡严刑峻法，但是这并不是说法家就完全忽视道德的作用，法家同样重视官德，不过有所侧重而已。管子认为："论材量能，谋德而举之，上之道也。"⑤韩非子强调："官贤者量其能，赋禄者称其功。"⑥"功当其事，事当其信，则赏；功不当其事，事不当其信，则诛。"⑦因此法家在选拔官员时要求"德当其位""功当其禄""能当其官"，这是从"德"和"位"相匹配的角度来强调官德。这种实用主义官德思维决定了法家与儒家、道家的官德建设路径大相迥异：不是侧重由内而外的养成，不是注重内心自我修养和完善，也不

①《道德经·五十七章》。
②《道德经·六十五章》。
③《道德经·十八章》。
④《韩非子·难二》。
⑤《管子·君臣上》。
⑥《韩非子·八奸》。
⑦《韩非子·二柄》。

是"无为而治",而是侧重外在的约束对内在的规范和引导,通过外在奖惩而敦促官员内在自律,是一种以他律促进自律的路径。

(2) 传统官德的主要规范

我国古代儒道法三家的官德建设思想虽然路径迥异,但强调"以德治国"却是一致的,同时,由于儒家思想比较符合封建宗法社会的统治需要,获得了两千年来封建政权的支持,成为儒家主导、百家为辅的官德思想格局,传统的官德规范也是以儒家规范为主。传统官德思想主要规范包括:"忠君爱民""廉洁奉公""修身正己""敬业勤政"等等。

"忠君爱民"就是忠于君王、爱护臣民。在古代家国同构的社会中,忠君就等于爱国,"臣事君以忠",①因此自古以来忠君报国是千古流传的道德楷模。"普天之下,莫非王土;率土之滨,莫非王臣。"②天下人都是君王的子民,官员既然替君王统治天下,那么就要以爱民之心以报君,从政者要以民为本。因此儒家历史上历来宣扬"先天下之忧而忧,后天下之乐而乐"的典范,原因在于"乐民之乐者,民亦乐其乐;忧民之忧者,民亦忧其忧。乐以天下,忧以天下,然而不王者,未之有也。"归根结底,还是为了维护君权统治。当然在儒家理论看来,忠君爱民本为一体,但现实中一旦忠君与爱民发生冲突,历史上大部分官吏还是以忠君为上,民生次之,即所谓"民心如铁,官法如炉",皇权的统治置于民意之上。不过儒家也有较为先进的民本思想,如孟子所言:"民为贵,社稷次之,君为轻";③荀子所谓"从道不从君"、④"天之生民,非为君也;天之立君,以为民也"。⑤ 但这一以民为本的思想在历史的传承中渐渐被扼杀了,尤其是明清两朝的统治者将类似的民贵君轻

---

① 《论语·八佾》。
② 《诗经·小雅》。
③ 《孟子·尽心下》。
④ 《荀子·子道篇》。
⑤ 《荀子·大略》。

的思想大量从科举考试中删除出去,以愚民政策统治臣民,中华文明也越来越窒息。我们马克思主义者认为,由于古代行政与政治不分,管理与统治一体,古代官吏本身就是统治阶层的一部分,官吏维护专制皇权的稳定就是维护自身的利益,仅仅靠个别人物的"仁爱"之心来维护人民群众的利益是虚妄的。

时代条件发生了变化,思想道德的涵义也发生了变化。忠君爱民的传统官德传承到今天,已经转化为现代公务员职业道德两个核心部分:"爱国"、"为民",即忠于国家、为人民服务。在这里"国"是现代社会主义中国,国家不再是压迫人民的工具;"民"是广大劳动人民,是主权在民,公务员在社会主义国家体系中不是统治者而是劳动者、服务者,公务员和人民群众是服务者与被服务者的关系。

"廉洁奉公"是古代从政最重要的道德规范,无论诸子百家哪一家的思想都不能容忍贪污腐败。儒家主张以义为先、以义制利,所谓"临大利而不易其义,可谓廉矣。"①法家主张以法治吏,即所谓"有法度之制,故群臣皆出于方正之治,而不敢为奸。"②道家主张为政者"见素抱朴,少私寡欲"。③ 如何才能保持廉洁的品格呢? 儒家认为要"静以修身,俭以养德",④只有生活节俭才能清廉,这与道家又相类似,道家认为要俭啬,"俭故能广"。⑤ 法家则认为要分清公私的界限:"公私之分明,则小人不嫉贤,而不肖不妒功"。⑥

"修身正己"是我国古代为官者极为重要的原则,儒家对此最为重视,孔子说:"政者,正也。子帅以正,孰敢不正?"⑦又说:"其身正,不令

---

① 《吕氏春秋·忠廉》。
② 《管子·明法解》。
③ 《道德经·十九章》。
④ (三国)诸葛亮:《诫子书》。
⑤ 《道德经·六十七章》。
⑥ 《商君书·修权》。
⑦ 《论语·颜渊》。

而行；其身不正，虽令不从。"①儒家将官员自身的道德示范作用视为其权力的来源之一，故后来又有"善治天下者，求之于其身而已矣"②的说法，意思是只要自己道德好，自然就能治理好天下，即所谓"修己以安人""修己以安百姓"是也。那么如何才能具有好的官德呢？具体建设路径如何？儒家认为道理同一，"修身"好了便可"齐家"，"治家"好了便可"治国"，"治国"好了便可"平天下"，这与儒家的家国同构、宗法制度高度统一的，从一定程度上来说是具有可行性的。道家则认为"治大国，若烹小鲜"，③官员只需要以慈为怀、谦下无争，以顺其自然、无为而为，则"利泽施于万世，天下莫知"，④官员的个人道德就是"无为""不争"。

"敬业勤政"是古人非常重视的官德。中国人自古讲究"敬业"，处于何种身份、角色就必须兢兢业业做好分内之事，"勤奋"与"敬业"往往相连，如此方为忠于本职。《官箴》有云："当官之法，惟有三事：曰清、曰慎、曰勤。"官员的"敬业"方式就是"勤政"，"居处恭，执事敬，与人忠"，⑤"守职修业，不敢损益，可传世也，而不可侵夺，是士大夫官师之材也"。⑥ 道家虽然讲究"无为而治"，但道家的清静无为是官员不打扰民众自我发展和管理的积极性，即不扰民、不愚民，而不是"尸位素餐"什么事也不干。官员必须以诚信、慈爱之心顺民心、做表率，从而使社会道德氛围良好自我运转，而不是消极懈怠、任由矛盾发展。法家更加强调勤政，所谓"德""禄""功"相配，"官贤者量其能，赋禄者称

---

① 《论语·子路》。
② （宋）吕祖谦：《宋文鉴卷一·七》，世界书局（台北）1967年版。
③ 《道德经·六十章》。
④ 《庄子·天运》。
⑤ 《论语·子路》。
⑥ 《荀子·君道》。

其功"，①只有勤政才能有功劳，有功劳才能有奖赏。

（3）传统官德建设的优点

以儒法道为主流的传统官德对我国民族心理和知识阶层的影响极为深远，即使是 21 世纪的今天，中国人的很多思维方式和心理模式都留下了它的痕迹。因此，现代公务员职业道德建设仍然必须继承前人的基础上进行发展，习近平曾说："要继承和弘扬我国人民在长期实践中培育和形成的传统美德，坚持马克思主义道德观、坚持社会主义道德观，在去粗取精、去伪存真的基础上，坚持古为今用、推陈出新，努力实现中华传统美德的创造性转化、创新性发展"。② 实践证明，我国的传统官德建设具有很多经过时间考验的有效措施，即使对今天的公务员职业道德建设仍然具有巨大的借鉴作用。

首先，传统官德建设高度重视对官员的道德教育。在我国长达两千多年的封建社会中，统治者与被统治者的斗争持续不断，压迫与反抗层出不穷，统治者（尤其是新王朝的建立者）深刻地认识到官吏对管理社会和维护稳定的重要作用，国家吏治的好坏直接关系到王朝统治的政权稳定性，"国家之败，由官邪也"，③因此封建统治阶级一般都很重视官德教育，试图形成良好的官德官风带动民风来稳定社会、促进繁荣。

通过将官德的成败与个人对宗族的荣辱联系起来，增强官德的约束力。古人一般都认为建功立业、光宗耀祖才是一个人最大的荣耀，也是对祖先最大的尊敬，所谓"衣锦还乡"才是一个人最得意的事情，而贪污受贿以至身败名裂则是宗族乡党的耻辱。通过这种宗族与个人的荣辱与共来增强个人忠君爱国、修身正己、为官清廉的道德约束

---

① 《韩非子·八奸》。
② 《习近平谈治国理政》，外文出版社 2014 年版，第 160—161 页。
③ 《左传·桓公二年》。

力,这在古代是非常具有现实约束力的。中国的宗法制度将个人的利益和宗族的利益紧密地联系在一起,个人升官发财则宗族跟着兴旺发达,个人受到刑罚也可能导致宗族一蹶不振,古代君王从重处罚官员时往往"抄家灭族"、最严重的刑罚就是"诛灭九族"。

通过科举制度突出儒家典籍的教化功能。隋唐以降,科举制度成为中国封建统治者选拔人才最重要途径,天下士族要想实现"朝为田舍郎,暮登天子堂"的抱负,必须通过十年寒窗的科举考试不可,而科举考试的主要科目就是以儒家《四书五经》为主要内容的文献典籍。儒家典籍当中有大量如何修身齐家治国平天下的道德修养条目,有不少如何为政以德的内容。统治者通过对考试内容的选择达到对士人的教化、甚至教化天下的目的。这条路径在古代也是相对有效的,因为对古代普通阶层来说,当官的主要路径就是参加科举考试,而考试的主要内容就是《四书五经》,应试者年复一年的学习研究这些典籍,多少都会受到其中的影响,结合当时的社会条件和封建意识形态,科举制度的道德教化功能是较有成效的。

上述路径借鉴到今天,则约束力远远不如古代了。由于中国已经从传统的宗法社会、熟人社会逐步转变为私人社会、陌生人社会,传统的乡村社会逐步没落,城镇化的迅猛发展也减弱了个人对乡村的道德联系,今天无论城乡,个人的荣辱得失和宗族乡党的关系不大,那么从政者的自我道德约束力也就无法从宗族的身上找到。不过,尽管如此,中国人对家庭的重视依然存在,个人荣辱与家庭荣辱休戚与共,公务员职业道德的教育与宣传应当可以从个人对家庭成员荣辱与共的角度适当宣传。另外,古代的科举制度虽然已经为现代大量的教育考试制度所代替,但以学校道德教育作为重要阵地、以学校教材作为道德教化的重要载体仍然不失为一条重要的公民、公务员道德教育的重要途径。

其次,传统官德高度重视个人美德对官德的影响。传统美德是中华民族的优秀民族品质和民族精神,它是以传统儒家文化为核心的一系列精神品质,分为个人、家庭、国家、天下等四个层次的美德。个人层次:注重修身正己,强调内心的自省慎独,注重以宁静反省等修养方式具备志向高远、刚正不阿、崇德守信、自强不息等美德;家庭层次:讲求尊老爱幼、兄友弟恭、夫妻和睦、邻里团结、勤俭持家;治国层次:讲求忠君报国、勤政廉政、公正无私、扶危济困;天下层次:讲求天下一家、友好往来、和睦相处、公平交易、以义为先。这些美德对中国传统官员的道德塑造尤其是官德的塑造起到了重要的作用。个人美德对官员的正直守信、公正执法起到了重要的塑造作用,家庭美德对官员正确运用手中的权力、不谋私利起到了鞭策作用,治国美德对官员爱民如子、勤勉为民情怀的塑造起到了促进作用,天下一家的美德对官员处理好人际交往、族群矛盾和对外交流起到了重要作用。

这些美德在今天的中国人身上仍然广为继承和发扬,中国公务员今天仍然要注重修身,注重家风家教,注重勤政廉政、爱国报国,注重对外友好交流。不同的是,今天的传统美德的时代条件发生了巨大变化,其内涵在今天也有所改变,仅仅强调个人的内省和对自己、家庭的欲望的道德约束是不够的,必须和外部的制度约束结合起来。

（4）传统官德建设的局限性

传统官德建设由于与封建政权的结合、与宗法制度的结合从而取得一定的成效,但是同时儒家为主的官德建设也出现了很多的历史局限性。

首先,传统官德教育效果并不理想,反而出现道家所说的"大道废,有仁义;智慧出,有大伪;六亲不和,有孝慈;国家混乱,有忠臣"[①]的

---

① 《道德经·十八章》。

局面,这与传统官德教育的内在缺陷是分不开的,公务员职业道德建设必须注重从古代官德教育中吸取教训。一是传统官德建设重教育轻实践。中国古代官德在教育方面统治者不遗余力,从君王到乡绅都宣扬道德教化,试图打造一个道德文明的世界,但是落实到宣扬者自己身上却体现为自私自利为先,也就是说宣传教育和自身实践是脱节的,从而传统儒家道德有"知行不一"的历史传统,这就为"厚黑学"之类的两面派文化留下了足够的空间和理由。二是传统官德建设重权谋轻道德。道德在古代官场上说起来重要,实际做起来不重要,更重要的是权谋之术。儒家崇尚发自内心的真挚情感,即所谓先天善端的流露,抵制权术、技巧的结合,认为一旦将道德与谋略、权术结合起来就"玷污"了道德的纯粹性,结果儒家道德只剩下了空洞的教条而缺乏实际的操作,官场上实际流行的却是"帝王心术",也因此中国官场自古以来私下最流行的是类似《鬼谷子》《三十六计》之类的书籍,而不是如何教化官员的著作。

其次,传统官德思想的多元性导致官德建设的不彻底性。官德思想的多元性是指儒法道以及其他诸家思想对道德的来源、作用、措施等各个方面存在大不相同的理解,儒家思想一致无法完全融合或消除非儒理念,就是因为它的内在理论具有不完全性,对现实的解释不彻底,从而也导致了世纪官德建设措施的不彻底性、手段的权谋性、官员官德与心理的儒释道实用主义取向等特征。所谓官员官德和心理的实用主义取向,是指中国古代诸家官德思想在历史的长河中形成了互相补充、互相借鉴的潮流,但它们总体上均未能超脱人治的窠臼,甚至是不断地强化人治,对官员的道德治理总体上强调内省、自律的方式,即使是法家也是人治下的赏罚分明而已,传统官德更多的是强调个人道德,较少涉及组织和机构的道德,为政时对己讲道德有利则冠冕堂皇,讲道德不利时则弃之以阴谋论;同时,佛教文化虽然不涉及官员道德的如何养成等问题,但佛教的因果报应说、崇善抑恶的教义对官员的个人道德具有一定的影响,尤其在中国士大夫心理层面形成了一定程度的"出世"的底色,导致中国封建士大夫往往具有"顺境为儒家,逆境为道家,绝境为佛家"的心理特征,这是中国文化心理中的一道独特的风景,这种模式甚至某种程度上影响到了这个民族的心理和思维。

3. 传统官德建设的经验借鉴

泱泱中华五千年文明史留下了无数传统官德建设的典范、经验和教训,经过数千年的传承,已经深深地融入中国人的血脉之中,学习和借鉴传统官德建设的经验是当代公务员职业道德建设取之不尽的宝藏。用符合中国人文化心理的手段,结合西方现代文明精华和社会主义精神文明成果,必定能创立新时代公务员职业道德建设的新途径和新方法。传统官德的经验借鉴作用主要可以从以下三个方面来学习和借鉴:

(1) 方法借鉴

传统官德建设对公务员职业道德建设的借鉴首先表现在方法借鉴上。一个是个人修养方法的借鉴,另一个是保障个人道德修养效果的制度借鉴。

个人修养方法的借鉴在于古代思想家们探索的官德教育模式、手段和方式。如他们提出"八条目"修养路径、"穷理"的精神态度、"内省""养心"的修养方法,"积德行善"的修养传承等等,对于今天的公务员道德建设仍然有着积极的意义。当然,我们也必须祛除其中糟粕性的愚忠愚孝、男权专制、亲疏有别等封建遗毒,借鉴其科学的成分。保障个人道德修养效果的制度借鉴也就是古代官德的保障机制的借鉴。

古代选拔官员的标准第一条就是官德,无论是秦汉之际的察举制、唐宋盛世的科举制,还是明清之际的八股取士,都保证了进入仕途的士子能充分受到儒家道德教化,保证其忠孝节义的基本品质,实现了以德治国的政治功能和家国同构的社会价值功能。[①] 另外,古代官德建设还注重监察制度的保障。我国古代形成了较为完善的监察制度,隋唐之际有御史台负责纠察、监督和审判,还有谏官可监督包括皇帝在内的百官,还有地方监察制度,明清之际设督察院,直接为天子耳目,还发展了地方监察的不同体系。客观来说,这些制度在封建专制制度条件下已经发挥了极大的作用,尽管由于皇权专制削弱了它的效能,但总体来说它有效维护了封建体系的健康运转。最后,古代官德建设注重考核机制的保障。早在汉代对官员的考核就依据德、勤的评定来决定官员的升迁或罢免,唐代更是对官员道德考核制定了统一的标准,明清两朝对官员的考核更加具体化,对一般的官吏以称职、平常、不称职三等考课,对有问题的官员进行严格考察,一旦发现有朝廷认定的不良情形之一就严惩不怠。

上述保障机制中有些制度已经在国家制度中得以借鉴和继承,比如监察制度,十九大以来我国的监察制度迅速建立,充分吸收借鉴传统经验和国外经验,取得了巨大的效果,覆盖了全体公务员和领导干部,产生了历史性的影响。另外,干部的推荐使用、公务员录用和年度考核都可以加大职业道德和政治品德的考核力度,尤其是公务员领导干部选拔要注重群众评议,而且这个群众评议不仅仅是该公务员本单位的同事,还应包括其服务对象、家庭成员和邻居社区的调查,综合评定。

(2) 教育体系借鉴

传统官德的道德教育的方式值得学习借鉴。从官员入仕的过程来说,古代的科举制度是官员道德教育的重要保障,通过科举制将儒

---

① 岑大利:《中国古代官德建设及其现代借鉴》,《中共中央党校学报》2012 年 16 卷第 5 期,第 100—104 页。

家经典和学校道德教育融为一体,而儒家传统教育将道德和学问、修身与治世并重,行之有效;从入仕官员为官之道的传承方式来说,儒家教育要求每个官员都有对下属和治下之民的道德教化责任,这对入职官员起到了约束和教育作用;从官员的出身来说,传统官员的家庭道德教育是治国的基础,历代官员都非常注重家族子弟的学习教育,促进了同族人的道德教育,又约束了官员自身。①

　　这些经验对于现代公务员职业道德教育的方法来说,大有可资借鉴的地方:首先,在公务员录用考试中加大职业道德考核的比例,重视马克思主义理论、传统官德思想和行政伦理学的内容考核;其次,继续加强关于领导干部的道德教育和考核责任制,要求各级领导对自己的下属有道德考核和教育之责,尤其是对下属搞带病提拔、知情不报,或对问题视而不见的,要终生追责,严肃处理;再次,要建立与公务员家庭共建公务员职业道德机制,充分挖掘家庭成员都希望家人幸福平安的需求,打造公务员组织与公务员家庭经常性交流平台,倡导廉洁兴家、勤劳立家、健康为家的现代家庭道德氛围,从职业生活背后推动公务员职业道德的建设与发展。

　　另外,我们又要吸取传统官德建设的教训,坚持公务员职业道德教育内容和形式的统一。传统儒家伦理思想通过"百家争鸣"到"独尊儒术",逐步形成了以儒家思想为主、道法思想为辅的官德思想体系。但是在外在形式统一的体系之下,传统官德思想的形式与内容始终难以达到有机统一,知行不一、表里不一是传统官德的千年缺陷。儒家强调官德的导向作用,要求官员在道德修养与实践上起到表率作用,对官员的行为要求表现出浓厚的道德色彩。而道家则主张无为而治,表现出强烈的反道德倾向。法家则将官德化约成智谋与权术的较量,

---

　　① 岑大利:《中国古代官德建设及其现代借鉴》,《中共中央党校学报》2012 年 16 卷第 5 期,第 100—104 页。

表现出一种非道德化倾向。由于这种内在的冲突,对官员的行为也出现了不同的道德评价标准,从而造成外在形式与内在标准不统一,具有一定的道德虚无主义倾向。故古代官员呈现出"顺境儒家,逆境道家"的奇怪现象:官路亨通的时候就想有所作为、更进一步,遇到挫折则寄情山水、逍遥人生,却又时刻不忘如何官复原职。这种心理甚至已经逐步影响到整个民族的文化心理,正如南怀瑾所说:"三千年读史,不外功名利禄;九万里悟道,终归诗酒田园。"

(3) 教训与启示

公务员职业道德建设要注意吸取传统官德"重知识轻践行"的教训。在我国传统官德建设中顽固地存在着重知识灌输轻行为实践的倾向。历代封建统治者对以官德建设维护统治阶级利益非常重视,不遗余力地构建和宣扬儒家官德理论,就是因为儒家伦理和宗法制度紧密结合,可以完美地实现对封建官员的道德教化。但封建皇权的专制性决定了其自身并不能有效恪守官德信念,"刑不上大夫"的历史事实使得官德规范出现一种理论与现实的背离,传统的官德建设从秦汉到明清,总体呈现越来越虚伪、僵化的趋势。所以,创新新时代公务员职业道德建设方法,要求我们关注公务员职业道德形成的"知情意行"每一个环节,保证理论与实践的统一,保障教育与现实的统一。①

总之,在继承和创新传统官德建设、官德教育的内容、方式和方法时,一定要将历史的经验与现代需要结合起来,将典型模范与身边人物结合起来,并注重发掘身边的"最美公务员",把传统与现代、继承与创新在公务员职业道德建设的全过程中贯彻下去。只有这样,新时代公务员职业道德建设的道路才能不断拓宽,建设中存在的问题才能有效地解决,保障新时代公务员职业道德建设的健康发展。

① 唐利斌:《官德建设问题研究》,湖南师范大学 2006 年博士论文,第 104—106 页。

（二）民国时期官德建设的教训

在民国中期之前,中国只有"官吏"而没有"公务员",公务员制度是西学东渐的产物,也是民族奋发图强改革过程中的产物。鸦片战争之后,中国的仁人志士对清朝腐朽的官吏制度进行了抨击,改革旧制的呼声高涨,到辛亥革命之后,北洋政府尽管政治上反动,但在具体的技术性体制层面对旧的官僚制度进行了一定的改革,袁世凯称之为文官制度,并宣称为了建立良好的文官体系,于1914年1月29日公布了《文官惩戒委员会编制令》。北洋政府尽管在形式上移植了部分西方的公务员制度,但实际上所谓的文官制并未触动腐朽的旧官僚体系,孙中山先生曾大力揭露清末的官僚制度下官吏的罪恶,在北洋政府时期依然如故:"贪污行贿,任用私人,以及毫不知耻地对于权威地位的买卖,在中国并不是偶然的个人贪欲、环境或诱惑所产生的结果,而是普遍的,是在目前政权下取得或保持文武公职的唯一的可能条件。在中国要作一个公务人员,无论官阶高低如何,就意味着不可救药的贪污,并且意味着放弃实际贪污就是完全放弃公务人员的生活。"[1]清朝的解体并未立即带来官僚体制和官僚思想上的进步,迂腐、贪婪的旧臣脱下黄马褂换上短装就成了文官,软骨的奴才剪掉辫子就成了革命人士,官僚集团内系统性地任人唯亲、买官卖官、贪污腐败,职业道德水平极度低下。

南京国民政府时期,文官制度有了较大的变化,进一步学习了西方的公务员制度,并在北洋政府的文官制度基础上继承、改进,除了行政机关外,立法和司法也是公务员的一部分,基本继承了传统官吏的内容。南京国民政府在引进公务员制度的时候,也效仿西方将政府官员分为政务官和事务官,但又无法学习西方的民主精神,徒有其名。

---

① 《孙中山全集》(第一卷),中华书局1981年版,第102—103页。

政务官是由上级任命的,事务官是经过考试后选拔任用的。但南京国民政府将公务员考试制度的地位抬得很高,专门成立了考试院执掌考试权,与行政、立法、司法、监察并列,称为"五权",表面上试图建立一个西方化的、清廉有效率的行政体系,实际上大部分公务员都是由官吏转隶而来。自 1930 年考试院成立至 1944 年,高等考试共录取公务员 1454 人;普通考试共录取 5476 人;特种考试录取 11192 人。[①] 南京国民政府的公务员任用实行候补制度,考试及格录用只是一种任用资格,具体怎么用、能不能用主要在"关系"。"尽管名义上民国时期公务员的任用有资格审查和公开考试两种,实际上主要途径是资格审查……在中国这个封建意识相当浓厚、无民主习惯的国度里,资格审查只是走过场而已,由公开考试、合理竞争而升为公务员的'为数不过百分之一耳'。"[②]这种制度下的公务员职业道德仍然是公权私用、任人唯亲、唯利是图,"在高度集权的政治体制下,官僚系统内部等级森严,'唯上'乃是官僚保持禄位和飞黄腾达的不二法门。官僚对上唯命是从,产生严重的人身依附关系。"[③]

客观而言,南京国民政府时期由于孙中山等革命先驱的思想影响、国民党现代政党制度的引入、众多留洋精英加入政府以及当时西方行政改革潮流的影响,对国民政府公务员制度及官僚现代化起到了巨大的影响,部分高层在主观上也曾努力试图建立一个高效的官僚体系,但由于国民党既未能改变其骨子里腐败的基因,其大地主、大资产阶级和大军阀组成的本质无法祛除,也未能改变以党代政、党国不分、

① 朱金瑞,王少卿:《民国时期公务员制度论述》,《史学月刊》1990 年第 1 期,第 68—72 页。

② 朱金瑞,王少卿:《民国时期公务员制度论述》,《史学月刊》1990 年第 1 期,第 68—72 页。

③ 韩国明,史振磊:《民国期间中国推行公务员制度的经验与教训》,兰州学刊 1998 年第 6 期,第 62—64 页。

政治独裁的人治体系,决定了其目标与现实相背离的命运悲剧,国民政府的公务员职业化目标注定是个泡影,其所谓的公务员职业理想和职业道德只是部分人士的幻觉罢了。

历史告诫我们:公务员制度的建立和公务员职业的形成必须在民族独立、国家完整的基础之上,连命运都难以掌握的弱国无法建立高效、稳定的行政体系;党风决定政风,没有代表广大人民群众根本利益的政党不会有公正、廉洁的政府;清廉为民的公务员职业道德只有在法治环境下才能形成,以上级意志为转移的人治环境必然产生任人唯亲的腐败。

今天,我们党带领全国人民建立了强大的社会主义国家,代表着全中国人民最根本的利益,具有良好的党风政风,全面小康社会逐步形成,依法治国的法治环境逐步建立,中国特色的公务员制度具有强大的生命力,"忠于国家、服务人民、恪尽职守、公正廉洁"的公务员职业道德已经形成,必将推动中国人民尽快实现"中国梦"的伟大目标。

二、部分国家公务员职业道德建设的经验借鉴

公务员职业在我国开始实行不过 20 多年的时间,无论是理论还是实践上来看,都还存在很多不彻底和不完善的地方,汲取世界各国公务员职业道德建设的经验来完善我们公务员职业道德建设体系是当代中国的必经之路。

（一）美国公务员职业道德建设的启示

美国是一个具有其独特的建国历史与法治体系的国家,尽管其按照孟德斯鸠三权分立学说来建立国家政治体制,但自建国以来依然未能摆脱官员腐败和道德堕落的困扰。它在百多年的历史当中形成了别具特色的公务员职业道德建设思想,值得我们学习借鉴。

1. 建立良好的思想道德培育体系

由于美国也是多党轮流执政的国家,其公务人员必然分为选举性

的政务官和事务性的常任文官。为了保持政权的稳定不被选举所破坏，美国非常强调事务性官员的稳定性、忠诚性，要求他们独立于政治，不具有政党特色，因此常常对其稳定的政府官僚集团宣扬国家利益高于一切的意识形态和道德说教，要求他们严守国家秘密、保持政治中立、维护国家最高利益；另外，美国政府部门的事务性官员又称政府雇员，将市场化的雇佣方式投射到政府内部，强调双方的契约精神的遵守，以此获得雇员的忠诚。通过这种长期的宣传、政府与个人契约精神的维护，很好地维持了公务员的职业道德水准。①

2. 建立严密的道德法规体系

美国的公务员管理体系的特征之一就是"职务常任"，它确保了美国公务员职业水平的高度稳定和专业性，也是公务员职业保障的具体体现。也正是这种稳定性，必须要求公务员具有很高的职业道德水平才不至于造成公共利益的持续损害，为此美国制定了严密的道德法规体系。

美国公务员制度在 1883 年的《彭德尔顿法》颁布之前，都是实行的"政党分肥制"，历届美国总统和国会领导人都倡导和强调政府官员的道德和能力治国理念，但是由于政党轮替将公务员职位当成当选党派的胜利品进行分发，导致严重的腐败出现，根本无法约束公务员的行为。正是《彭德尔顿法》的颁发，将公开竞争考试和"功绩制"原则等办法引入了公务员制度，使得公务员腐败等严重职业道德失范现象大幅度减少，使美国的公务员职业道德建设步入了正轨。二战之后，由于公务员腐败的案件高发，美国政府真正开始重视从法律上对公务员职业道德进行规范。1958 年，联邦政府颁发《政府机构道德法规》，1978 年美国颁布了《政府道德法》，对公务员职业道德进了系统化完

---

① 杨鑫：《美国公务员行政道德建设的经验与启示》，《中国人才》2009 年 23 期，第 62—64 页。

善,尤其是该法增加了公务员定期向政府报告个人收入和财产的条款,使得公务员职业道德腐败的可能性大大降低。在这之后,以《政府道德法》为基础,美国政府又出台了系列配套法规,形成了一套较完善的财产申报办法。高层领导人定期公开财产申报,包括总统、国会议员和联邦法官在内的立法、行政和司法机关中一定级别以上的官员,必须定期公开申报其名下所有财产收入,包括动产、不动产、工资、接受的礼品、债权、旅游支出以及配偶和子女的相关财产收入;一般公务员则是秘密申报财产,所有公职人员必须在申报的同时出具一份保证书,声明自己如果故意隐瞒,则愿意受到刑事制裁。[①] 到上世纪后期,美国先后颁布了《公务道德法》《政府道德法》和《公职人员道德法》等多部法律,将常见的道德问题进行立法,以法律形式规定下来,将道德从软约束变成了硬约束,表明美国的公务员职业道德约束体系逐步成熟。[②] 另外,美国还出台了一系列具有可操作性的细则,对公务员的具体道德行为进行指导,对公务活动中的道德问题规定详尽,毫不含糊。美国公务人员的接待、礼品收送都有非常严格的规定,高于数美元的物品接受就可能视为受贿;任何人不得将私人请托纳入公共事务,不得为他人谋取便利;任何人不得参加与公务有关的商业活动等等。美国通过详细的公务活动规定,尽可能地减少公务员腐败的机会和空间,要求公务员不断增强自身公共责任感。

尽管如此,我们也要看到,美国的公务员制度建立以来并没有杜绝腐败和职业道德问题的发生,只是控制在一定的范围内,美国学术界从心理学、政治学和管理学等各个学科的角度进行了解释,但基本

---

① 石庆环:《美国文官群体研究》,社会科学文献出版社 2011 年版,第 141—145 页。

② 石庆环:《美国文官群体研究》,社会科学文献出版社 2011 年版,第 142—144 页。

上都陷入了抽象的人性论的窠臼,认为人性的"贪欲"是无法根除的。[①]
作为世界上最发达的资本主义国家,美国的公务员职业道德问题和政治腐败问题并非最优秀,而采用民主社会主义制度的北欧国家,则在一定程度上引证了马克思关于道德的有关论断:私有制条件下无法根治腐败和职业道德问题,因为个人的私有化生存与公权力的公共性在私有制条件下无法化解。

3. 设立专门的公务职业道德监督管理机构

美国公务员道德监督体系较为完善。美国立国时将孟德斯鸠的三权分立精神渗透到国家的方方面面,包括道德监督体系。美国的官员在晋升中除了考核政绩、能力之外,还要就其道德水平进行考核,参考道德监督部门的意见。美国公务员的招聘、晋升、惩处与退出等各个环节都有专门的委员会进行监督。司法机构设置有专门审判公务人员道德问题的机构,联邦政府内部也有"公务道德处"负责全国范围的公务员道德事务,政府部门内由部长负责监督其下属的职业道德。除了政府、司法和立法监督之外,美国还赋予媒体对官员进行舆论监督的权力,通过新闻媒体对公务员的道德问题进行监督,成效显著,甚至可造成总统的下台和政府的变更。

美国根据《政府道德法案》的规定,政府内部设立的"政府道德办公室",主要负责制定有关公务员道德的规章条例、审查财务公开报告、组织公务员道德培训、对有关规定进行解释、检查监督道德计划的执行、对道德法和道德条例进行评价和建议。除此之外,美国国会、州议会也设置有"伦理委员会",负责议员的道德、竞选和有关事务的道德审查和指导。美国民间的职业道德管理非常发达,不仅有官方和民间共同开展的定期或不定期的学术研讨会,还成立了专门的公共行政

---

① 石庆环:《美国文官群体研究》,社会科学文献出版社 2011 年版,第 142 页。

学会（ASPA），如"公仆廉政中心""改进政府工作协会"等一类的组织，对促进公务员职业道德的建设水平提高具有重要的作用。

4. 严格公务员政治行为，确保政治中立

美国联邦政府制定了严格的职业规范约束美国公务员的行为，尤其是政治行为。1939 年，美国通过《哈奇法》，该法禁止文官成为任何政治党派的成员，或者成为旨在威胁或推翻宪政体制的政治组织的成员。[①] 1943 年到 1953 年，美国连续三任总统颁发相关行政命令，严格审查和管理美国公务员的政治活动，确保公务员的政治中立性。1940 年，美国又通过《第二哈奇法》，禁止公务员参加政治选举，禁止联邦政府机构和部门迫使公务员支持政治候选人或政治捐款。号称最有人权的美国，为了维护其政治利益，不惜侵犯公务员言论自由、政治自由的权力，严格约束公务员的政治行为，尽管在数十年内被众多公务员抗议和公务员工会的强烈批评，美国联邦最高法院仍然否定了放宽公务员参与政治活动的限制的要求。在接近 80 年的时间内，美国公务员职业道德体系一方面在逐步成熟，一方面也逐步官僚化，尤其是非常严格的道德与法律压力抑制公务员的主动性和政治性，导致了一系列的问题：首先是行政文化官僚化、虚伪化，以避免追责为公务员的首要考虑因素，使得公务员群体公信力下降，其次是言论自由和政治自由被剥夺，导致公务员人格缺陷，美国梦的自由精神在公务员阶层首先破产，各级公务员失去了长远的战略眼光而逐步养成狭隘的工具人格，最后还可能在这种狭隘而又稳定的官僚体制下形成一个独特的官僚阶层，从而影响美国的政治和行政格局。[②]

---

① "Hatch Acts," In Frederick C. Mosher, Basic Documents of American Public Administration: 1776 - 1950, New York: Holmes & Meier Publishers, Inc. 1983, pp. 149 - 157.

② 石庆环：《美国文官群体研究》，社会科学文献出版社 2011 年版，第 150—153 页。

（二）韩国公务员职业道德建设的启示

韩国作为后起的现代化国家,与中国又同属儒家文化圈,其崛起的道路对中国很有借鉴意义,它对行政道德建设的探索也极具特色,有很多地方也值得我们学习。

1. 公职人员财产登记制度有效推进韩国公务员职业道德建设

韩国在朝鲜战争结束之后,很长一段时间内难以摆脱公职人员贪污腐化的困境,历代总统和政府都努力提出解决方案,但多次均以失败告终,甚至有总统为之付出了生命的代价。在正义人士的不断努力下,韩国政府于 1981 年出台《韩国公职人员伦理法》,该法的目的就是要把公职人员、公职候选人的财产登记和财产登记公开予以制度化;是对利用公职取得财产、公职人员申报礼品、退职公职人员的就业制定限制性的规章,防止公职人员不正当的财产增值,确保公务的公正性,确立为公职人员的伦理准则。即便如此,该法案在通过后十多年内依然难以真正落实财产登记制度,取得突破性进展的是前总统金泳三。1993 年 2 月 20 日,韩国前总统金泳三首先将自己和直系亲属的全部财产公开,然后向国会提交了关于高级公务人员财产公开的《公务人员伦理法》修正案,旨在推进财产申报的义务化和行政道德的法制化。在这之后,韩国的公职人员财产公开制度才真正落实,并成为韩国公务员职业道德建设的重要抓手。同时,为了有效推进韩国的公务员职业道德建设并落实财产公开制度,韩国成立了公务人员伦理委员会。同英美公务道德建设的专门机构相比,韩国的公务人员伦理委员会作为中立的合议制机构,其功能非常明确,即专门负责《公务员人员伦理法》中有关财产登记制度的实施和检查。这对推进韩国的公务员职业道德建设起到了关键性的作用。

2. 以法律规范公务接待和公职人员经商问题

韩国公务员对礼品的接受有严格的法律规定,而不是以政府政令的形式进行规范。《韩国公职人员伦理法》规定,公职人员接受外国团体或与其职务有关系的外国的礼品时应当立即向所在机关、团体首长报告,并上交礼品,对国内公务交往所接受的礼品同样需要报告。这对公务员如何对待公务接待有了具体的法律标准。《韩国公务员服务规定》第四章中规定,禁止公务员从事商业、工业、金融业以及其他有明显以赢利为目的的业务;禁止公务员在上述企业以及其他赢利性私人企业担任执行理事,或审计师业务的无限责任社员,或总经理、发起人等头衔;禁止向与其职责有关的企业投资的行为;以及其他各种以获取财产为目的的私利行为;公务员即使在非赢利性单位兼职,也必须得到所属机关首长的许可,并不得影响本职工作。上述规定比较详细,具有可操作性,但是具体的责任追究则有待改进。

3. 韩国公务员责任追究制度弹性较大

韩国设置有"公务员惩戒委员会"负责对违反公职的公务员进行责任追究,规定比较具体。对于不诚实、不热情服务顾客、擅自离岗的轻则严肃批评,重则调整、降低职位,故意违反的免去公职;对泄露秘密、不服从上级、不廉洁、渎职的等严重不良行为,轻则降职,重则罢免,错误极深的追究刑事责任;对违反规定参与营利性活动或兼职活动的,轻则批评,重则降职,犯严重错误的免去公职。可以看出,韩国的公务员责任追求还是有其特色,一方面比较强调服从、廉洁等纪律,规范比较严格,另一方面对公务员的经济问题责任追究又很有弹性,尤其对经商和兼职等谋取利益的行为处罚力度并不大,这也印证了韩国的政商关系紧密的现实情况。韩国几大现代企业与政界关系极深,如三星、现代等企业领导人往往深度介入了韩国的政治与行政事务。韩国总统职位的更迭和各种贪腐案件显示出韩国政企不分的现状,公务员职业道德建设还有极大的改进空间。

（三）日本公务员职业道德建设的启示

日本与中国是近邻，文化上也同属儒家文化圈，它较早的进行了近代资本主义改革，但直到二战之后才转变为现代公务员制度，其公务员职业道德建设经验具有强烈的日本色彩，对我国公务员道德建设有较强的借鉴意义。

1. 日本公务员职业道德法治水平较高

日本的现代公务员职业道德建设是从二战结束之后，在美国的控制和占领下，日本政府被迫从近代官僚制转变为现代公务员制度，其标志是 1947 年 10 月颁发的《国家公务员法》，日本的公务员职业道德也从"向天皇效忠"转变为"为国民服务"。日本《宪法》也规定，所有公务员均为全体国民服务，而非为一部分人服务。在宪法的基础上，日本出台了多部关于公务员职业道德的法规：《国家公务员法》《国家公务员伦理法》《国家公务员伦理规程》《地方公务员法》《公务员伦理条例》《公务员伦理规则》等等，另外还有其他相关法律相配合，如《人事院规则》《刑法》《个人情报保护法》《行政机关情报公开法》等法律法规，一起组成了严密的公务员职业道德规范体系。需要强调的是，日本的公务员职业道德法律法规体系从宪法开始到部门法再到具体的行政法规，逐步细致地对公务员职业道德行为进行了激励和惩处，最后甚至具体到常见的日常行政行为上，极度具有可操作性和参照性，为公务员日常如何处理职业道德问题指明了详细的途径，也对公务员日常行为起到了警醒的作用。

虽然日本的公务员职业道德相关法律众多而且严密，但日本并未完全依赖于法治化来解决公务员职业道德问题，因为上世纪后期，在严密的法律规范下，日本政府依然发生了大量腐败、渎职和部门利益犯罪等丑闻，法治中心主义受到了严重质疑，迫使日本政府重新重视公务员职业道德教育培训体系,从而将伦理化治理引入到公务员职业道德建设体系中来,也促使 1999 年日本《国家公务员伦理法》、2000 年《国家公务员伦理规程》的出台。

2. 日本公务员职业道德规范和管理都具有本土化色彩

近代日本的官僚制在二战后美国的统治下强行转变为现代的公务员制度,公务员职业道德规范也在美国的指导下出台,不过日本将西方的公务员政治中立、道德理性化和道德制度化等特色进行了本土性转化。有学者认为,日本公务员伦理的主要范畴有五点:义务、服务、忠诚、信息的公开与保密、伦理性裁定。[①] 本书认为,从日本公务员职业道德的规范结合日本文化的传统来看,现代日本公务员比较强调对法律的服从、对上级的忠诚和义务、对工作恪尽职守,可以从传统文化的"忠"找到来源,可以说强调"忠"是一种具有深层民族道德意识的思想。不过由于时代的变化,"忠"的对象和内涵有所变化,从传统的忠于天皇,转变到忠于法律和国家、忠于上司、忠于工作,由"忠诚"的思想而产生现实的行动"服从"、"服务",不过服务的对象也从天皇变成了现代国家、全体国民。可以说,日本公务员职业道德规范中的忠诚、服务、义务等价值规范都可以从传统的文化价值中转化而来,符合日本民族的心理特点。

日本政府还设立了专门的机构和人员来进行公务员道德管理:在人事院下设国家公务员伦理审查会,负责向内阁提出伦理审查意见,制定相关伦理处罚标准,并负责对高层公务员伦理问题的审查等职责,另外还在内阁机关及其下属机构设定伦理监督官,负责对各个部门进行具体的伦理指导。

日本公务员职业道德培训体系也很有特点。一是设置不同层次、

---

① 宣妍:《日本公务员伦理建设研究》,吉林大学 2014 年博士论文,第 24—29 页。

不同侧重点的职业道德培训模式,日本将公务员职业道德培训分为四种模式:较低层培训、较高层培训、中庸型培训和统合性培训,可以满足不同层次公务员培训的需要;二是培训方法多样化,吸收了西方公务员道德培训的案例分析、视频教育等等,同时日本将每年的 12 月 1 日—7 日设为"公务员伦理周",这一周专门进行公务员职业道德的宣传、培训和意见反馈,具有较好的效果。另外还设置了日本独有的现场培训模式,让需要培训的公务员进入真实的工作场景中,以同事的日常工作和传帮带来启发公务员的职业道德问题和解决问题的方式方法。

3. 严格的财产申报制度和岗位交流制度

日本非常善于学习和吸收欧美公务员制度中的先进做法,尤其是对公务员的财产申报制度和岗位交流制度学习和执行得比较严格。日本对不同级别的公务员要求向上级申报个人收入、财产、有价证券、收受馈赠及各种演讲活动的高额报酬等,并将有关材料提交伦理审查机构,这对总体上改善公务员廉政行为具有较强的作用。另外,日本对公务员岗位的交流也有严格的限制,对课长以上的公务员要求两年就要交流岗位,课长以下的公务员三年必须交流岗位,这对破除部门利益的形成起到了较大的促进作用。

4. 日本公务员道德现代化转型不彻底,遗留有封建和法西斯主义的痕迹

日本的公务员范围比较大,除了国家行政、议会、司法工作人员之外,还包括公立学校的教师、医院的医生等,因此日本的公务员所服务的范围除了行政、立法、司法等政治活动外,教育、医疗也属于公务员提供的公共服务。由此看来,日本公务员队伍的道德状况、价值观体系对日本国民的影响也远大于欧美意义上的公务员队伍的影响。日本军国主义的回潮与日本公务员队伍的思想清算不彻底、传统思维根深蒂固、体制机制存在封建遗留等问题是有密切的关系的。事实上，由于美国的占领所实行的间接统治，"即盟军最高统帅总司令部发出指令，由日本政府实施之，而实施则必须要有实施的工具，这个工具就是日本的官僚，所以不像那些被审判的战犯、被解散的财阀、被肃整的政界，应该为战争负有极大罪责的官僚制逍遥于战后的清算之外，他们依旧保留着过去那高高在上的地位。"①也正是由于二战之后美国的绥靖政策并未对日本官僚进行清算，而日本官僚又保持着对政治的巨大影响和社会地位，从而很大程度上成为日本拒不承认二战之罪的思想和体制根据地，持续并逐步扩大影响到今天日本政界右翼保守思想和军国主义思想的回潮。

（四）新加坡公务员职业道德建设的启示

上世纪 90 年代，新加坡公务员总数在 68000 人左右变动，其中具有决策权的超级公务员将近 500 人，约占公务员总数的 0.7%，其他公务员都只是具有管理和执行职能。由于新加坡原属英国的殖民地，是在二战之后的反殖民运动中独立的新国家，面积狭小，没有腹地，对外依赖性高，加上新加坡是一个移民社会，华人占主体但地位不高，英国人、印度人社会地位较高，另外马来人、日本人、菲律宾人等近 20 个种族，而各个种族的语言、文化和宗教信仰又大不相同，佛教、基督教、伊斯兰教和儒家思想都汇集在这里，东西方文化在这里交融，因此新加坡社会价值观和道德观念非常多元。②基于新加坡城市国家、移民社会的特点，新加坡的公务员职业道德建设在历史的发展中形成了独有的特色。

---

① ［日］辻清明著，王仲涛译：《日本官僚制研究》，商务印书馆 2010 年版，导读第 x 页。

② 李路曲、肖榕：《新加坡熔铸共同价值观》，湖南人民出版社 2016 年版，第一章第 2—9 页。

1. 新加坡公务员待遇优渥，各项保障措施完善

新加坡通过解决重点民生问题，实现了全面就业、劳资和谐、社会氛围较好；新加坡全面建立了具有本国特色的社会保障体系，通过中央公积金制度、"居者有其屋"计划、免费中小学教育、广泛平等的技术培训等措施，很好地解决了住房、医疗、养老、就业、教育等民生问题，公务员个人和家庭全无后顾之忧。①新加坡根据本国的国情，采取精英主义、精英政治，强调国家的前途取决于少数精英人物，并制定了良好的人才立国战略，把最优秀的精英选拔到国家最重要的领导岗位，吸收全社会精英进入到公务员岗位，并给予良好的待遇，保证国家机器高效率运转。新加坡政府李光耀建国时指出："新加坡是一个刚上轨道的小国，必定要由它的人民当中最能干和最卓越的人才处理掌管政府，稍微差一点也不行。""顶尖人才一旦挑起重任，他会把其他能干的人集中起来，并且把他们组成一支有结合力的队伍，使计划顺利推行。"因此新加坡非常注重精英人才的培养、选拔、挖掘和给予良好的待遇。本世纪初，"新加坡政府公务员工资高居世界前列，新加坡总理的年薪为 150 万新元，超过了美国总统。新加坡内阁部长的收入水平是美国的 4 倍，日本的 2 倍，是其前宗主国英国的 5 倍，而且新加坡还采取公务员每隔几年便大幅度加薪的做法。"②

2. 新加坡公务员反腐倡廉和职业道德法律体系完善，执法严格

"新加坡是一个高度法制化国家，法律关系渗透到国家、社会、家庭、个人各个方面。""立法之多、范围之广，世界罕见。"③新加坡至今还保留

---

① 郑德涛、林应武主编：《新加坡公共管理经验及启示》，中山大学出版社 2016 年版，第 3—4 页。

② 孙景峰：《新加坡人民行动党执政形态研究》，人民出版社 2005 年版，第 131 页。

③ 郑德涛、林应武主编：《新加坡公共管理经验及启示》，中山大学出版社 2016 年版，第 4 页。

死刑和各种刑罚,尤其是独具特色的鞭刑在现代发达国家中绝无仅有,通过严刑峻法,新加坡的社会风气和守法氛围很好。[1] 为保证各级政府官员的清正廉洁、高效工作,新加坡先后制定了《防止贪污法》《公务员法》《没收非法所得法》多部法律文件来保障公务员的廉洁从政。

上世纪 60 年代开始,新加坡颁布了《防止贪污法》,设立贪污调查局,严厉惩处贪污行为,震慑不法分子。70 年代后开始逐步提高公务员收入,通过高薪养廉、严格执行公务人员财产申报制度、公开制度和以俸养廉制度等措施减少贪腐动机,并通过综合性的措施使公务员违法乱纪的成本极度高昂。新加坡《反贪污法》规定,新加坡公务员每年都要申报自己的财产并向社会公开,在录用、调动和升迁时同样要申报并交由反贪机关审查。[2] 新加坡公务员待遇优厚,退休后晚年生活保障较好,使公务员具有奉公守法、廉洁自重的重要动机,并且新加坡治国执法如山,不讲情面,不因人而异开口子,不搞下不为例,一旦发现公务员贪污等违法行为,除了开除公职绳之以法,还要将个人长期积累的高额公积金和退休金一笔勾销,工龄越长损失越大,起到了强烈的惩戒作用。[3] 新加坡采取综合反贪措施,通过法律、经济、文化等各种手段,以严格的制度铲除滋生公务员腐败的土壤和动机。

3. 建立了严格的公务员道德考核、绩效考评制度

新加坡建立了公务员品德考核制度,规定公务员"必须随身携带笔记本,把自己的活动随时记录下来,在周一上班时将日记本上交给主管官员检查,主管官员如果发现其中有疑点,就要把该项记录送交

---

① 郑德涛、林应武主编:《新加坡公共管理经验及启示》,中山大学出版社 2016 年版,第 5 页。

② 李路曲、肖榕:《新加坡熔铸共同价值观》,湖南人民出版社 2016 年版,第 124—125 页。

③ 李路曲、肖榕:《新加坡熔铸共同价值观》,湖南人民出版社 2016 年版,第 125—134 页。

贪污调查局进行审核查实。如果主管官员不尽职或隐瞒不报,一旦其属下被查实有违法行为,主管官员就要受到制裁。"①新加坡在紧抓道德考核的同时,进行健全的绩效评估和竞争机制,保证人才的优胜劣汰。新加坡公共服务队伍都要经过严格的选拔,一部分人被确定为高潜能官员,并每年接受一次绩效评估,②评估结果与报酬、晋升挂钩,表现好潜能大的升职加薪,表现差的调整或末位淘汰。③

4. 建立了良好的公务员培训制度

1958 年开始新加坡建立公务员政治学习中心进行公务员培训,1971 年建立公务员进修学院,并规定每个公务员每年至少接受 10 小时的专业培训,并在培训结束后提交受训报告。④ 进入新世纪以来,新加坡成立公共服务学院,每年拨出巨款进行国家公务员培训和素质提升,"规定每一位公务员每年必须参加不少于 100 学时的远程培训课程,让公务员有权利得到学习培训的机会,把提升素质作为普通公务员及其上司的共同责任,不断提高公务员团队的整体素质。"⑤培训机制覆盖了各个层次,针对官员设计了培训与发展规划,完成基础课程培训,调换不同岗位锻炼。⑥

5. 新加坡高度重视公务员的价值观教育

新加坡政府对于新加坡价值观的铸造和教育高度重视,并将其作

---

① 孙景峰:《新加坡人民行动党执政形态研究》,人民出版社 2005 年版,第 130 页。

② 郑德涛、林应武主编:《新加坡公共管理经验及启示》,中山大学出版社 2016 年版,第 192 页。

③ 郑德涛、林应武主编:《新加坡公共管理经验及启示》,中山大学出版社 2016 年版,第 183 页。

④ 李路曲、肖榕:《新加坡熔铸共同价值观》,湖南人民出版社 2016 年版,第 123—124 页。

⑤ 郑德涛、林应武主编:《新加坡公共管理经验及启示》,中山大学出版社 2016 年版,第 22 页。

⑥ 郑德涛、林应武主编:《新加坡公共管理经验及启示》,中山大学出版社 2016 年版,第 188—192 页。

为新加坡成功的关键因素,采取各项详尽措施熔炼新加坡的共同价值观,"新加坡重视传统文化道德教育。1982年提出以儒家思想作为社会道德标准,把儒家思想核心的'忠孝仁爱礼义廉耻'现代化,形成新加坡化独具特色的文化范式。这种社会道德集儒家思想和现代管理经验于一炉,既继承了好的传统,又与时俱进,得到各族人民的广泛认同。"①新加坡各级公务员是共同价值观最重要建设者、传播者,公务员的价值观又与社会价值观相比拥有其特色,"以廉洁不贪污、精英治国、平等公正为核心,其他价值观念围绕核心价值观展开,构成完整的价值观体系"。② 通过持续数十年的努力,新加坡重塑了国家价值观,融合中西文化,以儒学思想为基底进行了现代化的提升形成了五大共同价值观:国家至上,社会为先;家庭为根,社会为本;关怀扶助,尊重个人;求同存异,避免冲突;种族和谐,宗教宽容。③

进入21世纪,新加坡政府提出大规模开展21世纪公共服务计划,又称"公务21"计划,目的是以高质量的服务满足公共需求,营造公务员队伍改革创新的氛围,至今已取得显著效果,尤其是在此基础上带动新加坡公务员的共同价值观教育取得良好效果。④

总体而言,新加坡公务员"由于立法严明,使人在制度上'不能贪';以法治权,使人在法令上'不敢贪';高薪养廉,使人在薪金上'不必贪';以教促廉,使人在教育上'不想贪',其廉政建设已成为其他国

---

① 郑德涛、林应武主编:《新加坡公共管理经验及启示》,中山大学出版社2016年版,第3页。

② 李路曲、肖榕:《新加坡熔铸共同价值观》,湖南人民出版社2016年版,第124页。

③ 郑德涛、林应武主编:《新加坡公共管理经验及启示》,中山大学出版社2016年版,第15页。

④ 李路曲、肖榕:《新加坡熔铸共同价值观》,湖南人民出版社2016年版,第122—125页。

家学习的典范。"①

6. 新加坡公务员职业道德建设经验对我国的启示

(1) 加强依法治国,杜绝法律不外乎人情的思维

同样是华人文化圈,新加坡经过持续改革,形成了一个法治良好的社会,而中国还有很大的差距。中国人尤其是讲究一团和气,对事物的对错不彻底追究,最后"和稀泥",这种习惯或者文化体现在公务员廉政建设和职业道德建设上,就是对公务员违纪违法的事情容易大事化小、小事化了,各层领导为尽量减少本单位的负面影响,往往对公务员的道德问题、甚至违法问题采取拖、盖的态度,以"下不为例"的方式对犯错误的同事"网开一面",这在无形中助涨了违纪违法的侥幸心理。只有严格执法、严肃追究才能减少公务员的道德风险发生率。

(2) 完善公务员选拔机制

新加坡的公务员选拔过程相当透明,通过严格的评估程序对遴选的公务员进行评估,并通过各种公示制度,包括财产公示制度来监督公务员的提升过程。我们的干部选拔制度应当提高科学性,财产公示制度应当积极推进,将纪委、党委的内部化管理适当地公开化。当前的选拔过程容易集中到一把手个人手中,决策程序容易仪式化,相当一部分公务员晋升并不能获得广大群众的认可,减少了正当性。公务员干部选拔的过程服不服众,涉及公务员群体的道德责任、道德良心的形成机制和外化过程,如果长期群众公认的公务员得不到提拔,长期需要靠不透明操作确定晋升选拔的人选,将会导致公务员职业道德的严重挫败和职业倦怠的形成。如何充分发挥好民主集中制,仍然是我国公务员选拔和晋升的重要课题。

---

① 郑德涛、林应武主编:《新加坡公共管理经验及启示》,中山大学出版社 2016 年版,第 5 页。

（3）完善公务员培训机制

对比新加坡公务员培训体系，我国开展公务员职业道德教育培训还需要改进的地方很多。一个是以会代训。我国公务员职业道德培训往往两个途径：集中开会教育、个人网络自学，这两种方式恰恰是最缺乏针对性、缺乏效率的。十八大以来，由于在风景名胜开会的会议没有了，交谊性质的互相考察没有了，各项边玩边训的培训没有了，正规的、紧凑的培训多了，于是部分领导干部就失去了对培训的热情，将职业道德培训视为难事，只喜欢天南海北的专家讲座式的素质培训。因此，现阶段很多公务员素质培训往往集中在领导岗位上，并且大部分素质提升培训由于具有开阔视野和趣味性，较少需要专业技术培训和文献研读，比较轻松，变相地成为领导出差式度假的机会，而不够注重基层公务员的培训和后备干部的培养，将悠闲、有意义的培训当成奖励领导的措施，而真正的业务培训、需要认真学习的培训被推诿，基层公务员能进行的培训都是实际操作的业务培训，他们的素质提升往往就以领导讲话代替。

（4）社会主义核心价值观入心入脑方式有待加强

新加坡国家价值观形成过程值得我们国家好好学习。新加坡如此多元的社会和思想观念，在数十年之内被铸成具有强大凝聚力的共同价值观，是我们多少年以来希望达到的效果，但为何中国难以实现，是一个值得深思的问题。首先，传统价值要继续进行现代性转化与提升，形成社会主义核心价值观的底色；其次，现代社会主义民主文明的价值体系要以公民教育的普及为基础，形成社会主义核心价值观的基本范式；再次，优秀的共产主义价值观要及时规范和引导社会价值体系，并由各层公务员领导干部带头示范才能形成社会主义核心价值观的高度传播力和说服力。

第六章 新时代中国公务员职业道德建设的原则与路径

从前述的调查分析的情况和各国经验教训的情况来看,新时代公务员职业道德建设是一个层次多、范畴广的体系,它必须遵循一定的原则来制定其多个侧面和角度的路径与对策,但是由于新时代的特点和国家建设的需要,我们只能也只需要根据基本原则、提出若干个重要、有效、可落实的路径与对策就可以了。本研究先提出新时代公务员职业道德建设的基本原则,再从国家层面、组织层面和个人层面分别论述与公务员职业道德建设相关的重要路径与对策。

一、新时代公务员职业道德建设的原则

就如"道德的基础是道德原则"一样,道德建设的基础就是道德建设原则。公务员职业道德建设的基本原则是评价建设成效的一般尺度和准绳的行动准则,具有相对稳定性。中国公务员职业道德建设的原则是总结国内外公务员职业道德建设基本经验教训、总结中国共产党党员干部道德建设的基本经验和面向新时代中国公务员职业道德建设需要所确定的。

道德建设原则具体内容受一个时期的政治、经济、文化等各方面的影响,往往会随时代的变化而呈现差异。不同的社会形态中,道德建设原则内容则既有差异性,又有继承性。通过分析世情、国情、党

情，根据时代需要研究公务员职业道德的道德趋势，从而形成公务员职业道德的基本原则，再在此基础上，回过来研究这些原则产生的现实政治、经济和文化条件，建立一般性的社会主义公务员职业道德建设的原则。公务员职业道德建设原则，必须综合考虑社会的一般道德原则、中国传统伦理道德原则、资本主义道德原则和马克思主义伦理原则，不同的道德原则都是为了维护各自的共同体的存在和发展，在其成员之间达成的一种约定，这种约定人人遵守，才能使共同体得到存续。只有这个共同体的存续，才能保证其个体的安全、稳定与发展。但同时，新时代中国公务员职业道德建设原则又必须依据现代中国人的发展需求和文化基础，既要有超越性，又要有现实性和广泛性。党的领导是中国公务员职业道德建设最重要的特色，没有党的领导一切都是空谈。如果只谈公务员如何建立大公无私的职业道德，将公务员的现实需要置之不理，那最终道德建设原则也无法落实到现实，从而成为空的条文。所以说，目前我国公务员的行政道德建设原则必须统筹考虑，要意识到中国特色社会主义道德建设的复杂性、创新性的特点，承认不同道德原则的存在合理性，从中提炼出有中国社会主义特色的公务员职业道德建设路径，以指导公务员职业道德建设实践。

中组部、人社部和国家公务员局颁布的《关于推进公务员职业道德建设工程的意见》已经指出了公务员职业道德建设的四条基本原则：坚持职业道德建设与集中性和经常性学习教育相结合；坚持教育引导、行为规范、实践养成相统一；坚持整体推进与分类指导相衔接；坚持推进工作与完善制度相配套。[1] 该原则是针对地方各级党政机关和公务员单位如何落实公务员职业道德教育培训、管理和监督而言的，具有较强的实践指导性，本书予以吸收借鉴，但不是进行文件的阐

---

① 任剑涛、颜昌武主编：《推进公务员职业道德建设读本》，中国人事出版社 2016 年版，第 213 页。

释和配套工作研究,而是在实践的基础上抽象出理论规律,进而指导进一步的实践,因此,本书认为上述原则是对一个阶段的具体工作方法和工作机制的规定,需要上升到学理性层面进行研讨,为未来制定正式的《公务员职业道德规范》和《公务员职业道德法》做准备,从而提出以下四个更加抽象但更具指导性的原则。

(一)首要原则是坚持党的领导

坚持党对一切工作的领导是中国政治生活的首要原则。习近平总书记指出:"党政军民学,东西南北中,党是领导一切的。"①公务员是执行国家意志、行使国家权力的主体,公务员职业道德建设是事关党和国家政权稳固的大事,将党的领导放在首位是不容质疑的原则。

坚持党的领导就是坚持社会主义方向,党领导一切的原则落实到指导公务员职业道德建设上首先就是要抓好公务员职业道德的社会主义方向不动摇。公务员职业道德规范中的全心全意为人民服务、廉洁高效、公平公正都是社会主义行政本质的表现,公务员行政的结果就是人民民主、共同富裕的社会主义成就。其次,公务员职业道德建设要落实具体进行职业道德建设的行动主体。公务员职业道德建设既是政府部门的具体工作,也是党委主管的思想政治工作,因此,具体到各级政府和各个部门的公务员职业道德建设,形成了党委主管、政府及其各个部门主抓的形态,呈现齐抓共管的态势。再次,公务员职业道德建设最终要落实到具体人员身上,党员公务员和非党员公务员的要求在公务员职业道德建设上没有区别,都是国家公务员,都是党领导下的国家干部,在如何运用国家权力为人民谋福利这个问题上,党员与非党员没有、也不能有区别,坚持党提出的全心全意为人民服务是全体公务员不容质疑的职业道德规范。最后,公务员职业道德建

---

① 《中共产党第十九次全国代表大会文件汇编》,人民出版社 2017 年版,第 16 页。

设落实到具体建设措施上,党员和非党员还是有所区别的,党员的先进性要求要高于非党员,党员要把纪律挺在前面。从消极的方面说,公务员的有些行为也许不够进行行政处罚,但是作为党员公务员,党纪党规不会放过他,这是党的纪律之所在,也是党的先进性的具体体现。从积极的方面说,党员公务员要在行政工作中主动带头、主动服务,可干可不干的工作要主动干,困难的麻烦的工作要带头干,只要是对人民群众有利的事,只要不违反法律法规和工作纪律的,要大胆干、敢担责。只有这样,党的领导的优越性、党员的先进性、党员公务员的思想纯洁性才能真正体现,党员的模范带头作用才能具体化。

(二)核心原则是以人民为中心

公务员作为公共权力的行使者,首先要明确的是权力的来源。我国宪法明确规定:"中华人民共和国的一切权力属于人民。"公务员是受人民的委托来行使权力的,所以公务员要时刻铭记,权力来源于人民,在权力的行使过程中必须把人民群众的根本利益放在首位,实现好、发展好和维护好人民的利益。所以从这一意义来讲,以人民为中心、坚持人民主体地位、全心全意为人民服务是我国公务员行职业道德建设原则的核心,与坚持党的领导是一致的,是同一件事情的两个方面。任何原则都不能离开这个核心。干群关系是政治伦理中的主要关系,也是公务员职业道德建设的核心。因此,是当官做老爷,还是执政为民,是封建官德和现代公务职业道德的根本区别,执政的实质是为了部分利益集团服务还是为全体人民服务,是中国公务员职业道德和资本主义公务员职业道德的根本区别。

现代社会即将进入新世纪 20 年代,世界逐步进入先进的人工智能时代和高度发达的后工业化时代,但是中国的部分公务员的思维仍然停留在上世纪甚至 19 世纪,在部分领导的讲话中不时出现"父母官""刁民"之类的词汇,尤其是在部分地方的正式文件中前几年还出现"领导干部要当好父母官"的说法。"父母官"是封建时代官本位思想的反映。孔子主张对人民施"仁政"，许多封建阶级的思想家也提出了"民为本""民为贵"的思想，甚至提出"水可载舟，亦可覆舟"这样的深刻见解。唐代明君李世民就提出"凡事皆须务本，国以人为本，人以食为本，凡营衣食者，以不失时为本。"明代的开国皇帝朱元璋更是提出了"厚民生而重民命"的主张，采取了"善政在于养民，养民在于宽赋"的安民、恤民政策。封建阶级的这种民本思想在一定意义上体现了仁慈的道德理念，在一定程度上缓解了封建统治阶级与劳动人民的矛盾，促进了社会的发展。另一方面也要清醒地看到封建士大夫的民本道德理念的局限性和糟粕。民本思想的本质是为维护封建统治阶级服务的，他们的"爱民如子""为民作主"是以一种居高临下的封建等级观念来对待人民的，是基于不平等的道德主张和特权等级之上的。这种道德主张把官民关系看作是主仆关系，"重民"仅仅是主人对仆人的施舍而已。因为皇帝的权力是至高无上的，人民是无任何权力可言的，权力是皇帝和封建统治者的私有物，正所谓是"普天之下，莫非王土；率土之滨，莫非王臣"。对于一般的普通百姓来说，生来就被剥夺了其应有的权利，只有对君主、对统治阶级绝对服从的义务。今天，我们强调把"为民"这一道德价值观作为公务员职业道德建设的核心，就必须要取其精华，去其糟粕，将"为民"思想进行现代化的转化。今天的"为民"是"为了掌握主权的人民服务"，官民关系在今天发生了颠倒，本质上说，公务员与人民群众的关系是公仆和主人的关系，公务员个人和服务的公民个人社会地位和政治地位是平等的。

公务员作为执行国家意志的行动实体，其执政的实质是为资本家服务还是为全体人民服务，是中国公务员职业道德和资本主义公务员职业道德的根本区别。马克思、恩格斯早就指出："过去的一切运动都是少数人的，或者为少数人谋利益的运动。无产阶级的运动则是绝大多数人的，为绝大多数人谋利益的独立的运动。"①列宁也指出无产阶级政党"不是为饱食终日的贵妇人服务，不是为百无聊赖、胖得发愁的'一万个上层分子'服务，而是为千千万万劳动人民，为这些国家的精华、国家的力量、国家的未来服务。"②毛泽东同志将为绝大多数劳动人民谋利益的思想提炼为"为人民服务"五个字。他指出："全心全意为人民服务，一刻也不脱离群众；一切从人民的利益出发，而不是从个人或小集团的利益出发；向人民负责和向党的领导机关负责的一致性；这些就是我们的出发点。"③中国共产党作为代表中国最广大人民根本利益的无产阶级政党，她执政的出发点和归宿就是为人民谋幸福，中国政府正是有了中国共产党的领导，它才是广大人民根本利益的实现工具，国家才是人民的国家。党通过派出机构领导各个具体部门，深度嵌入政府组织之中，从而使政府有效执行党和国家的意志。同时，公务员的主体是党员，非党员也是在党的领导下执行公务，其工作标准并不低于党员公务员，职业道德同样如此，非党员公务员队伍同样也是为最广大人民服务的公职人员。全心全意为人民服务对共产党人和公务员干部来说不仅仅是一个政治要求，同时也是道德上的要求，在为人民服务这一点上，公务员队伍内部并无差别。资本主义国家公务员完全不同于社会主义国家公务员，他们号称是政治中立，坚持为所有公民服务，但实际是为了夺取国家政权的利益集团服务，无论是两党执政还是多党轮流执政，总体上这些党派的背后都是资本家集团掌控着，他们为之服务的不过是资本家内部不同的利益团体，所谓"中立"就是掩盖利益分化的另一种说法，"公民"就是资本主义市民从政治形式上获得解放而实质上极不平等的同义词。资本主义国家

---

① 《马克思恩格斯选集》（第一卷），人民出版社 2012 年版，第 411 页。
② 《列宁选集》（第一卷），人民出版社 1992 年版，第 666 页。
③ 《毛泽东选集》（第三卷），人民出版社 1991 年版，第 1094—1095 页。

公务员坚持为全体公民服务的本质就是为资本家服务,资本家不仅实质上享受了大部分公共服务的好处,而且从国家政策利益上以效率和就业的借口获得了完全的倾斜。因此,资本主义国家政权和公务员都是为资本利益集团谋利的工具,公务员的职业道德就是掩盖资本利益本质的意识形态,与中国社会主义公务员职业道德有本质的区别。对此,有部分党员干部并不能清晰地辨别,反而将此混淆,典型的案例就发生在 2017 年 12 月 31 日,四川成都市永宁镇天王社区党总支部书记周旭竟然还怼前来办事的群众:"为人民服务不是为公民服务,你不是人民",并为此颠倒黑白、是非不分地讲述了近 5 分钟,事后受到了应有的处分。①

（三）出发点是世情国情党情

公务员职业道德及其内涵反映了时代的要求和人民的呼唤,不同的时代、不同的国家、不同的政治与经济现实,人民对公务员职业道德的要求不一样,公务员职业道德建设的水平、方式方法和目标也都不一样,因此公务员职业道德建设必须综合考虑世情、国情和党情,将公务员职业道德的超越性、广泛性结合起来,才能将公务员职业道德建设落到实处。

公务员职业道德建设以世情为出发点,就是要认清世界大趋势。世界潮流浩浩荡荡,顺之者昌,逆之者亡,世界潮流的变化反映了世界人民的总体发展态势,反映了世界科技、文化和政治发展的方向,是不以个人的意志为转移的。公务员职业道德建设要考虑到世界发展趋势,做出符合潮流的建设举措才能赢得政府的发展,才能更好地为国家和人民服务。当今世界的总趋势是经济全球化、政治多极化、文化多样化,这种发展态势要求各国政府和公务员必须以更开放、包容的

---

① 赵孟、廖晓琴:《群众反映问题被怼"你不是人民",当事社区书记被免职》,澎湃新闻网,2018 年 1 月 20 日。

理念应对全球的各种浪潮。同时,科学技术迅猛发展迅速改变了人类生活,以航空航天科技、生物医药科技、人工智能与大数据科技、物联网与移动通信科技、轨道交通和建筑科技、量子与纳米科技为代表的各种科学技术已经和正在改变人类的生活方式,并将继续更大程度地改变人类自身,它们与全球的政治、经济与文化交织在一起,对人类的思想和道德产生巨大的影响,尤其是信息科技的发展推动了世界的数字化,进而对人的平等化、组织的扁平化产生了巨大的影响,对世界政治的发展产生了巨大影响(例如被发达国家利用来攻击和颠覆其目标国家)。这就要求各国尤其是发展中国家迫切迅速地提高公务员能力素质和职业道德水平,更好地体现国家意志和政府执行力,充分保障民生和提高人民生活水平,增加抵御外部风险的能力。在这个角度来说,公务员职业道德建设必须考虑世界发展的趋势,更加公开透明、更加廉洁高效、更加公正平等地提供服务。

公务员职业道德建设以国情为出发点就是要考虑到中国的基本国情和发展趋势。中国的基本国情是人民生活总体水平逐步上升,人口结构迅速老龄化,国民经济规模位居世界第二,但人均水平较低,人多地少、东多西少的基本国情没有改变,东部地区发展较快、中西部地区相对较慢的情况没有改变,城乡差别依然较大,三农问题依然突出。党的十九大报告总结我们发展的主要困难和调整在于:"发展不平衡不充分的一些突出问题尚未解决,发展质量和效益还不高,创新能力不够强,实体经济水平有待提高,生态环境保护任重道远;民生领域还有不少短板,脱贫攻坚任务艰巨,城乡区域发展和收入分配差距依然巨大,群众在就业、教育、医疗、居住、养老等方面面临不少难题;社会文明水平尚需提高;社会矛盾和问题交织叠加,全面依法治国任务依然繁重,国家治理体系和治理能力有待加强;意识形态领域斗争依然复杂,国家安全面临新情况;一些改革部署和重大政策措施需要进一步落实;党的建设方面还存在不少薄弱环节。"①习总书记在十九大报告中指出:"我国社会主要矛盾已经转化为人民日益增长的美好生活需要和不平衡不充分的发展之间的矛盾。"②他强调:"我国社会主要矛盾的变化,没有改变我们对我国社会主义所处历史阶段的判断,我国仍然处于并将长期处于社会主义初级阶段的基本国情没有变,我国是世界最大发展中国家的国际地位没有变。"③公务员职业道德建设必须考虑到我国的基本国情,尤其是要考虑到我国社会主要矛盾的转化,要深刻理解和把握不平衡不充分的现实,科学制定公务员职业道德建设的步骤和措施,注重公务员职业道德培育的阶段性和层次性,做好不同水平、不同级别、不同岗位的公务员职业道德培训和考核体系。

公务员职业道德建设必须以我国的党情为出发点,首先要深刻认识到党管干部、党管人才的重要性。公务员职业道德建设是事关党和国家执政稳固和发展方向的重大问题,必须以马克思主义和中国化的马克思主义理论为指导,坚持党的领导和以人民为中心,努力建设一支思想坚定、道德高尚、素质全面、技能突出、廉洁高效的公务员队伍。其次,公务员职业道德建设必须以党的建设伟大工程为基础。从体制机制上来说,政府是由党领导的,从中央政府到地方政府各个部门,党委、党组都是领导具体业务部门的组织,党的建设必然要通过党委、党组的建设体现到各个部门,落实到各项具体工作中。从群体上来说,公务员队伍的主体是党员,党员队伍的建设成果必然体现到公务员队伍当中来,另外非党员公务员同样也在机关党委、党组的领导下工作,因此党的建设也必然影响到全体公务员,深刻认识和把握党的建设伟

---

① 《中共产党第十九次全国代表大会文件汇编》,人民出版社 2017 年版,第 7—8页。

② 《中共产党第十九次全国代表大会文件汇编》,人民出版社 2017 年版,第 9 页。

③ 《中共产党第十九次全国代表大会文件汇编》,人民出版社 2017 年版,第 10 页。

大工程对公务员职业道德建设具有重要意义和现实指导性。

只用充分考虑世情、国情、党情,公务员职业道德建设才有扎实有效的基础,出台的各项措施才会具有针对性,公务员职业道德才能真正得到提高。

(四)伦理导向是廉洁高效为民

廉洁和高效是公务员职业道德建设的核心课题。廉洁是最能体现公务员角色责任的伦理要求,也是公务员职业道德建设的基本价值取向,高效是现代公务员职业存在的基本意义所在,也是公务员职业的基本责任伦理。

公务员廉洁行政、高效行政是党和国家稳定发展的需要。公务员廉洁行政是党和国家的执政之基,高效行政是党和国家的发展之基。公务员仅仅有廉洁的行政而没有高效的行政就是实质上的懒政庸政,有高效的行政而不廉洁行政则会严重侵蚀党和国家的肌体,蚕食党和国家的合法性,最终甚至会亡党亡国。因此公务员的廉洁行政和高效行政二者须臾不可分离。

中国历代的政治家和学者都非常注重为官清廉的问题,认为这是为官从政者的最起码的政治要求和道德价值取向,把廉洁问题作为官德建设的核心任务之一。历史经验证明,廉洁与否决定着一个政权的兴衰存亡。任何一个阶级要维护自己的统治,都必须要求自己的官员做到廉洁从政。廉洁作为一种官德品质,它关系到官僚系统内的风气和权力范围内的利益分配,进而对社会产生直接而广泛的影响。漫长的封建王朝史当中,任何真正能够廉洁奉公的官员、能够把群众利益放在心里的官员都被历史所铭记,他们的廉洁美德经历千年而熠熠生辉,表现出穿透时空的人格感召力,不仅对当时的官德建设,而且对历代官员具有十分积极的示范作用,使他们成为中国传统文化脊梁的象征。如果说古代的官德建设是为了封建政权的稳固,是为了维护皇权的稳定,那么现代公务员职业道德建设则是为了广大人民的根本利益。现代公务员职业道德建设固然有维护国家政权稳定的目的在内,但是国家是人民的国家,公务员服务的是人民群众,以公务员职业道德建设稳定政权的目的是为了服务人民、发展国家。作为现代的社会主义国家,中国不存在一个超乎于社会之上的固定阶层持续地掌握国家政权,无论是党员领导干部还是公务员都是来自于广大人民群众,都是出身人民、代表人民执掌国家机器为全体人民服务。因此,现代公务员职业道德建设以廉洁为目标是国家政权本身的必然要求,也是广大公务员自身责任之所在。

高效行政首先是现代社会主义市场经济发展的内在需要。中国今天的社会主义市场经济已经进入到由市场对配置资源起决定性作用的阶段,也进入了更好地发挥政府的作用的阶段。市场经济的顺利运转离不开政府的作用,政府能够促进市场经济有效运作,能够弥补"市场失灵"。现代经济的高风险、高速度、高节奏的发展模式时刻需要政府的保驾护航,政府这只"有形的手"和市场"无形的手"结合起来才是运转良好的社会主义市场经济。因此,政府为市场经济提供稳定、高效的公共服务是现代市场经济良性运转的前提,市场经济要求政府提供良善的治理,政府要通过市场经济的高质量发展体现自身的价值。高效的公共服务要有良好的职业道德的公务员来执行,没有良好的职业道德,高效行政只是一句空话。其次,高效行政是社会主义政治体制发展的内在需要。政治体制改革与行政体制改革本质上是统一的,不是截然分离的,行政虽然主要是执行政治决定,但是它同样也是政治文明的有效组成部分。中国的行政体制改革迅猛发展,事实上也推动了政治体制改革。政府通过简政放权、权力制衡机制改革、行政机构改革和人事制度改革等等,实质上在很大程度上改变了党和国家的政治结构和执政方式,推动了社会主义民主的发展,促进了公民权利的保障和发展,规范了社会主义政治秩序,使人民的意志顺利地变为国家意志。这些改革的实现离不开公务员职业道德建设,而一定程度上说,公务员职业道德建设本身就是行政体制改革的组成部分,比如人事制度改革事关公务员的切身利益和激励机制问题、权力制衡机制改革事关公务员责任区分和监督问题等等,它们本身就是公务员职业道德建设的重要内容。因此,公务员职业道德建设要以高效行政、廉洁行政为导向,它本身既是公务员职业道德建设的内容也是建设的目标。

二、国家推进职业道德建设的路径

国家推进公务员职业道德建设的路径主要是从政策和政策导向上来体现的,以国家权力对政治、经济、社会和文化基础进行适当干预,推动公务员职业道德建设的进程。总体上通过强化按劳分配的基础、优化政治生态环境和改善社会道德环境等三个主渠道来影响公务员职业道德。

(一)夯实公平分配制度基础

一个社会的道德氛围和社会的基本分配制度是有直接联系的,制度安排背后的政治、经济乃至文化基础体现了分配的公平和正义的体现程度,一个失去了基本公平和正义分配方式的社会不可能有良好的社会道德。而维护社会道德环境的中流砥柱就是公务员群体及其道德水平,因为他们的行为直接代表了制度安排和政治倾向,直接决定了利益分配的格局。对于进入新时代的中国来说,夯实社会主义分配制度的基础(不仅仅是经济基础),对社会道德具有决定性的作用,反过来,分配制度下的道德环境又对公务员的职业道德具有巨大的影响。我国的分配制度就是以按劳分配为主体、多种分配方式并存的社会主义分配制度。

有不少学者对我国的分配制度进行了深入研究。晏智杰(2002)

认为,马克思原意上的"按劳分配"是建立在消灭了商品生产和交换的基础上,个人劳动不需要通过商品这个中介而直接体现为社会劳动,这种原意上的"按劳分配"和"按要素分配"是互相排斥的。由于马克思设想的高度发达的社会生产力和生产关系的条件我国目前都不具备,而是进行了中国特色社会主义改造的"按劳分配",是在承认商品交换的社会主义市场经济的前提下进行"按劳动等要素分配",是适应我国社会主义初级阶段的国情的。① 他虽然承认了我国按劳分配制度对消灭剥削的重大意义,也认为在历史上,全民所有制和国家体制内部的八级工资制和职务工资制是体现了"按劳分配"的原则的,但是实际上仍然暗含了"按劳分配"是不适合市场经济体制的。周为民、陆宁认为按劳分配和按要素分配是统一的,一个是本质而另一个是表象。② 王婷(2013)提出学界对"按劳分配为主体"的含义理解是有分歧的,有待进一步明确,但是对于公有制内部的"按劳分配"不存在疑义。③ 杨承训(2008)认为我国深化收入分配改革必须着眼于初次分配,不仅国企和政府应当改革,民营企业也应当纳入改革视野。他提出所有制改革仍然是决定分配的核心因素,再次分配不是影响社会分配问题的最重要因素。他认为影响我国两极分化和分配不均的一个重要问题是政府官员腐败和官商勾结导致市场化改革失真、国有资产流失、企业职工利益受损等原因,不法行为导致急剧的两极分化是所有制改革的关键问题之一。④ 和军(2013)认为"以按劳分配为主体、多种分配方式

① 晏智杰:《"按劳分配"评议》,《北京大学学报(哲学社会科学版)》2002 年第 3 期,第 85—90 页。

② 周为民、陆宁:《按劳分配与按要素分配——从马克思的逻辑来看》,《中国社会科学》2002 年第 4 期,第 4—12;203 页。

③ 王婷:《"按劳分配为主体"的含义辨析》,《经济学家》2013 年第 7 期,第 17—23 页。

④ 杨承训:《"深化收入分配制度改革"的经济学解析——兼论以初次分配为重点架构中国特色社会主义分配理论》,《经济学动态》2008 年第 1 期,第 64—69 页。

并存"的分配制度并不等同于"以公有制为主体、多种所有制并存"的经济制度,实践中陷入了非公有制经济成为国家经济主体和"公有制为主体"的理论矛盾之中,实际上公有制的比例范围并不天然就是按劳分配的比例范围。他认为按劳分配的本质是"公平优先、兼顾效率",即使是公有制内部也并不必然体现了按劳分配,而是存在多种情形,并以数据说明了平等分配并非是公有制导致而是经济发展水平的结果,公有制和平等分配的关系之间是复杂的而非线性的。① 另外有很多学者都对按劳分配的内在机理进行了不同角度的论述,如余金成(2016)提出了按劳分配的辩证蕴含是有争议的,列宁和马克思的关注点是有区别的,而列宁将按劳分配普遍化为社会主义的内在优势是不够严谨的,按劳分配有导致两极分化的可能,从而引起阶级分化,因此按劳分配不是一劳永逸地完成了公平分配,而是完成了第一次分配,必须有二次分配进行约束和修正。(本书主要在"不劳动者不得食""对等量劳动给予等量产品"的意义上使用按劳分配的意义);②洪银兴(2015)认为贯彻社会主义的社会公平正义和按劳分配的分配原则的重要途径就是解决收入不平等,其关键在于缩小不同个人所拥有的参与分配的要素差别,特别是财产和知识的差别。另外,按劳分配的劳动报酬应该还包括技术和管理人员的劳动报酬,提高劳动报酬的关键在各尽所能和体现劳动还是谋生手段的要求,并且这些要求在初次分配阶段就要实现。③

无论学者们的分歧有多大,但现阶段对按劳分配的属性和意义是

---

① 和军:《按劳分配的比例范围不等同于公有制的比例范围》,《现代经济探讨》2013年第2期,第8—12页。

② 余金成:《按劳分配的辩证内蕴与社会主义市场经济》,《中国浦东干部学院学报》2016年第10卷第3期,第53—64;114页。

③ 洪银兴:《非劳动生产要素参与收入分配的理论辨析》,《经济学家》2015年第4期,第5—13页。

总体上意见是一致的：一是按劳分配比纯粹按要素分配更具有公平性，二是按劳分配可以促进中国特色社会主义的发展，在新时代更能提高国家发展的整体效率。因此，按劳分配的各种基础都要夯实，才能有效促进公务员职业道德的发展：首先要强化按劳分配的经济基础、政治环境和文化氛围，适当鼓励按要素分配，提高国家二次分配能力和水平，抑制两极分化，打击非法财富获得途径，尤其是要严厉打击形式合法但实际违规、违反纪律的暴富手段，堵塞制度漏洞。本书认为，按劳分配在公有制范围内更具有优势，更能提升体制内公务员的职业道德自觉性，因此，采取按劳分配的制度，在行政体系内部进行职务工资的改革，能提升行政组织的公共属性，从而激发公务员职业道德的活力和工作积极性。

（二）营造良好政治生态环境

政治生态是指"一个地方的政治生活状态和政治发展环境"，[①]习近平指出："政治生态好，人心就顺、正气就足；政治生态不好，就会人心涣散、弊病丛生。"[②]公务员职业道德建设是受政治生态建设影响的一个子系统，政治生态的好坏直接关系着公务员职业道德的水平。政治生态问题其实就是一个政体内部的合法性问题，就是一个公平正义的问题。有学者指出："政治生态是广大党员干部的党性、觉悟、作风的直观反映，又是社会中的党风、政风、世风的综合体现。"[③]要建设好公务员则职业道德，必须首先要改善政治生态环境，把好干部选出来用起来，把跑官要官买官的风气彻底打下去，引导、规范各级干部的正确的政绩观和事业观，改变唯 GDP 竞争排名的公务员晋升方式，以人

---

① 栗战书：《科学发展要有好的政治生态》，《人民日报》2010 年 10 月 21 日第 1 版。

② 《习近平谈治国理政》（第二卷），外文出版社 2017 年版，第 167 页。

③ 桑学成、周义程：《营造风清气正的政治生态：概念辨识与着力点考量》，江苏社会科学 2018 年第 1 期，第 1—8 页。

民的幸福感获得感为政绩指标，给公务员队伍一个风清气正的工作环境才能有良好的为人民服务的道德风尚。

　　许多学者都对政治生态建设提出了深刻的见解。对政治生态建设的认识来看，齐卫平（2018）认为党内政治生态与党自身内部各个方面建设有着不可分割的关系，必须全面提高党内政治生态建设科学化水平才能保持党内政治生态的山清水秀；[①]刘京希（2018）认为民主与法治是构建党内良好政治生态的基石。[②] 公务员职业道德同样需要民主与法治来保驾护航。从政治生态的历史演变来看，马华、王红卓（2018）认为由于近代以来的巨大变迁，经受过多次冲击的中国社会基层（乡、村两级）当前的政治生态呈现出非正式与正式传统与现代礼俗与法治多元秩序交叉共存的局面，要通过礼俗和法治的现代接轨而解决政治生态问题。[③] 这一定程度上揭示了基层公务员的现实职业道德困境。从政治生态的建设路径来看，杨平（2018）认为建设良好政治生态的途径是党内民主，良好的政治生态能使整个社会形成健康的政治文化，党员干部会具有健康阳光的政治心理和政治心态，各种意见和建议都得到包容和理解；[④]李东明、李辉山（2018）认为进行系统性的顶层设计是净化政治生态的现实路径。[⑤] 公务员职业道德建设也亟待进行顶层设计。

　　从上述各项论述可以看出，尽管政治生态建设和公务员职业道德

---

①　齐卫平：《党内政治生态建设科学化的思考》，《理论与改革》2018 年第 1 期，第 9—19 页。

②　刘京希：《民主与法治：构建良好党内政治生态的两大制度基石》，《理论与改革》2018 年第 1 期，第 20—30 页。

③　马华、王红卓：《从礼俗到法治：基层政治生态运行的秩序变迁》，《求实》2018 年第 1 期，第 50—59；110—111 页。

④　杨平：《党内民主：构建良好政治生态的根本途径》，《理论探讨》2018 年第 1 期，第 120—125 页。

⑤　李东明、李辉山：《略论全面净化党内政治生态》，《思想理论教育导刊》2018 年第 2 期，第 65—68 页。

建设的范畴迥异,但政治生态建设的路径同样可以适用于公务员职业道德建设,二者是相互影响、相互促进的,有良好的政治生态才有良好的职业道德,而高水平的公务员职业道德同样可以促进良好的政治生态的形成。党的十八大以来,我们党高度重视政治生态的建设,为新时代公务员职业道德建设打下了良好的环境基础。2013 年 1 月 22日,习近平在十八届中纪委二次全会上首次提出要"净化政治生态,营造廉洁从政的良好环境",[①]随后他多次在各种会议上强调政治生态建设:据不完全统计,从 2014 年 6 月 30 日在中共中央政治局开展第十六次集体学习中的讲话到 2017 年 10 月 18 日的十九大报告,习近平总书记在 11 个会议讲话中反复提到政治生态建设,做出了精辟的论述、提出了抓紧建设政治生态的要求。十九大以来,他又在十九届中央纪律检查委员会第二次全体会议、十九届中央纪委二次全会和十九届二中全会等 7 个以上的会议和考察中论述了政治生态的建设问题,可以说这是在我们党的历届领导人讲话中极其罕见的现象,充分凸显出了以习近平总书记为核心的党中央对政治生态建设的高度重视。

正是党深刻地认识到政治生态问题与党员干部道德、公务员职业道德建设紧密相连,都是关系到党的执政稳固性和合法性的重大问题,以习近平总书记为核心的党中央狠抓政治生态建设,深刻地指出了营造良好政治生态的重要路径:"要坚持正确用人导向,把好干部选出来、用起来,促进能者上、庸者下、劣者汰。要抓住建章立制,立'明规矩'、破'潜规则',围绕发生的腐败案例,查找漏洞,吸取教训,着重完善党内政治生活等各方面制度,压缩消极腐败现象生存空间和滋生土壤,通过体制机制改革和制度创新促进政治生态不断改善。"[②]

---

① 《习近平关于党风廉政建设和反腐败斗争论述摘编》,中央文献出版社、中国方正出版社 2015 年版,第 6 页。

② 《习近平谈治国理政》(第二卷),外文出版社 2017 年版,第 168 页。

（三）营造良好社会道德环境

马克思指出："人的本质不是单个人所固有的抽象物，在其现实性上，它是一切社会关系的总和。"①公务员不是生活在体制城堡中的孤独者，他除了职业生活之外还有个人生活，交往人群除了同事、领导之外还有家庭成员、亲戚朋友、同学老师、战友老乡等等各种社会群体，社会上的各种价值观和道德观都会通过他的社会关系作用、反映到他的思想和行动中来。张耀灿等人指出："环境决定人的发展，决定人的思想道德面貌。社会环境，特别是社会生产关系对人的发展起着决定作用；社会的政治制度、文化传统也影响和制约人的思想道德倾向。"②因此，推动公务员职业道德建设也必须改善社会的道德风气、有效维护公序良俗，使社会道德环境得到优化，造良好的社会道德氛围。社会道德的大环境会影响、促进或及时跟进公务员职业道德建设才能有效巩固其建设成果，否则事半功倍。

1. 加强学校和家庭思想道德教育，培育品德良好的公民

在现代社会中，学校是所有公民进入社会的必然通道，抓住义务教育阶段、高中阶段以及高等教育阶段进行思想政治教育，是培育道德高尚的现代公民的主渠道、主阵地。我国的思想政治教育在改革开放以来取得了重大的进展，对我国改革开放的社会主义建设事业起到了巨大的支撑作用。现行的义务教育阶段课程中均设置有思想品德课程，并将学生的品行评价纳入了学生的整体评价系统，而且国家出台各种政策文件，要求将品德培育有机融入到义务教育阶段的各类课程和实践活动中去。尤为难得的是，尽管近年来出现了受家长和社会抱怨的"名为孩子、实际为家长布置作业"的各类问题，但也必须承认这些年国家教育部门加强家校联合、共育孩子身心健康的努力。大学

① 《马克思恩格斯文集》（第一卷），人民出版社 2009 年版，第 501 页。
② 张耀灿、郑永廷等：《现代思想政治教育学》，人民出版社 2006 年版，第 312 页。

生思想政治教育的发展更是喜人。30多年来,思想政治教育学科建设取得长足进步,人才培养体系日趋优化,形成了从本科到博士后的完整培养体系;队伍建设不断加强,形成了一批优秀的学术团队,产生了一大批中坚力量;学科支撑日益强化,有效支撑了教学和理论研究的重任。[①]

但是我们也要看到当前学校思想政治教育的问题。首先是思想政治教育的实效性还有待加强,隐性思想政治教育还没有完全融入到课堂内外的教学和活动中去,生硬的理论灌输、道德说教、生造典型的情况仍然存在,而且这种情形从学校到社会再到公务员组织内部都存在,实际效果有限。其次是学校、家庭和社会的思想政治教育意识与行动亟待改进,孩子们的思想必须靠学校教育、家庭培养和社会的呵护才能顺利成长。目前针对青少年的家校联合培养和社会动员水平都不够,协调水平不高,教育意识不强,很多家长和社会人士都将教育的责任完全推给学校,导致青少年的品德教育效果大打折扣。最后,学校、家庭和社会的教育的整体性、一致性阙如。就是说教师、家长和社会对孩子们灌输的道理是一套,而具体到自身做的时候又是另外一套,知行不一,导致孩子们从小就认识到道德的虚伪性。学校中老师对孩子们强调的是道德品行第一,成绩其次,但是最后老师们反复强调成绩很重要,考不好会如何,道德品行未见如何强调;家长们在家天天鼓励孩子做"三好学生",事到临头连过马路的老奶奶摔倒也不敢扶;主流舆论大力宣传精神文明、道德文明,而闯红绿灯、乱扔果皮、满口粗话的却几乎都是成人;电视一下子是宣传"讲德讲孝讲文明",转眼就播起"明星八卦、纸醉金迷""眼球经济"。"一个邪恶的父亲只能造就堕落的女儿;一个腐败的社会所能提供的榜样只适用于腐化的心

---

① 冯刚、郑永廷:《思想政治教育学科30年发展研究报告》,光明日报出版社2014年版,第7—8页。

灵和精神。"[1]社会整体性的道德功利主义态度严重地影响了青少年高尚品德的形成,那么如何指望他们进入社会工作后能成为良好的公民,乃至职业道德高尚的公务员?

2. 净化网络空间,弘扬主流精神

网络是现代人不可或缺的空间,已经渗透到生活的方方面面,以微信、抖音、微博、直播间等新媒体为代表的网络社交的发展将各个年龄阶层的人都裹挟到网络社会中去。这在给人们带来低廉、便捷、高效的服务的同时,也带来了信息化社会的风险,谣言的传播、网络黄赌毒的泛滥、极端恐怖主义思想的传播、网络诈骗等等问题都随之而来,现代市场经济中不可预测的风险也容易随着网络的传播而扩大化。尤其是人人都握有话筒的自媒体时代,各种信息扩散极快,对政府公务员的职业道德和职业形象、公共政策的制定、群体性事件和公共事务的处置都提出了极高的要求。在这样的背景下,如何打造一个健康、有序、活泼的网络空间成为国家网络监管部门、宣传与组织部门的一项极为重要的工作。

学术界有很多学者针对网络空间的不良现象提出了真知灼见。张茂聪(2012)研究了网络文化对青少年的影响,认为网络文化对青少年的影响利弊掺半,亟待改变网络管理模式,通过信息技术教育唤醒青少年文化自觉、重建其网络生活文化、创建良好的学习和家庭等外部环境来纠正网络文化对青少年的不利影响。[2]李玉华、闫锋(2012)认为网络空间的无序导致了大学生价值观混乱、道德意识弱化、言行放纵、沉迷网络等一系列严重问题,提出建立网络安全体系、提高道德

---

① 北京大学哲学系外国教研室编译:《十八世纪法国哲学》,商务印书馆 1963 年版,第 646 页。

② 张茂聪:《网络文化对我国青少年道德发展的影响》,《山东社会科学》2012 年第 1 期,第 46—51 页。

素养、健全法律法规等形式来矫正大学生网络道德问题。[①] 王渊、丁振国等（2013）通过武汉 9 所高校的大学生问卷调查也得到类似的结论。[②] 徐仲伟（2013）讨论了网络空间的公共道德建设，他认为要通过强化公德意识、健全法规、榜样示范、教育、惩戒和技术手段等多种方式来解决网络空间的公共道德问题。[③] 匡亚林、马健（2016）提出了采用多元主体参与治理、法治手段净化空间、信息真伪确认机制、权利救济与义务惩戒机制等措施来治理网络空间。[④] 侯菲菲、郑仕鹏（2017）指出网络社会存在诚信弱化、安全失守、心理缺陷和行为失范等问题，治理网络道德问题必须通过培育网络公德意识、加强网络道德建设、构筑绿色网络环境和完善网络法律制度等途径来提升网络虚拟社会的道德水平。[⑤]

我国政府及时对上述问题做出了反应，全国人大常委会于 2016 年 11 月 7 日发布了《中华人民共和国网络安全法》，对网络空间的各种不良现象进行打击、对各种无序状态进行整顿，其中第十二条规定："任何个人和组织使用网络应当遵守宪法法律，遵守公共秩序，尊重社会公德，不得危害网络安全，不得利用网络从事危害国家安全、荣誉和利益，煽动颠覆国家政权、推翻社会主义制度，煽动分裂国家、破坏国家统一，宣扬恐怖主义、极端主义，宣扬民族仇恨、民族歧视，传播暴

　　① 李玉华、闫锋：《大学生网络道德问题研究现状与思考》，《思想教育研究》2012 年第 11 期，第 62—66 页。
　　② 王渊、丁振国等：《大学生网络道德现状分析及教育对策——基于武汉市 9 所高校大学生的问卷调查》，《学校党建与思想教育》2013 年第 10 期，第 73—75 页。
　　③ 徐仲伟：《论网络社会公共道德的建设》，《西南大学学报（社会科学版）》2013 年第 6 期，第 34—41；173 页。
　　④ 匡亚林、马健：《网络空间的"净化"与秩序建构》，《科学社会主义》2016 年第 6 期，第 83—87 页。
　　⑤ 侯菲菲、郑仕鹏：《网络虚拟社会中的道德问题与治理》，《社会科学家》2017 年第 5 期，第 50—54 页。

力、淫秽色情信息,编造、传播虚假信息扰乱经济秩序和社会秩序,以及侵害他人名誉、隐私、知识产权和其他合法权益等活动。"①这种具有极强针对性的法律条款对遏制各种网络乱象起到了立竿见影的治理效果,尤其是对于各种关于政府形象、公务员道德形象的造谣抹黑情况急剧减少,严重不良言论受到约束,社会上"仇官""仇富"情绪得到缓解。《网络安全法》施行一年多以来取得了非常明显的效果,网络上各种不良信息和违法乱纪现象明显减少,不负责任的言行大幅度降低,网络正能量成为主流,网络空间更加清朗。②

3. 加强各类职业道德建设,营造良好职业道德氛围

现代社会生活都是围绕各种职业活动为核心而展开的,职业道德是人们生产生活中不可或缺的重要规范,它对"促进劳动者综合素质的提高和人生价值的实现具有特别的意义"。③ 我国《公民道德建设纲要》指出:"大力倡导以爱岗敬业、诚实守信、办事公道、服务群众、奉献社会为主要内容的职业道德",十八大报告中也提出:"倡导爱国、敬业、诚信、友善"这一社会层面的核心价值观,都是对全社会的职业道德所提出的要求。社会上不同职业的职业道德都提高了,社会整体的道德水平自然也提高,对公务员职业道德的建设也会形成倒逼态势。十八大前的一段时间,不少人民群众对部分党员干部、公务员的职业道德水平有所不满,我们党及时意识到这个问题,从落实中央八项规定开始,大力整风肃纪、反腐倡廉,重拳出击,一举扭转了职业道德的不良发展趋势,获得了全国人民的交口称赞。

随着社会生产力的发展,社会分工越来越精细化,成千上万种职

---

① 《中华人民共和国网络安全法》,中国人大网,2016 年 11 月 7 日。
② 潘树琼:《健康发展有支撑 网络空间更清朗》,中华人民共和国国家互联网信息办公室网站,2018 年 9 月 11 日。
③ 蔡志良:《职业伦理新论》,电子科技大学出版社 2014 年版,第 1 页。

业日益分化,即使是对国家而言,要全面地建设好所有职业的道德也是非常困难的,因此为了有效的建设好社会职业道德,必须有所侧重。本书认为除了公务员职业道德之外,以下四类职业道德是社会整体职业道德建设的重点:

一是法官、检察官和律师职业道德。① 这一类司法职业的道德事关社会运行的公正性、有效性,是人们矛盾无法解决的最后的和平手段,如果司法类职业道德出现了问题,将会对社会公平正义起到极大的破坏作用,从而使社会失去安全底线,导致社会走向暴力和不稳定。二是教师职业道德。教师是人类灵魂的工程师,是引导青少年思想和思维方式的最重要人群,教师职业道德的好坏直接影响青少年一生的道德认知和情感,一定程度上决定了学生终身的道德水平和进步空间,抓好教师职业道德是改善社会道德的关键之一。三是医务人员职业道德,俗称医德。医生是人们将生命健康托付于他的职业,医德关系着人的生命健康的实现与完成。人们去医院的时候往往是非常脆弱的时候,此时医务人员医德是否高尚对人们的道德认知与行为产生着非常显著的影响,今天医患矛盾较多原因很复杂,但是也确有部分医务人员职业道德水平不高的因素,抓好医德建设是营造良好社会道德的重要手段。四是各类中介和评估机构的职业道德,比如会计、出纳、审计、各类评估师等职业的道德。这类职业是受人民群众委托的、实施专业化行动的职业,他们的职业道德水平直接关系着人们各类经济利益的实现,影响着社会的有效运转。今天各类公司、金融机构、企事业单位的经济活动都离不开他们的服务,个人动产和不动产的转

---

① 严格来说,以我国的公务员分类,法官、检察官都属于公务员,但本书认为他们的职业具有特殊性,与行政公务员甚至行政执法类公务员都有很大的区别,是兜住社会底线的最后一层保障,因此在这里本书单独突出他们的职业重要性,而不混同于行政和公共事务管理的公务员。

让、职业收入等等活动也要经过他们之手,他们的职业道德建设直接对人们的生产生活施加了影响。因此我国历来重视会计人员、评估人员及其他中介机构的职业道德培育,出台一系列的法律法规进行约束,取得了显著的效果,支持了国家经济建设的需要,但是总体来看,其职业道德水平还有待提高。

除了以上四类职业道德以外,其他群体的职业道德并非不重要,只是相对本书的研究主题公务员职业道德建设而言上述四类重点职业道德的相关度最高,产生的影响最大,故将其凸显出来。营造良好的社会职业道德环境离不开各个行业职业道德的建设,抓好了社会职业道德尤其是上述重点职业道德,会对公务员职业道德建设形成极大的促进作用,对推动公务员职业道德水平的提高具有良好的效果。

二、行政组织开展职业道德建设的路径

要使公务员职业道德行为合乎"为民""忠诚""公正"和"廉洁"的基本要求,除了通过教育和修养强化公务员的自律外,还必须通过道德立法、制度强化、权力制衡、有效监督等构成有效的他律。经验事实和理论研究成果表明公务员职业道德建设必须有相应的制度支持才能保障道德底线的稳固。

(一)职业道德法治化路径

习近平总书记指出:"法律是成文的道德,道德是内心的法律,道德和法律都具有规范社会行为、维护社会秩序的作用。治理国家、治理社会必须一手抓法治、一手抓德治,既重视发挥法律的规范作用,又重视发挥道德的教化作用,实现法律和道德相辅相成、法治和德治相得益彰。"①公务员职业道德建设同样需要法律和道德的双重作用,公务员职业道德的底线必须由法律来限定,绝对不能突破,这就需要国

---

①《习近平谈治国理政》(第二卷),外文出版社 2017 年版,第 116 页。

家把公务员的道德底线立法化。

1. 公务员职业道德的法制化现状

目前我国管理公务员职业道德的法律法规众多,除了《中华人民共和国公务员法》《刑法》之外,大多以党规党纪和行政法规的形式予以规定,呈现九龙治水的管理方式。

党规党纪是管党治党的尺子和党员不可逾越的底线,它体现了党的理想信念和宗旨。由于公务员的主体是党员,公务员部门都是在党的领导下行使权力,因此,党规党纪是首要的法制化文件。目前主要有:《党章》(2017)、《中国共产党纪律处分条例》(2003、2015)、《中国共产党党员领导干部廉洁从政若干准则》(2010)、《中国共产党廉洁自律准则》(2015)、《中共中央、国务院关于实行党风廉政建设责任制的规定》(2010)、《新形势下党内政治生活的若干准则》(2016)、《中国共产党党内监督条例》(2016)、《关于实行党政领导干部问责的暂行规定》(2009)、《关于党的基层组织实行党务公开的意见》(2010)、《中国共产党地方委员会工作条例》(2015)、《中国共产党党组工作条例(试行)》(2015)等规章,包括中纪委的有关党规的解释,如《党员领导干部违反规定插手干预工程建设领域行为适用〈中国共产党纪律处分条例〉若干问题的解释》(中纪发 2010)、《违规发放津贴补贴行为适用〈中国共产党纪律处分条例〉若干问题的解释》(中纪发 2012)等等,其目的是约束党员的政治纪律和廉政行为。

关于公务员规范行政的《公务员法》《行政机关公务员处分条例》(2007)、《关于严禁党政机关到风景名胜区开会的通知》(2014)、《公务员奖励规定(试行)》(2008)、《关于在干部教育培训中进一步加强学员管理的规定》(中组发 2013)、《关于进一步规范党政领导干部在企业兼职(任职)问题的意见》(中组发 2013)、《关于制止豪华铺张、提倡节俭办晚会的通知》(中宣发 2013)、《党政机关办公用房建设标准》(发改投资2014)、《干部教育培训工作条例》(2015)、《党政领导干部选拔任用工作条例》(2014)等中央和中央部门的法规,对党员和公务员都具有约束作用,主要是针对党政领导干部、地方具体部门和公务员的具体行为进行规范。

另外,还有其他相关规定:《关于严禁在历史建筑、公园等公共资源中设立私人会所的暂行规定》(2014)、《关于制止以革命传统和爱国主义教育为名组织公款旅游的通知》(2005)等等,对党员和公务员具有共同的约束力。

我们可以看出,上述的诸多条文对党员和公务员都具有同样的约束力,其中又以针对党员和党政领导干部的文件居多,而真正形成正式法律的只有《公务员法》和《刑法》关于贪污受贿、渎职等严重犯罪的部分,其他大多以条例、规定、意见、通知的形式进行规范,其约束力是逐步递减的,部分学者称之为"软法"。"软法"的规范性到底硬度如何,主要看各级部门是否认真执法、各级领导是否重视等,因此具有较大的"弹性",可能随着领导的关注力转移而"变软"。即使是《公务员法》当中的条文如果没有落实到具体的处罚标准,一些基本的职业道德要求也可能成为"软法"。

另外还有很大部分党纪党规和行政规章是不成文的,有的是在领导讲话中体现出来的。这一类规章的约束力就更需要看具体情况了。习近平总书记在十八届中央纪委二次全会上指出:"遵守党的政治纪律,最核心的,就是坚持党的领导,坚持党的基本理论、基本路线、基本纲领、基本经验、基本要求,同党中央保持高度一致,自觉维护中央权威。在指导思想和路线方针政策以及关系全局的重大原则问题上,全党必须在思想上政治上行动上同党中央保持高度一致。"①总书记的讲

---

① 《习近平总书记在十八届中央纪委第二次、三次、五次全会上重要讲话选编》,《中国纪检监察报》2016年1月11日第2版。

话指出了政治纪律的原则,但具体落实到现实问题中的时候,除了党的文献中经常指出的重大问题,如"四项基本原则""基本国策""群众路线""四个全面战略布局"等等以外,并没有那部法律或文件规定中央出台的每一条方针、政策、路线是否属于哪个层面的重大问题,而是需要每个党员干部自己去判断,即使能够判断这些重大问题,进行具体操作的时候,这些重大方针政策在具体的事务的贯彻中不断地被分解到各个部门,落到各个环节,最后到达具体的个人或者基层机关的时候,往往已经难以判断它的性质,它们与行政法规、组织纪律、上级指示和基层现实交织在一起,成为公务员个人结合岗位职责、职业道德和各种因素一起考虑的问题,这样就导致党中央的精神被层层消融在行政措施当中,有的被落实、有的被抵消。这导致党的政治纪律、组织纪律和规矩成为具有弹性的存在。

公务员职业道德是需要以职业要求、个人良心和社会舆论来进行规范的道德行为,更是一种缺乏硬约束力的存在,如果都以要求、劝诫和说服的方式来解决职业道德问题,那么当道德低下者破坏道德规范而获取了利益,但却无法对其进行真正的处罚的话,那就是在事实上对遵守道德的人的一种不公平,这样必然导致愿意遵守道德的人越来越少。只有道德规范"硬"起来,公务员职业道德建设才具有可靠的基础,而这需要通过公务员职业道德的法治方式才能实现。

2. 公务员职业道德的法治路径

公务员职业道德建设不是仅仅制定一些法律和规章就可以了,它涉及一个整体的法治环境的问题,它的法治途径必须结合本国的文化环境来进行。对于西方国家来说可能只需要把必要的道德规则变成法律就可以了,但对于中国来说则复杂得多。由于中国具有浓厚的道德传统,很多行为习惯和风俗并非非黑即白,在公务员职业道德问题上受很多传统习惯和文化心理的影响,职业道德规范法律化必须仔细斟酌可操作性。

　　现有的法律有不少关于贪污受贿、败坏公序良俗的条款,对全体公民都是有效的,但是在面对公务员等权力人群的时候,实际上还存在一个行政法规和党内法规的先行处罚问题,这样就导致了一个非常现实而又被社会所诟病的问题:行政处罚和党纪处罚一定程度上代替了法律处罚。尤其是十八大以前,党内法规法纪的实际执行红线低于法律红线的时候,原本可以判以刑事处罚的案件却以行政职务处罚和党纪处罚完结,并未进入到司法程序,形成了事实上的公务员犯错比公民犯错后果轻的不良结果。十八大以来,党规党纪逐步严格化、可执行化,比如最近修订、2018 年 10 月 1 日起执行的《中国共产党纪律处分条例》就对很多原来实际违反政治纪律、组织纪律而法律又无法涵盖的问题进行了明确,使执纪的红线高于法律的红线,是一个非常具有进步意义的大事。另外,由于 2018 年 3 月 20 日通过的《中国人民共和国监察法》的出台,实现了对所有权力部门人群的全覆盖,对党员干部和公务员违反乱纪的震慑力更强更深入,国家监察部门的改革与运行也逐步体现出良好的社会影响。今后进一步的工作在于如何将国家法律和党内法规进一步对接和厘清的问题,公务人员职业道德的法律化也必将是未来发展的一个趋势。

　　同时,对于符合中国人人情往来、礼仪习俗的有关行为,在我国的职业道德法律化问题上就显得比较复杂,因为不仅仅是要对其进行立法化,还涉及整个道德治理模式的法治化问题。不是所有的公务员道德规范都能立法化,只有最基础的职业道德底线才能立法化,一旦以法律的形式将道德水平规定得过高,当大量的公务员无法达到而又被迫要达到高水平形式的时候,就会产生大量的假道德、伪道德言行,反而会降低公务员队伍乃至整个社会的道德水准。比如当前我国公务员职业行为中较为普遍的"打招呼"问题,从法律上来说,这种行为构不成犯法,而对于党纪来说,有的是属于违纪的,比如领导干部对司法案件打招呼,会受到纪律处分。但是有的行为党纪是没有办法规定那么细的,比如领导干部为亲友办事、办证打招呼加快办理的情形,没有违反法律也没有违反党内法规,一切都符合办事条件,也是按程序走,就是优先办理(这种情形还往往无法判断有无私利掺杂其中,因为领导也可能是为了当地某项重要工作的进展而打招呼),可是在群众看来,一方面明显地违反了公平公正原则,在大部分西方国家是严重的违反职业道德的行为,另一方面又符合中国人为自己人谋福利的文化心理,中国人往往又很大程度上表示理解。类似的种种情形能不能法律化、要不要法律化,都是要认真考虑和斟酌的问题。

如果说公务员职业道德的底线是以"硬的"法律形式划定的话,那么公务员职业道德的相关制度建设就如同建立结实的"四梁八柱",也是职业道德建设的基础性工程。

(二)现有制度优化路径

所谓制度与机制优化路径就是对现有的各项制度和权力运行方式进行检查、对比和统筹,以实现各项制度和运行机制的优化重组、有效实施。由于我们的很多政策法规"政出多门",相互之间不太协调的情形比较常见,需要对现有的制度进行优化,对空白进行补充、对重复的进行删除、对冲突的进行重组协调,同时我们行政组织内部的权力运行流程还很臃肿、低效,运行方式还比较落后,必须对其简化和提升,以跟上时代的需要。这里需要特别指出的是,这里的制度主要是指除法律以外的正式制度和规定(含条例、规定、准则、禁止性通知和意见),不含建议性和倡导性通知、函等。①

---

① 本书将立法化的道德禁令与一般的规章制度的道德禁令和道德要求分开,乃是因为法律和一般的规章制度具有较大的区别。法律是基本没有"弹性"的命令,有非常明确的条款对禁止性义务进行了规定,而规章制度尽管也缺乏"弹性",但它一(转下页)

　　在很长一段时间内,公务员职业道德建设部门和领导认为"道德不能强制只能教育",往往只在"个人精神与修养"的途径上寻求公务员职业道德建设的办法。这是一种习惯性的谬误,公务员职业道德的生成和践行都离不开一定的制度支持。通过对公务员职业道德的各种制度进行审查,将涉及各种利益冲突的基本道德要求以制度的形式确定下来,使其协调一致,成为具有强制性约束力的道德禁令或道德义务要求是一种非常重要的制度优化途径。西方国家颁布的"道德法典"到我国颁布的"党纪党规"和有关公务员的法律,都是以制度的形式确定公务员基本道德责任的做法。从制度本身的系统性、规范性、针对性和有效性来看,由于西方国家经历了长达数百年的法治化发展,目前西方国家的做法更为系统。我国自改革开放以来已经形成了基本完备的法律法规体系,特别是党的十八大以来出台一系列的法规,弥补了以前的漏洞,现在也已经逐步规范化。

　　本书把制度建设作为公务员职业道德建设的必要途径和重要基础,是因为从静态的角度来看,公务员作为一个群体,其道德差异性还是很大的,具有高尚道德和大公无私精神的毕竟只是少部分人群,而大部分具有较高道德水平的公务员并不能完全克服自己的私欲,一旦受到的诱惑太多,难免个别人会失去控制,还有极少部分人道德水平很低,他们是公务员队伍中的毒瘤,他们时刻试图利用手中的权力谋取自己的利益。在这种情况下,将控制自己欲望而不滥用权力的仅仅靠内心的意志力是不可靠的,在巨大的利益诱惑面前一般的道德舆论和良知的控制力和规范力往往不堪一击。中央纪委研究室副主任孙

（接上页）方面往往对禁止性条款规定得没有法律那么明确,另一方面它有可能根据具体情况的变化由执行者进行一定的变通,或者可以在行政体制内部进行正式或非正式的修改并得到政治性追认,而法律则几乎没有这种可能,即使要根据情况进行修改也必须经过层层严格的修法程序才能对法律进行修订或者释法。

飞曾指出一个规律：权力在握＋自身的弱点＋缺乏自律和监督＋追逐利益者的围猎＝100％腐败。公务员都公权在握，人人都有自己的弱点，如果再缺乏监督，一旦受到追逐利益者的围猎，击中了自身的弱点，腐败就是必然的，因此制度约束的必要性是防止道德失范的基本底线。

另外，从动态的角度来看，公务员队伍是一个不断更新的体系，有人退休、有人辞职、有人被强制退出队伍，同时也不断地有年轻人经过考核录用而进入公务员队伍，也有人从其他事业单位或企业单位调入公务员队伍，还有军转干部陆续加入公务员队伍，可以说公务员队伍是一个总体稳定但不断变化的体系。新加入公务员队伍的人从非公务员角色转变为公务员角色，必然有一个逐步认同、接受公务员职业道德，直到逐步将公务员职业道德内化的过程，这个过程是一个从他律走向自律的过程，而他律是必经的阶段和实现道德自律的前提。新公务员往往要经过他律的训练、认知、接受，才能逐步自觉遵守道德规范，达到内化和自律。

本书认为，公务员职业道德建设有关的制度主要有：干部选拔任用制度（包括招考录用、晋升制度）、权力运行制度、权力监督制约制度、考核激励制度（含惩处制度）、教育培训制度。对于公务员职业道德建设来说，干部选拔任用制度是核心制度，因为它对于行政体制内的公务员而言（或者对于韦伯所说的科层制而言），既是最重要的考核激励制度，又是一种权力运行制度，也体现了选拔任用权力的运行是否符合法定程序和规范、是否受到法定监督和制约，甚至职业道德教育培训的最终效果还是要看选拔任用制度的实际结果；权力运行制度是公务员职业道德建设的关键，它是区分公务员行政责任归属、界限和运行方式的制度，一旦权力运行体制不畅，则责任区分不清晰，对行政体制的运行形成阻碍，导致推诿扯皮或越权干涉等问题，公务员就是拥有良好的职业道德对此也往往无能为力,因此权力运行制度对公务员职业道德建设而言非常重要;权力监督制约制度本质上来说也属于权力运行制度的一种,一方面它对符合规范的行政权力的运行过程和结果不产生大的影响,另一方面它又对不符合规范的行政权力的运行过程和结果发挥很大的纠正效应,因此非常重要而又独特,把它从权力运行体制中凸显出来很有必要;考核激励制度是对公务员职业道德行为结果的确认、奖励与惩罚,它对公务员职业道德建设起着风向标的作用,直接关系到职业道德建设的好坏;教育培训制度是从根本上完善公务员职业道德的重要制度,它不是通过硬性的规定和违反规定的处罚来强迫人去遵守道德,而是通过教育、感化让人认同、接受和内化各种道德规范,最终形成良好的职业道德行为。因此从效果上来说它是最不具备强制力的,它对如何进行教育培训及其过程具有硬性的约束力,是公务员职业道德建设的重要组成部分。

1. 公务员选拔任用制度(包括招考录用、晋升制度)的完善

党管干部是核心原则,公务员是在党的领导下的队伍,公务员领导干部的选拔任用受各级党委和党组的管辖,根据《党政领导干部选拔任用工作条例》(2014 年 1 月 14 日)的规定,公务员副科级以上的领导干部选拔任用,必须由党委(党组)或组织(人事)部门提出意见,组织人事部门提出初步建议,向党委(党组)主要领导报告后一定范围酝酿形成方案,再经过民主推荐、进行考察后党委(党组)集体讨论决定。对于本地区本部门领导职位空缺又缺乏合适人选的可以进行公开选拔,对本部门本系统符合空缺领导岗位人数多且意见不集中的可以竞争上岗。在实际操作中,除了个别专业性极强的岗位进行公开选拔、科级以下岗位且符合条件人数较多的进行竞争上岗之外,一般都由党委(党组)决定领导岗位的人选。另外,按照《中国共产党地方委员会工作条例》第一章第五条第四款规定:"按照干部管理权限任免和管理干部,向地方国家机关、政协组织、人民团体、国有企事业单位等推荐重要干部。"①第一章第五条第五款规定:"支持和保障人大、政府、政协、法院、检察院、人民团体等依法依章程独立负责、协调一致地开展工作,发挥这些组织中党组的领导核心作用。"②第三章第十条第五款规定:"按照有关规定推荐、提名、任命干部,必要时对重要干部的任免可以征求党委委员的意见;教育、管理、监督干部;研究决定党员干部纪律处分有关事项。"③《中国共产党党组工作条例(试行)》第三章第十条第三款规定由单位党组决定本单位的重要人事任免,第十一条规定党组是完善本单位干部培养选拔机制、教育培训和监督的主体。④ 根据这些条文可以看出:地方公务员领导干部主要由地方委员会任免,公务员主要领导干部以下的干部任免主要由该组织中的党组进行任免,公务员领导的晋升必须由相应的党组织进行推荐并任命,地方委员会常委会具有实质性的干部任免权、监督权、教育和处分的权力。

简短地对上述情况进行梳理,结合工作当中的实际我们可以看到,公务员副科级以上的领导干部选拔,一般都是由上级党委(党组)决定,尤其是主要领导的意见。这个过程中最需要坚持民主集中制,尤其要防止民主推荐和组织考察时走过场和形式性的追认。另外我们也可以看到,现行的工作当中不时形成事实上的主要领导个人负责制,同时各类法规都明确规定不准搞非组织活动,防止形成干部群众人选意见和党委(党组)意见的对立。现行体制下,主要领导选定的人选是否就是干部群众公认的人选是值得研究的,而在当代公务员职业道德建设中,这个问题却又往往很重要,因为这涉及一个正义的原则

① 《十八大以来新党规党纪学习手册》,中国法制出版社 2017 年版,第 116 页。
② 《十八大以来新党规党纪学习手册》,中国法制出版社 2017 年版,第 116 页。
③ 《十八大以来新党规党纪学习手册》,中国法制出版社 2017 年版,第 119 页。
④ 《十八大以来新党规党纪学习手册》,中国法制出版社 2017 年版,第 128 页。

问题,如果干部群众公认的好干部常常无法得到提拔,那么干部选拔任用的公平、正义的原则受到破坏,公务员的工作成绩和道德效果在主要的考核方式上被实质性地否认,那么会严重影响党员干部和群众的思想,对单位公务员的职业道德建设产生很强的破坏作用。

根据党管干部、党管人才的原则,结合现行的干部选拔任用的经验教训,应当对公务员领导干部的选拔任用制度进行一定的改革完善:

选拔任用人选的推荐分为两种情况,一种情况是需要从外单位调入的或上级直接任命的,免除推荐考核程序直接任职,但应由上级部门及时传达上级精神并指出其任职的理由,试用期内符合任职要求的继续留任,不符合岗位要求的应当由上级部门进行调整;另一种是从本单位本系统产生领导干部的,应当由党委(党组)提出启动倡议,组织(人事)部门根据基本规则列出所有适合的人选名单,各个下级单位内部在名单内进行推荐,形成推荐名单,组织(人事)部门对所有推荐人选进行组织考察,剔除存在突出问题的人选,然后召开干部大会,经组织(人事)部门说明剔除人选的原因后,在推荐名单内选出差额名单,党委(党组)在差额名单内根据工作需要和考察结果综合考虑,选定最终人选。也就是说,将公务员领导干部的选拔程序从组织动议——小范围酝酿——民主推荐和组织考核——决定人选的过程,改为组织动议——广泛酝酿——民主推荐和组织考核——差额选举——组织决定这个过程限制了党委(党组)的初始提名权,但保留了最终决定权,同时有效保障了干部群众的推荐选举权。这个过程不会侵蚀党管干部的原则,因为组织人事部门对具有资格的人员清单有明确的规定,副科级以上领导干部岗位除了明确由非党员公务员任职的外,均需是党员且满足一定党龄的才能进入名单,而且最终人选的决定还是由党委(党组)集体决定。不过这个过程当中需要配套的是党员的人党审查、党员培训、绩效考核、道德考核都必须认真履行,不能走过场,对干部群体中谁是有担当有能力的好干部应当心中有数,尽量防止老好人和伪君子进入差额名单。从最差的结果来讲,这个过程产生的问题不会比现行的过程问题更大,现行制度在党委(党组)集体风气很正,尤其是主要领导工作作风非常端正的时候,它是极度高效的制度,可以选出能干过硬的人才来,但是如果党委(党组)或者主要领导作风专横、风气不正,那么它会导致单位系统内巨大的民主集中制的破坏和职业道德精神的挫伤;改进之后,它将有效地让干部群众提高公正公平感,获得一定的推荐选举权,从而对公务员职业道德建设形成很大的促进作用。

2. 公务员权力运行制度的改善

公务员权力运行方式可以从横向和纵向的两个方面来考察。纵向来看,公务员的权力运行方式是从基层到中央层层根据自己的权限对信息和事务进行决策和执行,处理方式按照上级既定的规定进行,无法或难以处理的上报上级,甚至直至中央,上级根据下级上报的信息做出决策,指挥下级执行。但是这里的问题在于上下级之间不是单一的单线联系和指挥,而是呈现出复杂的互动状态。上级不是均质、单一的主体,而是一个复杂的系统,上级可以以总体的名义发出单一的指令,也可以分别由各个部门向下级发出指令,而下级也有相应的对口部门与上级部门联系,但所有发出的报告、请示必须以下级总体的名义发出单一的请求,也就是说下级对上级而言相对单一,上级对下级更加系统化。另外,由于行政管理体系的复杂性,行政部门的上级也不是单一的,比如说,县级人民政府的直接上级应该是地级市人民政府,但由于省管县体制的并存,省级人民政府理论上也可以直接管理县级人民政府,同时,省级人民政府的各个厅级部门对县级人民政府而言也是行政上级。再次,对县级人民政府而言,除了属于政府部门的上级之外,我国还有一系列的国家垂直管理的单位和省级垂直管理的单位,如税务、体育、新闻出版、林业、旅游、知识产权、工商、国土、海事、海关、纪检等等部门受地方政府和国家部门的双重管理,他们对县级人民政府而言,地市级以上的垂直管理部门也是上级之一,因此,任何级别的地方政府都有一系列的上级,特殊情况是中央政府只有下级,乡镇政府只有上级。那么处于基层行政系列的公务员(县乡两级)最直观的感受就是上级众多、事务繁杂,各个部门都不停地发文件、提要求、搞检查、搞评比、要数据、要政绩,形象的说法是:上头千条线,下面一根针。纵向权力复杂性和不对称性是行政管理体制的特点,以文件对重要事项进行确认是行政责任进行分解和认定的重要方式,本身就容易导致会议文件较多,但是如果加上工作作风不扎实,机关作风、官僚作风盛行,往往以会议落实会议,以文件落实文件,就会导致基层公务员陷于繁文缛节、疲于奔命,最终的结果就是数据造假、政绩造假、务虚多务实少。

上下级权力运行的特点和机制决定了必须有相应的权力运行效率检察制度来督促、监督权力运行的无效率,因此各个政府的纪检监察部门、绩效部门和地方委员会都对此负有抓公务运行效率的责任,这是公务员职业道德单独无法解决的权力运行机制问题,但同时也是公务员职业道德发挥巨大作用的地方,公务员职业道德以高效、务实、为民为根本特色,对官僚主义、文牍主义、空谈主义有较大的纠正作用。从这个角度来说,公务员权力运行制度从纵向上来看通过简政放权、部门改革、负面清单和权力清单、事权和财权相匹配、权力运行监督等方法和制度可以有效奠定公务员职业道德建设的基础。

从公务员权力运行的横向来看,地方政府和地方政府之间、同一个政府的不同部门之间既有合作又有竞争。地方政府之间的合作主要是涉及双方共同利益的经贸、文化、物资交流和需要双方共同管理的有关事项,如河流、矿产、专营物资的管理等必须共同负责的事项,会通过上级政府协调、部门协调和政府间直接沟通等方式进行协同治理、合作。地方政府之间的竞争主要在招商引资、发展竞赛和干部竞争等方面,有经济学家甚至认为中国基于县域政府之间的竞争模式是中国经济迅速发展的奥秘所在。从现实发展情况来看,县级及县级以上地方人民政府之间的竞争与合作是中国行政制度的特色之一,公务员权力的横向运行体现为以竞争为主线,以期获得共同上级的更多肯定与关注。这种竞争表现在为民服务的现实中,往往容易陷入各自为政、互相推诿的境地,需要双方协调的问题往往上交给双方的上级进行裁定,而难以双方主动沟通以完成协调。而在地方政府内部的部门之间,由于共同完成工作的需要,部门之间是协调沟通为主线,合作大于竞争,但同样存在单一权限内的事情可以较好地完成,需要双方共同完成的事项在责任明确的情况下受到上级领导的推动后可以完成得较好,而责任不够清晰需要双方全力配合的事项往往难以较好地完成,这个时候体现出部门之间的权力竞争特征。

总体来看,公务员权力横向运行在独立的地方政府之间竞争特色明显,政府部门之间合作大于竞争,但责任区分的清晰度会影响合作的效果,这些现象共同体现在公务员服务民众的具体事项中的时候,表现为政府之间、政府部门之间各自为政、沟通协调困难,同级政府部门可以解决的事情往往要闹到上级政府那里才能得到协调解决。这种权力运行的状况体现在公务员职业道德中就表现为公务员服务素质低下、推诿扯皮,甚至懒政庸政。这种状况的改善迫切需要公务员职业道德建设的进一步发展,以道德的主动服务来抵消权力的责任不清。反过来,必须继续改善公务员横向权力的责任区分、公共事项的绩效考核压力、监察部门的共同监督和群众的监督等,以提高政府部门之间、政府之间的主动沟通、协调。

从公务员权力竞争的角度来说，其竞争的主要动力来自于晋升的需求，而干部选拔任用制度又规定了党委或党组的主要选人用人权力，因此公务员权力竞争的主要是上级领导尤其是主要领导的认可与关注。那么提高公务员服务主动性的重要制度性措施就是除了国家对道德底线进行立法外，还要建立专门的道德委员会对行政行为进行道德审查，对主动性不够、推诿扯皮的要进行道德审查和法律审判，这在西方国家和日韩等国已经有比较成熟的经验，具有很好的效果。道德委员会应当具有相对独立性，可以考虑和纪委一样，统一于国家监察委员会，而且道德委员会对干部选拔任用具有否决权才能真正建立起道德审查的权威性，从而倒逼公务员权力纵向和横向上的不利因素。

3. 公务员权力监督与制约制度的完善

公务员权力制约监督制度是为公务员创造良好职业道德环境的重要保障，无论是履行道德责任还是实现道德理想，都离不开对权力的有效制约和监督。因此，加强公务员职业道德建设必须从完善制约机制和监督机制入手。制约机制是主要基于权力运行过程的机制，它的重点在于通过权力的分解和权力运行程序的设置而达到制衡的目的，而监督机制则是主要基于权力运行结果的机制，它的重点在于通过对权力运行结果、运行效果的审查而追溯相关行为部门和公务员个人的责任。公务员代表国家执行权力，实质上是受人民群众委托行使人民群众让渡的权力，因此他肩负着一种特殊的责任，对其整个执政过程和道德生活实践过程的制约和监督是必须的，主要包括法律、组织、社会媒体、公众舆论等等一系列的监督。公务员作为人民权力的受托人，他最重要的一点是取信于民，人民对他的信任虽然主要建立在他的职业活动领域，但私人生活领域的道德问题同样具有可能侵害职业道德的可能，因此公务员职业道德的监督必须是全方位、多角度的,必然包括私人生活领域。所以,我们的党规党纪和公务员所应当遵从的社会主义核心价值观都包括了职业道德之外的家庭美德、个人美德和社会公德,如果这些领域出了问题,公务员个体对权力道德的信誉度是有问题的,损害了权力委托的信任基础。从这个角度来说,对权力运行的制约和监督具有一定的广泛性,不过为了不至于主题泛化,本书将制约监督领域集中于权力运行的组织和个人本身。

组织监督是公务员权力监督体系中最具有有效性的监督渠道,是公务员职业道德建设的重要手段。相对其他监督方式而言,组织监督具有更强的针对性。任何一个公务员必然归属于某一特定的组织和部门,其职业道德实践活动、甚至其家庭和个人道德活动都与其所在组织及其成员呈现密切的关系。公务员所属的组织部门根据自身的职业特征对其提出相应的道德规范更具有针对性。另外,公务员的权力来源虽然从本质上来说是来自人民的权利让渡,但是公共权力并不是直接授予公务员个人的,而是授予相应的组织,然后通过组织来授予个人行使某项权力。在具体运用权力的时候,公务员权力大小是与其在组织中担任的职务相对应的,职务越高权力越大,只有组织对公务员进行了任命,公务员领导干部才具有某种程度的权力,也才能享受相应级别的政治待遇和物质利益。因此,在实际权力运行中,组织决定了公务员职业道德的运行基础:权力与利益。正是如此,组织的监督对公务员来说最具有权威性。十八大以来,组织监督日益严格化、法治化和日常化,尤其是国家监察体系的建立和纪委监察功能的完善和充实,十九大之后组织监督的制度设计更加科学,程序更加规范,已经成为公务员职业道德建设中最重要的监督方式。

组织监督必要性和重要性无需赘述,但组织监督本身也存在重大缺陷:内部监督的有效性问题和监督方向的单向性问题。内部监督是指组织监督实质上是一种公务员监督公务员的监督,它的有效性是有一定疑问的,通俗的说就是存在"官官相护"的可能。不过这可能只是问题的一个方面:当内部监督的指向是为了应对社会舆论或非本组织的压力时,自己人监督时可能存在互相包庇或隐瞒可能(即所谓"官官相护"的情况),但是当内部监督的指向是为了应对组织内部的压力,尤其是上级压力下的竞争性监督时,可能会存在自己人监督故意放大问题、吹毛求疵的情形。监督方向的单向性问题是指组织监督往往是上级监督下级比较有效,而下级监督上级则缺乏有效性。由于中国的组织构架、组织行为原则基本上都是自上而下的,下级服从上级,上级任命下级,因此上级监督下级很有效,而下级监督上级存在困难。这种监督方向的单向性在很长一段时间内都难以得到扭转,因此公务员职业道德的监督还需要在组织监督之外的力量介入。

组织监督的单向性问题还带来另外一个问题:对一把手的监督问题。"由于行政监督权主要集中于行政首长,实际是领导者管理和控制被领导者的一种表现",①因此,对组织内一把手的监督问题一直是我国政治与行政生活中存在的一个非常棘手的问题,总体来说对一把手的监督普遍不到位,少数人独断专行,大搞一言堂,严重破坏了组织纪律,但由于各种原因,其他班子成员和下属公务员根本不能也不敢提任何反对意见,这样会导致正常的监督形同虚设。一把手搞"一言堂"的另一个危害是弱化现有组织监督体系中对公务员职业道德行为的监督,只要一把手认为下属公务员业务能力强、能干事、会来事,其他公务员必须具备的服务精神、公正为民等道德品质往往被认为"瑕不掩瑜",不是大问题。为了解决一把手的监督问题,党和国家出台了不少法规对此进行限制,比如新修订的《关于新形势下党内政治生活的若干准则》规定:"各级党委(党组)必须坚持集体领导制度。凡

---

① 阎德民:《中国特色权力制约和监督机制构建研究》,人民出版社 2011 年版,第 342 页。

属重大问题,要按照集体领导、民主集中、个别酝酿、会议决定的原则,由集体讨论、按少数服从多数作出决定,不允许用其他形式取代党委及其常委会(或党组)的领导。"①但是由于在实际工作中部分公务员领导执行规定不到位,导致实际效果有限,更多的情形是采取集体领导的形式而实际是个人决定的实质,因此对一把手的监督也需要有弥补当前监督的缺陷的手段。本书认为至少有以下几个方面值得探索。

(1)组织内部实现公务员职业道德监督的专门化。在组织监督内部加大对公务员职业道德监督的力度主要有两种方式:一是成立公务员道德委员会,二是在有关法规中增加公务员职业道德有关的条款。不少西方国家在行政组织内部成立了道德委员会,负责制定公务员职业道德的相关法规、监督相关人员的职业道德活动、处理违反职业道德的有关问题,实践证明这一举措是有效的。结合我国的实际,本书认为我国在监察机构内和各级党委(党组)内设立行政伦理委员会或者公务员职业道德委员会是有必要且可行的,由道德委员会负责审查公务员日常职业行为中的道德问题,并对公务员晋升和年度绩效考核拥有一票否定权,对职业道德优秀、业务能力强、群众基础好的干部具有推荐权等等,这将在很大程度上制约一把手的一言堂行为,也有利于夯实集体领导制度的基础。成立这样的机构必然要有相应的制度来配套。在上述道德法律化路径中论述了底线职业道德规范法律化的可能性,那么在这里论述的就是高于底线道德的公务员日常职业道德如何制度化的问题:在党内法规和行政法规中增加有关公务员职业道德的条款。一个是在党内法规中增加有关公务员职业道德的条款,比如在《中国共产党纪律处分条例》中增加条款,规定公务员党员违反何种程度的职业道德做出何种处理;在《中国共产党党内监

① 《十八大以来新党规党纪学习手册》,中国法制出版社 2018 年版,第 98 页。

督条例》中增加条款，规定党内道德委员会的设置、权力范畴（例如规定单位一把手不得担任道德委员会主要领导、道德委员会不具有对干部的任免权只具有否决权）和处置措施。与此类似，在有关的行政法规中也进行类似的规定，以覆盖到全体公务员。大量有关公务员职业道德专门化的具体问题可以进一步探讨，但其专门化本身应当逐步提上党和国家政治生活的议程。

（2）社会舆论监督的健全与完善。舆论监督是人民群众通过媒体（包括新媒体）对公务员的整个权力运行过程与权力运行结果进行的监督，"舆论监督主要是指公民利用大众传媒对国家机关、国家公职人员提出批评和建议的行为。"①随着现代互联网技术的发展，尤其是自媒体技术的发展，当今时代人人都拥有"话筒"，舆论监督在监督各级公务员职业道德、正确行使公共权力方面呈现出特殊的作用，但是我们也要看到，并非所有人的"发言"都能通过网络表达出来，而是经过了媒体运营商的筛选、符合商业运行特点的话题和意见才能大范围传播开来，而没有商业价值的自媒体表达，则往往只在少部分人群中发生影响，因此网络舆论监督也是有局限性的。为了对网络舆论加强引导，近年来我国政府高度重视网络舆情的收集、预判和处置，完善举报网络，健全反馈制度，为人民群众行使网络监督权提供了畅通的渠道，同时对各种自媒体、新媒体运营商加强了监管，加强了网络警察的队伍建设，有效保障了网络监督权的实现。

另外，针对网络上不良的社会思潮传播和反党反社会言论的肆虐，我国近年来建立健全了网络舆论有关的法律，2016 年 11 月颁布了《中华人民共和国网络安全法》，对政府、运营商和公民的网络安全边界进行了划分，2018 年 4 月出台了《中华人民共和国英雄烈士保护

---

① 阎德民：《中国特色权力制约和监督机制构建研究》，人民出版社 2011 年版，第396 页。

法》,对抹黑英烈先贤的猖狂举动进行了打击,有效维护了社会道德底线。但是目前比较难以处理的是人民群众针对现任公务员领导干部的批评和建议,因为在一定程度上难以区分其和抹黑、造谣、诬告的情况,尤其是难以区分一般的批评建议和半真半假的夸张、过分解读或者误解。由于网络的特性,发表言论很容易,但是真正的调查核实却需要费时费力,需要动用大量的公共资源,甚至可能影响地方党委政府正常工作的开展,因此,当前网络舆论针对具体的在任公务员领导干部的批评和建议,有关部门处理比较谨慎是可以理解的。当然,对于公务员干部有针对性的举报,我们网络监察和管理部门也是反应非常迅速的,比如2018年5月的四川广安"严书记事件",在网络舆论发酵之后,四川纪委监委迅速介入处理,是一起典型的网络舆情事件,及时获得了国家反馈。①

(3) 群众监督的健全和完善。群众监督又叫人民监督,有时也称为公民监督,即"公民个体依据宪法规定的公民权利和政治参与中的知情权,通过批判、建议、检举、控告、申诉、要求等方式对国家机关及其公职人员实施的一种监督。"②简单来说,就是人民群众以各种途径直接对国家机关和国家公务员的有关活动提出意见的行为,相比网络舆论监督,它具有直接性和真实性。在现代自媒体时代,公民的网络舆论监督和直接监督之间有一定的相似之处,比如都可以直接向政府和有关部门的邮箱、网站或网络空间投诉有关事宜,这时候二者区别不大,但是当个别群众的目的是通过网络舆论的发酵倒逼有关部门的关注和处理时,二者就呈现出较大的区别,一个是公共事件,一个是个

---

① 《"严书记事件"当事人四川广安市委副书记严春风被查》,腾讯网,2018年5月18日。
② 阎德民:《中国特色权力制约和监督机制构建研究》,人民出版社2011年版,第381页。

案,因此,现代政府对人民群众的利益处理要及时、公开、公正,尽量减少个案演变为公共事件。从这个意义上来说,群众监督就是人民群众直接反映意见的重要途径,也是各级公务员了解群众意愿、听取群众呼声、争取群众支持的必需途径。通过直接的群众监督、公务员反馈沟通,群众与公务员双方产生直接的联系和现实的接触,这种有效互动对公务员的职业道德的形成具有重要的影响,也对公务员职业道德建设产生更深远的影响,这是网络监督所无法达到的效果。

群众监督尽管存在诸多的优点,但是现在由于体制机制的不完善,局限性同样明显,需要进一步完善、健全和优化。一是关于群众监督的法律法规体系不健全,对公务员职业道德问题尤其是公务员领导干部的信访、举报和投诉等一系列的情形还是以谨慎、维稳的方式来对待,往往试图大事化小、小事化了,群众对有关领导干部的问题走法律途径的信任度不高,很多问题无法通过法律途径解决而走投诉和上访的程序,耗费了过多的国家资源。二是群众本身参与监督的意识不强、能力欠缺。由于宣传教育机制不良、群众素质参差不齐、法律法规水平有限等原因,对涉及群众自身权益的公务员职业道德行为难以做出有效监督,亟待提高群众的参政议政能力、法律法规素质和道德监督意识的培养。三是群众举报投诉处理机制分散,每个部门都有投诉窗口、电话和邮箱,各级政府和监察机构也有相应的信息处理部门,公安司法部门和政府网站也都有类似的机制,但是各个部门之间沟通不协调,群众举报投诉被"踢皮球",群众跑断腿还往往不知所措。因此,针对公务员职业道德的投诉处理应当在设立统一的道德委员会或伦理委员会的基础上,由专门的委员会负责处理公务员职业道德的有关问题。

4. 职业道德考核和奖惩制度的完善

考核激励机制是任何组织人事部门都必须重点考虑的问题,它涉及公务员的生活水平、家庭生活质量等问题,是公务员个人的工作动力之一。公务员职业道德建设必须建立在科学的职业道德考核体系之上。把公务员的职业道德考核成绩纳入组织部门的行政绩效当中,有利于形成良好的道德氛围和道德环境。

(1)建立科学的职业道德考核体系

科学的考核体系是对公务员职业道德实践做出正确评价、奖惩的前提,它不仅能够督促公务员正确对待职业道德规范,而且能够促进公务员的道德修养。

首先,考核的内容应比较完善,又有所侧重。考核内容不仅仅是公务员的道德品行,还有公务员的政治品质。道德品行包括社会公德、职业道德、个人品德、家庭美德,上文已阐述过,虽然对组织来说主要是考核职业道德,但是其他道德品行也与职业道德息息相关,在中国传统的观念都是以德为先、做事先做人,如果一个人社会公德不行或者家庭美德很差,甚至个人品德有问题,领导和公众都会怀疑他的职业道德和操守,怀疑他的合作和领导能力,这是有道德联系的,也是中国人的传统。政治品质包括政治方向、政治立场、政治态度、政治纪律和党性原则等方面,各个方面的表现可以集中表现于是否拥护党的领导并时刻与党中央保持一致。对于中国特色社会主义公务员来说,政治品质是第一位的。那么对于公务员的政治品质和道德品行进行完善的考核之后,还需要有所侧重,那就是职业道德。2016年人社部和国家公务员局出台的《关于推进公务员职业道德建设工程的意见》指出:"加强公务员职业道德的考核评价,开展公务员平时考核、年度考核、任职考察等工作时,都要注重了解职业道德表现情况。"[1]

其次,考核的形式应灵活多样。公务员职业道德考核不应只限于

---

[1] 任剑涛、颜昌武:《推进公务员职业道德建设读本》,中国人事出版社2017年版,第216页。

本单位本组织的人事部门或领导层,而应该宣传发动更广泛的评价主体参与到职业道德评价中来,形成对公务员职业道德的全方位、多层次的立体考核监督机制。首先要坚持组织考核、领导评价的主渠道作用,其次要坚持民主评议原则,促进同事和下属参与评价,再次要坚持群众路线,加大群众和服务对象的参评力度,并将群众考评意见作为重要的考核权重计入考核结果,最后还要积极利用社会舆论媒体,包括网络媒体对公务员职业道德评价的重要作用,及时曝光公务员在职业操守方面的问题,防止内部人考核的缺陷。

再次,应确立科学公正的考核指标。公务员职业道德考核体系的确立离不开科学合理公正的考核指标的设置。科学合理的考核指标是指评价的结构要素、考评标准、计量权重必须符合工作实际、真实有效、可执行;公正的考核指标是指职业道德的考评项目要兼顾各方,能实事求是地反映公务员职业活动的结果。不同岗位层次的公务员要设置不同的考核标准,基层公务员主要考核服务水平、业务技能、群众满意度等方面体现的道德品质,而领导干部公务员主要考核党风廉政建设、班子建设、队伍建设和制度建设等方面的道德水平。另外,公务员职业道德的考核需要定性与定量相结合,不能只有含糊的定性考核,也不能只有条条框框的定量打分,必须把二者的优点结合起来,全面准确地考察公务员职业道德情况。

(2)实施有效的道德奖惩机制

公务员职业道德考核的目的是为了促进公务员道德水平的提高,但是考核本身只是一种手段,如果它没有最终和奖惩机制联系起来,那它就是空洞的、毫无威慑力的摆设。只有公务员的职业道德考核结果体现在公务员的荣誉、工资、职务晋升等利益方面的时候,才具有真实的推动作用,因为在我国的社会主义初级阶段、多种所有制并存的条件下,公务员的生活与发展还是必须靠个人占有的物质利益和职务荣誉才得以体现。道德奖惩机制是指对公务员职业道德的良好表现进行奖励和不良表现进行惩罚的总称。达到奖励机制是指对职业道德行为良好的公务员予以满足其物质和精神的需求来调动其积极性、促进道德潜能发挥的管理方法。道德惩罚机制是指对职业道德行为不良的公务员进行强制性的精神和物质处罚来约束公务员道德行为的管理方法。通过奖惩，一方面能有效教育受奖惩者本身，另一方面也能有效警示广大公务员如何履行职责。《关于推进公务员职业道德建设工程的意见》指出："强化公务员考德结果的运用，将职业道德考核情况作为公务员选拔任用、培养教育、管理监督的重要依据。对恪守职业道德、履职尽责、表现优秀的公务员，给予适当奖励。"①《意见》明确指出了公务员的晋升要与职业道德的考核结果相联系，这是一个重要举措，但是由于该文件的"软"指导性、方向性，无法明确如何在晋升中使用考核结果，也无法明确应当采取什么奖励，必须各个省市结合自己的情况出台具体的实施细则才能落实到地。目前从全国总体来看，文件落实到地的不多，能具体可操作的更少，亟待各级政府领导对其进一步重视和落实。

5. 教育培训制度的完善

2015 年 10 月中共中央印发的《干部教育培训工作条例》指出，干部教育培训是建设高素质干部队伍的先导性、基础性、战略性工程，在推进中国特色社会主义伟大事业和党的建设新的伟大工程中具有不可替代的重要作用。② 公务员职业道德教育是我国干部教育培训的核心内容，2016 年 6 月中组部等部门印发的《关于推进公务员职业道德建设工程的意见》指出，要把教育引导作为塑造公务员道德习惯和提

---

① 任剑涛、颜昌武：《推进公务员职业道德建设读本》，中国人事出版社 2017 年版，第 216 页。

② 《中共中央印发〈干部教育培训工作条例〉》，中国政府网，2015 年 10 月 18 日。

升公务员职业道德素养中的重要环节。[1] 列宁曾经在他的著作《怎么办?》一书中指出,工人阶级自身不会产生社会主义思想的,必须靠先进的社会主义知识分子的灌输。[2] 同样道理,非党员公务员群体也不能完全靠自觉实现道德自律,必须对其进行教育、培训,即使是党员公务员也要以教育培训巩固和提高已有的道德修养水平,因此道德教育和培训是公务员职业道德建设的基本途径之一。

当前公务员职业道德教育培训的最主要问题不在于教育培训的内容,其主要内容从 2011 年《公务员职业道德培训大纲》提出的"忠于国家、服务人民、恪尽职守、公正廉洁"提升为 2016 年《关于推进公务员职业道德建设工程的意见》的"坚定信念、忠于国家、服务人民、恪尽职守、依法办事、公正廉洁",增加了"坚定信念"和"依法办事"两条,这是十八大以来党和国家根据新形势的变化而提出的要求,可以说涵盖了公务员职业道德要求的方方面面,最需要加强和改进的问题有两个:一个是教育培训保障机制不够合理,另一个是教育培训的效果有待提升。

教育培训保障机制的问题首先在于没有明确的全国性规划,无论是《公务员职业道德培训大纲》,还是《关于推进公务员职业道德建设工程的意见》都没有对各级政府提出具体的公务员职业道德培训规划,各级培训多长时间、不同层级的公务员培训什么内容、如何协调和衔接、培训费用如何列支、培训结果如何考核、考核结果怎样和干部晋升相联系等等,都是笼统地提出要求,由各级政府和单位自行掌握,这样最终就是从文件到文件,无法落实到公务员真实的培训上来,从而效果必然也不佳。比如培训内容部分,尽管《关于推进公务员职业道

---

①《三部门关于推进公务员职业道德建设工程的意见》,中国政府网,2016 年 07 月 07 日。

②《列宁选集》(第一卷),人民出版社 2012 年版,第 317 页。

德建设工程的意见》指出要对领导干部加强信念和纪律教育、基层公务员加强服务意识教育等,但是仍然是比较含糊的,科级和科级以下、处级、厅级和厅级以上公务员各自培训什么内容、有何差异和共同点,均没有明确。这样落实到各个地方的时候,难免变形走调。又比如培训经费的问题,目前不说公务员职业道德培训经费,就是整体的公务员培训经费也没有单独列支,各地都笼统地报入办公经费预算,这样培训费就变成了"唐僧肉",凡是领导不方便报销的都可以往培训费上凑,到了年底预算内没用完的就可以大量组织培训,不管有用没用,钱花完是第一任务。

另外,关于公务员职业道德教育培训中也存在具体教育方法的缺失导致实效性不高的问题,比如往往只注重搞几场没有连续性的讲座、看一些视频、弄一场所谓的职业道德竞赛(实际是誊抄答案应付检查)、组织一次要求多少小时的网络培训等等。不能说这些方式都是无效的,但是孤立而不系统地搞这些培训,内容杂乱、水平不一、时间不能有效保证的情况下,效果本来就有限,而组织这些培训的目的不是真正为了提高公务员的职业道德素质,而是为了应对上级检查,表明完成了这项年度任务的时候,上下都不重视具体的培训内容和效果,都只是为了完成任务。如此进行公务员培训,职业道德培训显然难以保障,效果也无从保证。对此必须全国有较为详细的规划要求,经费预算单列,效果考核检查,各地提出配套措施报中组部批准,层层抓落实,对于落实不到位的领导要问责,相关责任人不能晋升。只有这样的清晰路径和重要手段才能有效促进公务员职业道德建设。

三、公务员个体进行职业道德建设的路径

对于公务员职业领域的道德现象和道德问题来说,无论党和国家如何重视、组织部门如何引导、领导和同事如何指导,最终问题的解决还是要落实在公务员自身,需要其将道德要求从认识到认同、从接受

到行动完成内化于心、外化于行的过程，这个过程最终的体现就是自律。自律在行政伦理学上也称之为"内部控制"，都是指人的自我约束。公务员要获得这种自律，必须对公务员进行全方位的职业道德教育，加强世界观人生观价值观的引导，继承传统文化精髓，吸收借鉴国内外教育培训经验，完成一个从道德认识、道德情感、道德意志到道德行为习惯的转变过程。

（一）养成正确的"三观"

所谓"三观"就是我们常说的世界观、人生观、价值观，这三观的正确与否从根本上决定了公务员职业道德的精神基础、思想根基，它们正如建筑的地基一样，决定了建筑物的牢固程度和方向，即常言说的"根基不牢，地动山摇"的道理。

1. 马克思主义是三观的基础，是公务员的立身之本

很多公务员、尤其是年轻的公务员往往不懂得为什么全党全国上下都要求学习马克思主义、信马克思主义、用马克思主义，我们的宣传教育部门也往往提要求的多，为何这么要求解释得少，因此很多公务员往往将学习和坚持马克思主义仅仅当成一种口号式的宣传，入耳却不入脑，导致不少公务员学了也就学了，缺乏实效、缺乏触动。马克思曾说："理论只要说服人，就能掌握群众，而理论只要彻底，就能说服人。所谓彻底，就是抓住事物的根本。"①马克思主义理论正是抓住了事物的根本。广大公务员必须认认真真、原原本本地学习马克思主义，领导带头、组织辅导，一点一点地积累，时间长了就会逐步成为具有一定理论修养的马克思主义者。本书认为，那种简简单单学马列的思维已经被证明是有缺陷的，对于一学习马克思主义理论感到厌烦的就不应该进入党员队伍和公务员队伍，对于学一点原著理论就感到头

---

① 《马克思恩格斯文集》（第一卷），人民出版社 2009 年版，第 11 页。

大的干部是可以慢慢纠正的。作为党员、作为公务员,马克思主义理论应该成为自己的看家本领,原原本本读马列应该成为自己的习惯。很多落马的干部不信马列信鬼神,不信民心信风水,就是因为马克思主义理论掌握不牢,世界观、人生观出了问题。马克思主义就是辩证唯物主义,就是世界观和方法论,真正掌握了马克思主义就不会落入封建迷信的圈套。所以,公务员职业道德的基础最重要的就是马克思主义,有了马克思主义的思想做基础,世界观就不会出问题,人生观也就有了可靠的保障,价值观就可以正确培育。

2. 价值观是立德之基,是公务员权力观政绩观的前提

价值观指人们在处理价值问题上所持的立场、观点和态度的总和,是关于正确认识和解决自身价值如何体现、经济利益如何取舍的观念总和。对于公务员来说,最重要的价值观就是社会主义核心价值观,习近平指出:"把培育和弘扬社会主义核心价值观作为凝魂聚气、强基固本的基础工程,继承和发扬中华优秀传统文化和传统美德,广泛开展社会主义核心价值观宣传教育,积极引导人们讲道德、尊道德、守道德,追求高尚的道德理想,不断夯实中国特色社会主义的思想道德基础。"[1]同样道理,在公务员职业道德建设中坚持正确的价值观,就是要公务员坚持正确的权力观、政绩观,价值观不正确,公务员自身利益的实现必然会走上邪路,正确的权力观和政绩观就无从谈起。

价值观既具有历史继承性又具有时代创新性,也就是说,价值观不能割裂历史传统而独立存在,但是不同时代的人价值观又有特定的时代差异。公务员职业道德在一定程度上就是价值观在职业领域的体现,就是体现公务员如何在职业活动中实现人生价值的道德。因此,改造价值观也就是改造职业道德观,就是调整自身利益获取方式

---

① 《习近平谈治国理政》,外文出版社 2014 年版,第 163 页。

和正确认识自身价值的问题。正是在这个意义上,习近平说"青年的价值取向决定了未来整个社会的价值取向"。① 很多原本前途大好的公务员由于放松了价值观的改造,致使自己遗憾终生,党和国家也受到了巨大损失:有的由于继承了传统的江湖习气,与商人称兄道弟、吃吃喝喝,不知不觉中犯下了巨大错误而不自省;有的公务员干部民主作风不学,学封建官僚那一套,大搞人身依附、跑官要官,导致政治风气严重恶化,败坏了党和国家的形象,也坑了自己;有的公务员羡慕资产阶级腐化那一套,利用权力大搞花天酒地、声色犬马,破坏了公务员队伍政治生态,也破坏了自己的家庭、自己的人生。如此种种,都是因为不能真正以马克思主义改造价值观。

当今的时代是一个大转型、大发展的时代,世界经济、政治、科技等各方面发生深刻转型,中华民族也正处于崛起的关键时期,我们公务员既要继承中华民族优秀的传统文化,又要抛弃封建糟粕,既要高举社会主义革命道德,又要汲取世界优秀文化的精髓,因此,公务员正确的价值观的形成也是一个充满挑战的过程。在公务员职业道德建设中,各级公务员要加强马克思主义理论,不断浇筑、巩固正确的世界观、人生观,不断加强价值观的马克思主义改造,提高自身的综合素质,自觉提高运用马克思主义分析问题、判断问题的能力,摆正自己的公仆地位,使自己的人生价值在为社会、为人民的无私服务中得到实现和升华。

(二)汲取国内外经验教训

公务员职业道德建设不是凭空提出一套理论和方法,而是必须继承传统的官德建设经验和借鉴国外的有益经验,而我们中华民族的官德教育有着悠久历史和优良传统,符合中国人的民族心理和思维方

---

① 《习近平谈治国理政》,外文出版社 2014 年版,第 172 页。

式,具有重要的借鉴作用,是加强公务员职业道德建的首要方法。

1. 借鉴传统官德建设的经验

官德是中华民族悠久灿烂的传统道德文化的重要内容,自古以来就是治国安邦的工具,始终与国家的安危联系在一起。我国历史上历代政治家、思想家都对于官德的作用非常重视,因而在实践中很注重官员道德的教育和养成。在历代统治者所提出的"仁政、德治""以德配天""德主刑辅"等德治思想的影响下,中国官德建设走出了一条以道德教育和道德修养为主线的道路。在几千年的历史中,官德建设为维系中国社会的稳定,发挥了极其重要的整合作用。在今天,传统的德治思想已不能完全适应新时代的要求,但中华民族传统文化中所蕴含的思想魅力和习惯风俗,仍然在相当程度上影响着人们的思想和行为。在法制日趋健全而公务员职业道德却不容乐观的今天,深入挖掘中国人传统精神中的基因密码,唤醒公务员的道德意识和道德自觉具有重要的意义。

(1) 注重挖掘传统文化的基因

中国人的传统文化的基因往往蕴藏在我们的日常生活行为和风俗习惯中,日用而不知。所有中国人都有敬天爱国敬祖的文化基因。"天"在中国人的文化心理中占据着重要的地位,类似于西方的"上帝",但中国的天道观既有类似于"神"的宗教色彩,尤其是在上古商周时期,"敬天保民"的祭祀性活动中将"天"渲染上了"神"的气息。后来周朝"以德配天"的思想逐步发展,更多的与"天道"等具有朴素唯物主义的观念联系在一起。汉代董仲舒提出"独尊儒术、罢黜百家"之后,儒学家将"天""天道"进一步与人心、民心连在一起,形成了中国独特的"天道观"。① 同时,由于中国悠久的农耕文明传统,"天"的四季轮回

---

① [日]沟口雄三著,赵士林译:《中国的思想》,中国财富出版社 2012 年版,第5—15页。

和农业的春种秋收紧密地联系在一起,一代代人劳动奉献的结果和经验成为维系后人生存发展的重要途径,敬重天地自然、感恩先祖功绩深深地沉淀在中国人的民族文化心理中,故而传统中国人的堂屋正中一般供奉着一个"天地君亲师"的牌位。在这里的"君"并非仅仅指皇上这个实体,而是指国家、社稷,故也有的人家里供奉的是"天地国亲师"位。"亲"就是长辈、先祖,"师"就是老师。古人将老师和长辈放在这样重要的地位上,是和传统农业社会经验的形成与传承分不开的。在农业社会中由于自然和社会环境在人的一生这个时间跨度中变化都不大,岁数大的长者通过继承先祖的经验和自己数十年的经验足以应对绝大部分自然和社会问题,故年长者一般可称为智者,他们的经验教训的传承可以极端地缩短晚辈获得相应经验的时间,帮助其迅速成为熟练劳动力、顺利融入社会关系网络,所以中国传统社会具有尊老敬老的优良传统。通过这一系列的分析,我们可以从中国人的传统心理中清晰地看到自然(天地)——国家(社稷)——社会(亲长)之间的因果联系,也就能理解我们中国人敬天——敬德——敬祖之间的特殊逻辑关系。如果我们更进一步展开来看,"天"——"在中国,从古代开始,天的公就内在地包含着这一观念";[1]"德"——从西周的"以德配天"到北宋的"人事顺天"都将道德、"天下之正理"表达成与自然的"天"相配对的位置;从而沟口雄三认为:自然、政治、道德成为一体,相应地灾异(自然)——天谴事应(政治)——修德(道德)三位一体,[2]但他只指出了从自然到政治到个人道德的关系,没有指出中国人"敬祖"背后的宗法、伦理关系,个人修德是暗含在这个宗法伦理关系中

---

① [日]沟口雄三著,赵士林译:《中国的思想》,中国财富出版社 2012 年版,第 25—26 页。

② [日]沟口雄三著,赵士林译:《中国的思想》,中国财富出版社 2012 年版,第 24 页。

的,也就是说,中国人的民族心理结构应该是自然——政治——伦理的逻辑关系,这也就解释了中国人注重社会关系和道德的秘密所在。

从上述分析就可以看出,传统中国人的文化精髓在于道德修养,它是贯穿天地和历史的,也是中国人精神中超越性的来源。以德修身、以德立身、立德长存是中国人的精神密码。从这个角度来说,公务员职业道德建设应该充分学习、继承传统道德的精华,使每个公务员的精神都贯穿到中华文脉当中去。加大学校教育的古典文献经典的比例,加大公务员录用考试的传统经典的考核,强化在职公务员的优秀传统文化的学习并进行适当的奖励等等诸多措施,都是促进公务员职业道德建设的有效手段。

同时我们也要看到,中国传统文化精神在一定程度上是和传统农业社会、宗法社会有高度关联性的,在近代以来中国巨大的经济政治改革和文化浪潮的冲击下,传统社会在一百多年的时间内逐步改变,但总体上说,一直到改革开放初期,中国人的文化心理结构依然是从属于传统农业社会的,城市市民社会的文化一直未能成为中国社会的主流。但是改革开放以来城镇化的发展大大推动了农村和农民的现代化进程,从而严重冲击了新生代农民的社会道德基础,同时城市也受到了大量外来文化的冲击,旧的道德传统已经打破,新的道德传统尚在形成,导致我国社会出现了诸多的问题。在我们这个拥有"精忠报国"传统的国家近年来竟然网络上出现了"爱国贼",去年以来出现了"精日"群体,今年秋季竟然有高校学生声称"大学生爱国是蠢货""一辈子不会爱国"等辱国言论,[1]可见现代中国的传统爱国教育是有盲区的,公务员职业道德教育应当汲取这个教训。

---

① 《湖南一高校新生发布辱国言论被举报,校方:取消入学资格》,澎湃新闻,2018年9月23日。

（2）注重弘扬优秀传统精神

商汤灭夏之后总结了夏朝灭亡的教训，非常重视官员的道德教育，周朝灭商之后提出"以德配天"，春秋战国之乱使孔子深深厌恶，他创立儒家道德学说，极力主张通过道德教育来启迪人的良知和德性，并把官德教化作用提到了新高度。他提出的"为政以德，譬如北辰，居其所而众星拱之"、[①]"政者，正也。子帅以正，孰敢不正"、[②]"其身正，不令而行；其身不正，虽令不从"等诸多观点。[③] 孔子之后的儒家文献《大学》提出了名传千古的"修齐平"道德修养路径："古之欲明明德于天下者，先治其国。欲治其国者，先齐其家。欲齐其家者，先修其身。"它以此教化来维护道德的自我修养，这也正是现代公务员职业道德建设借以学习的重要经验。唐太宗李世民曾对大臣说"若安天下，必须先正其身，未有身正而影曲，上治而下乱者"，[④]君臣都注重道德修养，从而有"贞观之治"。宋朝王安石认为君王要"修其心，治其身，而后可以为政于天下"。[⑤] 清代张伯行著檄文："一丝一粒我之名节，一厘一毫民之脂膏。宽一分，民受赐不止一分；取一文，我为人不值一文。"[⑥]近代孙中山认为："政党自身之道德，尤当首先注重，以坚社会之信仰心。"[⑦]这种讲道德修养的精神，中国自上古以来一直传承不绝，值得我们在公务员职业道德教育培训中好好深入挖掘和讲解，尤其不能泛泛而谈，否则如风过耳，毫无效果。

（3）注重用现代手段宣扬传统道德典范

上述是从文化典籍、文化传承的角度来讲传统道德精神和官德修

---

① 《论语·为政》。
② 《论语·颜渊》。
③ 《论语·子路》。
④ 《贞观政要·君道第一》。
⑤ 《临川文集》（卷六十五·议政·洪范传）。
⑥ 《禁止馈送檄》。
⑦ 《孙中山全集》（第三卷），中化书局1984年版，第1页。

养教化，还有大量的历史典故、历史事实如黄钟大吕、弦歌不绝，比如伯牙子期高山流水、蔺相如高义和将相、荆轲刺秦杀身成仁、诸葛亮鞠躬尽瘁、包拯救民于火、海瑞清廉做官等等，在我国的数千年历史中类似的清廉、重义轻利、为民请命的故事数不胜数，都是我们今天进行公务员职业道德应当学习和借鉴的范例。我们要以现代文化传媒的形式将他们从历史的故纸堆中挖掘出来、鲜活地展现在人民群众面前，教育广大人民群众和公务员，培育良好的社会道德环境。将近20年来，我国出产了大量经典的古装剧，其中也有演绎诸葛亮、包拯、狄仁杰等历史人物的优秀影视作品，但是总体来看，往往以宫斗剧、清宫剧为久盛不衰的热点，宣扬的不是优秀的传统道德文化，而是封建王朝的黑暗和人性的弱点。现代资本文化为了迎合现代人在激烈变革中的人际关系的冲突和心理安慰的需求，持续将近20年投入巨大的财力人力物力拍摄了无数甚少历史进步作用的产品，造成了巨大的浪费和不良的道德影响，值得我们影视行业管理部门深思，更值得我国公务员职业道德教育和管理部门引以为鉴。

2. 汲取西方有益的建设经验

通过分析总结欧美国家和亚洲的韩国日本新加坡的公务员职业道德建设经验，我们发现可以借鉴很多有益的措施，一方面是制度上的法律化和细致、可操作化，另一方面是道德教育的隐性化、生活化。

本文认为，制度方面对公务员职业道德建设可借鉴经验主要有三条：一是必须以法治化和伦理化两条路径同时推进，法治化必须落实到具体的行为奖惩上，具有可操作性，伦理化必须有专门的机构和法律来主管，并且要落实到公务员个体的激励奖惩、道德培育和组织文化的建构上才有实际效果。二是公务员职业道德建设的关键在于公开公正的选拔任用制度和公开透明的财产公示制度。没有良好的选拔任用制度，公务员职业晋升的道路被堵塞，出现"劣币驱逐良币"的效应。没有公开透明的财产公示制度，公务员的廉政建设就会大打折扣，当官和发财就容易联系到一起。三是公务员职业道德建设的规范体系既有世界性的共性，又要符合本国的文化特色和民族心理。对国家忠诚、廉洁勤政、为全体人民服务是全世界公务员职业道德原则的、形式上的要求，但具体以什么样的内涵、寓意和途径来到达这些形式的要求，则是一个本国特色化的问题，总体而言，成功的公务员职业道德规范都既是符合本国人民文化传统又进行现代化转化的规范。

在道德教育隐性化、生活化方面外国可借鉴的经验主要有两条。一个是西方在学校教育中基本没有明确的世界观、人生观、价值观等抽象概念的理论课程，不灌输这些概念，而是让其渗透在课外教育、校园文化、社会实践、心理咨询和宗教教育等各种形式之中。[①] 这种隐性教育对孩子的影响非常深远，在学校管理者、教师和学生之间的各种日常互动之中体现道德的意义和价值，告诉孩子们应该成为什么样的人。[②] 在学校教育之外，西方各地建设的纪念馆、艺术馆、博物馆和国家公园等各种场所都具有道德教育的功能，并善于利用网络和广播电视等大众传媒全方位地进行道德熏陶，使人在不知不觉中接受道德教育。[③] 西方的道德教育理论更加强调人的道德判断和选择能力的发展，即道德自主性的发展。西方有学者指出四种"依赖"会妨碍人的道德自主性：对权威话语不反省；追随主流意见；对上级绝对服从且认为是必须的；易于相信别人的意见。[④] 这种渗透式、注重道德自主性发展的教育方式相比中国能更有效地思考道德问题，反思道德现象背后

---

① 郑永廷：《论当代西方国家思想道德教育方法》，《学术研究》2000 年第 3 期，第 82—87 页。

② 赵振洲：《现代西方道德教育策略研究》，山东人民出版社 2010 年版，第 8 页。

③ 赵振洲：《现代西方道德教育策略研究》，山东人民出版社 2010 年版，第 8 页。

④ 赵振洲：《现代西方道德教育策略研究》，山东人民出版社 2010 年版，第 7—8 页。

的原因,对学生成人后进入公务员队伍的职业道德教育具有极大的益处,促进公务员习惯性地审视自己及其同事的道德行为。另一个经验是宗教教育渗透到西方国家的方方面面,起到了不可替代的作用。西方的教会往往承担了社区大量的公益和慈善活动,极大地方便了社区人群的生活,而且他们的活动与学校教育相协调,这样通过集体活动促使公务员从儿童时期起就潜移默化地受到了宗教教育的影响,自己成年后又带领子女参加这种活动,甚至自己成为该活动的志愿者。可以说宗教集体活动与西方国家社区的生活融为一体,影响着人生的每一个阶段,成为西方道德教育的一个重要途径。但是我们应该注意的是,西方宗教场所的这种活动所带来的道德教育并不直接就是宗教教育,西方的研究认为:"道德行为和宗教信仰本身并没有什么必然联系。一个人是宗教信仰者或者无神论者,并不能作为他们的行为是有道德或者非道德的预测因子。"①就这一点来说,我们国家对儿童陪同家长参与宗教活动或许不用过分解读,反倒是不少大学生和公务员热情积极地参与基督教活动值得我们深入思考。本书认为,公务员职业道德教育甚或公务员教育很有必要有效地和工会活动及其场所联系起来,各级组织要投入资金、各级领导要重视,真正把公务员尤其是年轻的公务员的业余生活搞丰富,为他们着想,为他们谋福利,自然渗透进主流、向上的积极的教育,既减少了他们业余参与不良活动的机会,又提高了公务员的团结精神。

(三)坚持提高自我修养

加强和完善公务员职业道德建设,外在的教育培训和监督是必要的,各种配套的硬件也是必不可少,但是道德教育归根到底还是具有高度主体性的事情,它必须通过主体自身自觉将外界意见和成果纳入

---

① 赵振洲:《现代西方道德教育策略研究》,山东人民出版社 2010 年版,第 10 页。

自己的意识并转化为自己的行动，所有的外界条件都不过是准备和促进主体进行道德转化的前提，从根本来说还是需要公务员主体内在的道德修养发挥作用。也就是说，公务员职业道德最终需要公务员自己努力加强道德修养，注重自我教育，这也是古人修身养德的不二法门。

古人云："自天子以至于庶人，壹是皆以修身为本。"①"修身""修养"就是"修身养性"，在今天仍然是公务员形成良好职业道德的内在机制。"修身"就是强化自身的优点、裁剪自身的弱点。"修"在这里是修理、修剪的意思，有学者认为是老子最早将"修"与"德"联系起来："修之于身，其德乃真；修之于家，其德乃馀；修之于乡，其德乃长；修之于国，其德乃丰；修之于天下，其德乃普。"②"修身"是静态地对自身的优劣进行修整，而"养性"则是动态地对自身人性中的善、好的方面进行抚育、扶持，强调对善的一面的培养，是一个动态的过程。古人云："存其心，养其性，所以事天也。夭寿不贰，修身以俟之，所以立命也。"③古人认为通过道德教化来使人提高道德境界是很重要的，荀子称之为"化性起伪"，通过不断地做好小的善事达到提高道德修养的效果，称之"积善成德"，这就是修养的功劳。现代人将修身、养性合在一起称之为"修养"，公务员的职业道德素质从根本上来说，要将外在的制约化为内在的规范唯一的途径就是修养，也就是说虽然法律法规是必不可少的，但那只是保护底线的需要，真正要将公务员职业道德外化于行并持之以恒，必须重视道德主体的自律意识，以主体的道德修养将法律内化为不可逾越的红线，并以道德自觉来弥补法律法规的漏洞和缺陷。

道德修养的方法多种多样，因人而异。因此，公务员进行道德修

---

① 《大学》。
② 《道德经·第五十四章》。
③ 《孟子·尽心上》。

养的方法并不唯一,但总体而言,从古至今大致有三种方式、对应三种境界。

1. 修心之法

所谓修心就是以内省的方法养其心、正其心、不改初心。《大学》云:"欲修其身者,先正其心"。孔子云:"苟正其身矣,于从政乎何有?不能正其身,如正人何?"①所谓修心就是养心,即涵养、修养自己的内心,养心就是正心,即规整、匡扶自己的内心,正心就是内省,内省就是自己弃恶而扬善。所以,古人说的养心、正心都是通过反省来约束自己、控制自己的欲望,只有通过控制欲望、自我约束才能保持不改初心,从而达到自己的本来目的。这种通过反省来自我约束、自我控制的方法就是内省。自省是一个人道德自觉性的表现。古人云:"吾日三省吾身:为人谋而不忠乎?与朋友交而不信乎?传不习乎?"②又云:"见贤思齐焉,见不贤而内自省也。"③诸如此类都是强调内省而获得前进的动力。内省为人们的行为提供强大的动力和精神支持,形成稳定的道德行为习惯,从而在面临抉择时作出符合道德要求的决定。

相对而言,古代的人对自身进行自省是比较契合当时的时代条件的,一是长期的儒家道德教化的宣讲和师承关系的传授,内省之法基本上是古代士人必学之法;二是由于封建农耕时代生活节奏较慢,有较多的机会和时间来对已发生的事情进行反思、"回冋",从而进行内省;三是古人的生活方式没有现代生活方式多样化,人们可能受到的诱惑相对较少,从而对内省更有利;四是古人处在熟人社会,亲友之间互相信任,交流比较多,也比较讲究家庭家族荣誉和乡邻道德,亲友之间可能在交流时会有较多的提醒,也有利于自我反省。而现代社会生

①《论语·子路》。
②《论语·学而》。
③《论语·里仁》。

活节奏加快、社会变化让人应接不暇，人们较少有时间、有机会进行自我反省，尤其很多公务员领导经常"白加黑"、"5＋2"地工作，工作事项、会议、家庭、私人交往等等事情往往让他休息都是问题，日复一日地应付工作和生活已经不易，更遑论有空进行反思、反省。另外，现代社会是陌生人社会，亲友、同窗、邻里之间的深度交流已经很少，往往电话、微信都是匆匆问候而已，甚至现代夫妻因为交流太少而终致劳燕分飞的不在少数，何来机会互相提醒和反省分析？现代教育也甚少有教学体系和课程专门训练反省或者内省，大量的专业培训和基础课程往往关注的是外部世界，甚少有课程关注自己内心，这种反思反省的传承也非常微弱。以上论述都是强调不利于内省、养心的客观条件。但是反过来，反省、正心就一定要大块的时间、安静的环境吗？也不一定。公务员在工作之余，甚至工作中短暂的空闲之间，对自己进行一个快速的反思也就是一瞬间的事情，它更多地是需要养成一种自我检查、自我扬弃、自我鼓励和提高的习惯，也就是说需要一种持之以恒的坚强道德意志。有了这种意志，没有安静的环境和大量的独处时间也足以对其自身进行内省。

是否拥有坚强的道德意志对于公务员、党政领导干部的道德品质的形成非常关键，内省只是精神自查，而精神必须通过坚强的道德意志才能外化于行。只有精神自查的内省往往流于虚伪，没有自省的道德行为则可能过于盲目。随着时代的变迁、中国社会的大转型、社会思想潮流的流变，一些领导干部禁受不住各种诱惑而腐败堕落，最根本的原因就在于缺乏坚强的道德意志。公务员干部道德品质是由一系列的内在道德认识、道德情感和道德意志所决定的道德行为，道德认知、情感和意志都只是精神性的、意识性的东西，只有道德行为可以进行客观的观察，因此，决定公务员干部的道德品质的效果的是外在的道德行为，而内在的道德行为就是道德意志决策作用下的道德行为抉择。公务员干部在道德品质形成过程中的意志力,外在的表现为从道德意识到道德实践的转化,而内在的表现则是道德意识的精神到道德抉择的决策上,只有内在正确的道德选择才能外化为善的道德实践,公务员的道德品质才能通过实践表现、巩固、成熟,并表现为他的稳定的内部道德意识。修心就是内省而正己心,坚持而正己身,最后以行而证己心。

2. 学习之法

学习是修身养性必备的途径,不学习就不会有提高,更不会有深刻的自我反思,从而无法持续地提高修养。孔子曾说:"好仁不好学,其弊也愚;好知不好学,其弊也荡;好信不好学,其弊也贼;好直不好学,其弊也绞;好勇不好学,其弊也乱;好刚不好学,其弊也狂。"[1]意思是爱好仁德而不爱学习,就容易被人作弄;爱好知识而不爱好学习,就容易轻浮;爱好诚信而不爱好学习,容易轻信;爱好坦荡而不爱好学习,容易刻薄;爱好勇敢而不爱好学习,容易闯祸;爱好刚强而不爱好学习,容易狂妄。孔子的话意在指明一个人即使具有良好的道德品质也需要持续地学习,否则道德品质就会逐渐蜕化或者变质,他强调学习对于道德修养的重要作用。

事实表明,道德是离不开文化学习的。古希腊的思想家苏格拉底强调"知识即美德"。理智、文明、高尚总是同文化知识相伴,学习才是道德修养的防腐剂、保鲜剂,而不明事理、粗俗野蛮往往和愚昧无知、不学无术为伍,根本原因在于学习能够让人明白自己的不足和缺陷。[2]个人的知识越丰富、对世界认识越深刻就越能明白自然和社会的道理,也越能看清楚自己知识结构、为人处世、专业技能和生活阅历的不足,从而让自己通过学习可以改进、弥补自己的缺陷,完善和提高世界

---

① 《论语·阳货》。
② 唐利斌:《官德建设问题研究》,湖南师范大学 2006 年博士论文,第 117 页。

观、人生观和价值观。通过学习，公务员个人的知识和能力都会得到提高，精神气质都会得到改变，性情会得到陶冶，从而从内心深处出发来改变自己，砥砺和完善自己的人格。王阳明曾言："君子之学，务在求己而已。毁誉荣辱自来，非独不以动其心，且资之以为切磋砥砺之地。"①著名新儒家学者杜维明曾经指出："儒家文化传统是一个学习文明。儒家能从曲阜、中原、东亚走向世界是'学而时习之'的结果。可以说，没有学习，儒家文明就不可能延续。"②现代公务员干部应当继承先贤传统，加强自己的学习，通过学习传承文明、明辨是非，进而深刻内省、提高自己的道德修养能力。现代公务员的学习还必须汲取世界先进文化的精华，努力掌握现代社会的先进技能和管理经验，并必须结合时代的特色、自己经验而进行理性思考，形成科学的道德知识体系和当代公务员特色的道德倾向，实现个人道德、价值和职业道德、价值的统一，进而实现自我价值和社会价值的统一，最终公务员个人的内心得到升华、社会文明得到提升、党和国家治理文明的现代化得以进步。

3. 慎独之法

慎独作一个名词用时，是表现为一种道德境界，而它做动名词用时是表现为一种道德修养方法。《礼记·中庸》中说："君子戒慎乎其所不睹，恐惧乎其所不闻。莫见乎隐，莫显乎微。故君子慎其独也。"意思是：一个有道德的人，要做到在别人看不到的时候，能十分谨慎，在别人听不到的时候，能十分警惕，不要以为隐藏的和微小的过失，就可以去做。因此，应当在独自一人的情况下，更加谨慎而不做任何不道德的事情。慎独作为一种有相当难度和高度的道德修养方法，其特

---

① 《王阳明全集》（卷六·文录三·书三《答友人丙戌》）。
② 庞朴：《儒林（第1辑）》，山东大学出版社2005年版，第2页。

点在于强调从"微"处和"隐"处下功夫,强调因小见大,因微见著。[1] 一方面"防微杜渐","不因善小而不为,不因恶小而为之",这既能积小善而成大德,又可避免出现"千里之堤,溃于蚁穴"的情况;另一方面,在那些人们不注意或注意不到的地方严格要求自己,按道德规范办事。[2]

作为一种道德修养境界,慎独是非常高和难的一种境界,就是"诚其意",意思不自欺,内外如一。"所谓诚其意,毋自欺也。如恶恶臭,如好好色,此之谓自谦,故君子比慎其独也。"[3]一般而言,在有人监督的时候,人们一般会注意检点自己的言行,做到依道德行事并不难,但在无人监督的情况下,特别是做了坏事也不可能有人知道的情况下,则很多人都会对自己的放松要求,个别人甚至肆无忌惮,变成了不道德的人。因此,能够做到"慎独"是很不容易的。现代公务员职业道德提倡慎独,是要求各级公务员干部无论何时何地,必须牢记自己的职责和使命,任何时候都自觉地遵守职业道德规范,努力做到领导在与不在一个样、说的和做的一个样、人前和人后一个样。只有这样,公务员才是具有高度自觉的道德践行者,从这个意义上来说,能否达到"慎独"的境界也是衡量一个公务员干部真实道德水平的重要标准。

上述方式是我国公务员进行道德修养的传统方式,这三种方法一时做到并不难,但持之以恒却很不容易。现代公务员所处的环境与古人大相径庭,现代公务活动与过去也有了很大的差别,要继承传统并发扬光大,还需要广大公务员自己和各级组织一起努力才可能有所提高。

（四）坚持德育全过程育人

道德教育作为思想政治教育的一部分,是符合思想政治教育的过

---

[1] 唐利斌:《官德建设问题研究》,湖南师范大学 2006 年博士论文,第 118—119页。

[2] 唐利斌:《官德建设问题探究》,湖南师范大学 2006 年博士论文,第 118—120页。

[3] 《大学》。

程规律的,因为道德的形成也就是道德品质形成的连续性过程。"思想政治教育活动必须适应和超越社会要求以及受教育者个体现有的思想政治品德状况",[①]"思想政治教育过程的展开一方面是要适应和超越社会发展的要求,体现教育的未来指向;另一方面又要适应和超越受教育者现有的思想政治品德状况,寻找'最佳发展区'。"[②]作为道德教育关键的道德自律、自我修养是一个从道德认识、道德情感,再到道德意志、道德信念,最后形成道德习惯的连续过程,它也必须首先适应社会的外在要求和主体本身的素质水平,其次要通过自我提升超越社会的目前要求和主体本身的目前水平,这是符合思想政治教育基本规律。这个道德修养、道德自律全过程从另一个角度来说是现代伦理学和心理学进一步阐释、深化传统的修心、修德的过程,二者本质上都是将道德规范内化于心、外化于行的过程。

（1）提高职业道德认识

所谓职业道德认识是指公务员对职业道德原则、规范的理解,以及由此形成的职业道德观念和职业道德判断能力。职业道德认识是道德修养的起点。公务员只有对职业道德原则和基本规范有明确的认识,深入理解其背后的含义、社会背景、时代要求、历史渊源和违法的代价与后果,才能自觉抵制各种不符合职业道德的欲望的侵蚀,培养正确的善恶观和道德判断力,进而评价和指导自己的行为。公务员要摆正自己与群众的道德关系,确立自己人民公仆的角色,深刻理解和把握为人民服务这个职业道德原则的实质与核心,把"坚定信念、忠于国家、服务人民、恪尽职守、依法办事、公正廉洁"的基本规范贯穿于

---

① 韦冬雪:《思想政治教育过程规律体系探微》,《学术论坛》2008 年第 8 期,第 19 页。

② 韦冬雪:《思想政治教育过程规律体系探微》,《学术论坛》2008 年第 8 期,第 21 页。

全部工作中,把握好职业行为的道德尺度,为社会提供优质高效的服务。

公务员职业道德认识主要是通过职业道德理论学习和职业道德实践活动得以提高的,即通过伦理的概念,如善、恶、应当、失当等,对认识对象进行甄别、评价和选择,并将其纳入自己的价值体系之中,从而区分对象的价值属性和等级。对公务员来说,职业道德认识就是社会对公务员职业的道德要求转化为其内在品质的第一步,是其道德品质形成的基础。在这个阶段,"教育者作为思想政治教育内容的传导者,无疑是起着主导作用,居于主体地位(即施教主体)。从教育内容的选择确定,教育方法、教育载体的选择和运用,都是由教育者组织、策划并实施的。协调和控制好这些要素以顺利完成思想政治品德知识的传导任务,是思想政治教育者的基本职责。"[1]这里的"教育者"就是负责公务员职业道德建设的组织部门和组织领导者,他必须在这个阶段介入从而推动公务员职业道德内化的进一步运动。

道德认识可分为感性认识生活体验和理性认识形成道德概念、判断和理论等。公务员的道德认识由感性认识上升到理性认识的过程,就是在其内心形成善恶、是非、荣辱、正邪等价值观念和价值目标的过程。它只有在为人们真心诚意的接受,并转化为人们内在的情感、意志和信念时,才能得以实现。这和法律规范有根本区别,法律规范是以暴力作为后盾的,它不管人们是否有内在的遵守动机,只要求在行动上没有违反就可以了。但道德规范如果没有自愿遵守的动机,一切规范都不可能自动变成道德行为和道德风尚,而只能靠外在的约束,否则就可能屡屡被打破,这样道德规范的维护成本极大。对于公务员职业道德来说,社会的道德规范要具有现实性、变为实际的道德风尚,

---

① 韦冬雪:《思想政治教育过程规律体系探微》,《学术论坛》2008 年第 8 期,第 21 和 26 页。

就必须借助于对社会规律和现实条件的认识,自愿地认同、接受道德规范,并结合自身的实际遵循这些规范,从而把"被要求"变成"我要求",把外部要求变为自己自主的行动。因此,在公务员职业道德认识的环节就必须开始强化自身的自律机制。

(2)陶冶职业道德情感

所谓道德情感是人们通过在自然世界和社会生活的实践中发展起来的一种体验、一种认识和控制自身的情绪而形成的高级感情。这种情感始于道德认识,但并不是有了某种道德认识,就会产生相应的情感。只有当道德认识同个体的世界观、人生观、价值观和道德理想相契合的时候,才会形成对道德对象的情绪反映,从而在这个基础上形成道德情感。职业道德情感是对职业道德原则和基本规范在情绪上的认同和共鸣,也是对公务员职业道德理想的向往之情,它是在社会主义职业道德认识的基础上形成的,是对社会主义政治道德认识的进一步深化。道德情感是道德信念、原则及精神力量的真实反映,也是公务员职业道德生活的基础。它表现为人的机能冲突,但却源于对道德情形的理解和价值判断,是理性的、教育后的反应。没有情感,道德就会变成没有血肉的骨架而无法有效支撑,道德认识与道德行为就会脱节。"情感则是形成信念不可或缺的基础,要形成一种信念,必须增强其相应的情感体验,转变其不相适应的情感体验"。[1] 公务员道德情感是公务员品德形成和发展的催化剂。人的一切活动都是在特定的情感心理状态下进行的,一个公务员具有积极健康的道德情感,就能养成良好的生活作风和健康的生活情趣,就能有效抵御各种腐朽思想的侵蚀;相反,如果道德情感缺失,就容易受到各种不良影响而发生道德冷漠、作风不正、服务态度恶劣等现象,也很难做到清正廉洁,执

---

① 韦冬雪:《论思想政治教育外化过程的内涵及其实现条件》,《学术论坛》2008 年第 2 期,第 190 页。

政为民。可以说,公务员职业道德品质的形成过程,就是其理性认识和道德情感相互作用的过程。

公务员的职业道德情感又不同于一般情感,它的表现形式丰富多样。从内容结构上看,它和爱国主义情感、集体主义情感、使命感、荣誉感、自尊感、羞耻感、正义感等等诸多相关。我们中国共产党人、中国公务员对社会主义伟大事业的一种强烈的使命感、责任感就是一种职业道德内含的情感,它源于对中华民族伟大复兴事业的清醒认识之后的紧迫感和为人民服务的荣誉感、自豪感,是一种基于理性认识后的冲动。"'使命'就是一种内在的道德律令,它是主体内在的、抽象的历史性和政治性的心理存在,更是面对历史的'尚未'而产生的一种自觉的道德情感。'使命'强调的是主体对历史责任的自觉性激情,它是纵使背负千斤重担也要满怀希望地直奔目标而去的精神,是可以为理想牺牲自我的特殊信仰,是面向'尚未'的乌托邦精神。"[1]随着公务员对社会历史、社会关系、道德信念的体验逐步深刻,公务员职业道德情感的内容也会逐步丰富和深化。公务员的职业道德情感的首要要求是热爱本职工作,有积极良好的工作态度,其核心是职业道德责任感,其形成是外部教育灌输和主体职业实践活动综合作用的结果。从道德认识主要由教育者推动,到道德情感发展为教育者与被教育者互动,受教育者的主体性逐步显现出来。"随着教育活动的不断推进,受教育者在接受教育内容的过程中沿着'注意—选择—吸收'的过程逐步发展变化,受教育者的主体地位亦随着发生变化,以至于最后变成为教育活动的主体(即接受主体)。"[2]

---

[1] 洪巍城:《中国当代行政伦理的希望哲学向度与价值蕴涵》,《宜春学院学报》,2017年第7期,第17页。

[2] 韦冬雪:《思想政治教育过程规律体系探微》,《学术论坛》2008年第8期,第26页。

（3）锤炼职业道德意志

所谓道德意志，是人们在履行道德义务的过程中，通过自觉地确定目的、支配行动、克服困难等表现出来的能动的实践精神。道德意志难以收到应有的教育效果，公务员职业道德建设的内部控制也就难以实现。要实现公务员职业道德建设的内部控制，就必须走出在道德教育上的全过程"灌输"思路，应在不同的阶段发挥不同的作用，直至逐步退出。"如果教育者在内化、外化阶段都处于主体地位，这种教育过程就成为一种'单向式灌输'过程，其结果是不但达不到教育效果，而且还会导致受教育者对思想政治教育活动的一种抗拒心理。"[1]人是道德的主体，道德是人自身的创造物。道德是为了调整社会利益、协调社会关系这一人类社会生活的必然要求而产生的。人们创造道德并不是为了约束和限制自己，而是为了进一步肯定和发展自己。道德虽具有约束性，但重要的是它具有激励作用。它是人的需要和生命活动的一种特殊表现，是人完善自己的一种重要方式，因此它在本质上与人的创造精神、自我实现、自我发展的内在需要是一致的，纯粹的"单向式灌输"是违背人性的，也是对列宁"灌输论"的严重误读。

职业道德意志是指公务员在履行职业活动的过程中所表现出来的自觉地克服一切困难和障碍、作出抉择的精神力量和道德意志。公务员在职业活动中往往要受到个人内心欲望和外部环境等诸方面的困惑和压力，这个时候能否以一种坚忍不拔的精神，抵制诱惑、抗拒腐蚀就需要道德意志发挥作用，排除内在和外在的障碍，坚决执行由道德动机所做的行为决定，更好地履行职业道德义务和责任，有效地克服职业道德的失范和职业行为的越轨，保持自己的职业道德良心和道德责任感，把道德理想和道德信念付诸实现。"顽强的意志则是实践

---

① 韦冬雪：《思想政治教育过程规律体系探微》，《学术论坛》2008 年第 8 期，第26 页。

这种信念,将信念变成行为习惯的心理保障。只有意志坚强的人才能够经常监督自己及时地排除主客观方面的困难,坚定不移地实践自己的信念。"①道德意志锻炼的关键是用正确的世界观、人生观、价值观武装自己的头脑,抵制各种诱惑。要磨砺公务员克服困难、超越自我、积极履行道德宗旨的能力和毅力,使其在职业实践中始终把追求人民利益放在第一位,对非分的财物不动心,不伸手,做到一身正气,两袖清风,不为歪风邪气所左右,不为权力金钱所腐蚀。当然,这种坚定的道德意志不是一朝一夕所能养成的,需要经过长期道德修养和道德实践锤炼逐渐形成的。

(4) 强化职业道德信念

"道德信念是深刻的道德认识,炽热的道德情感和顽强的道德意志的有机统一,是人从事正义事业的精神支柱。"②"信念是产生行为的坚定中介,只有坚定的信念才能推动受教育者由认知向行为的转变"。③ 公务员职业道德信念是指公务员对职业生活的热爱、职业道德理想的笃信和职业道德规范的坚持的统一体,以及由此而产生的对履行职业道德义务的强烈责任感。公务员职业道德信念是职业道德情感和职业道德意识的结晶,是公务员在职业实践活动中形成的、富有感情色彩的、强化了的道德认识,是公务员对职业道德理想炽热而真诚的信仰。公务员一旦牢固确立了职业道德信念,就能自觉地、坚定不移地依照自己确定的信念来选择行为和进行活动,也能以此为依据来鉴定自己和别人行为的善恶。职业道德信念是职业道德品质的核心,它一旦形成,就会对其职业行为起到坚定而持久的作用。革命烈

---

① 韦冬雪:《论思想政治教育外化过程的内涵及其实现条件》,《学术论坛》2008 年第 2 期,第 190 页。

② 魏英敏:《新伦理学教程》,北京大学出版社 2012 年版,第 280 页。

③ 韦冬雪:《论思想政治教育外化过程的内涵及其实现条件》,《学术论坛》2008 年第 2 期,第 190 页。

士夏明翰的诗句"砍头不要紧，只要主义真"所表达的正是一种坚定的革命信念。马克思主义的真理让革命先烈可以抛头颅洒热血，这正是真理的力量，同时先烈也以行动表达了他信念的高度坚定。

强化职业道德信念要求公务员不断改造自己的世界观、人生观、价值观，不断打牢马克思主义理论基础，增强分析问题和解决问题的能力；要坚持学习习近平新时代中国特色社会主义思想，坚持"四个自信"，增强公务员对中华民族复兴的信心和责任感；要坚持警示教育、廉政教育和作风教育，加强"四个意识"，增强对不良道德现象的厌恶感和免疫力。通过一系列的学习、教育和自我提升，公务员职业信念就会在工作和生活中不断增强，促进自己的职业道德意志向职业道德行为转化。

（5）养成良好的职业道德习惯

"道德习惯是建立在高度自觉基础上的自然而然的经常持续性的道德行为。"①公务员职业道德习惯就是在道德认识、情感、意志及信念的影响和支配下，将遵守道德规范的行为变为一种习以为常的生活行为。公务员道德修养的直接目的，就是将职业道德意识转化为道德行为，并逐渐地养成道德习惯，最终形成良好的职业道德品质。理想的道德习惯就是"从心所欲不逾矩"的习惯，孔子甚至认为这就是与天地参、天人合一。② 公务员职业道德习惯有多方面的具体内容，如：忠于国家的习惯、服务人民的习惯、恪尽职守的习惯、依法办事的习惯、公正廉洁的习惯、密切联系群众的习惯、科学决策的习惯等等，这些具体的习惯是数不胜数的，是一个不可刻意分割的群体，它们是公务员在较长时间内、以坚定的意志和信念持续养成的，需要长期的道德磨炼。

要养成良好的职业道德习惯就要求公务员从日常职业性为的细

---

① 魏英敏：《新伦理学教程》，北京大学出版社2012年版，第280页。
② 魏英敏：《新伦理学教程》，北京大学出版社2012年版，第280页。

微处做起,首先要养成遵纪守法、廉洁奉公的良好习惯,不破坏基本的法律法规;其次要养成依法办事、公道正派的良好习惯,使自己在监督缺失或监督不力的时候,也能自然地选择与职业道德要求相一致的行为;再次要养成热诚服务、尽职为民的优秀习惯,充分发挥自己的主观能动性,创造性地开展工作,主动研究解决工作中遇到的各种问题,为人民群众的利益积极担当;最后,要将这些习惯和行为长期坚持下去,做一个人民群众和政府部门之间的沟通者、协调者和研究者,要习惯为人民群众解释国家的各项政策,更要习惯把人民群众遇到的困难主动向组织汇报,把自己在平凡的岗位上锤炼成为一个政策的专家、组织的骨干和人民群众的贴心人。

道德教育和道德修养的过程虽然从环节的划分上我们分为道德认知、道德情感、道德意志、道德信念和道德习惯等,这符合人们对道德内化、外化过程进行认知的习惯,但是从事实来说它又不是从前到后这么一个简单的顺序过程,而是各个阶段综合性发展、反复深化的过程,也就是说,"受教育者的思想政治品德由知到行的转化是一个十分复杂的过程,它不是直线、平面发展的,而是曲折的、立体发展。"①我们在公务员职业道德建设过程中必须要注意到这一点,公务员三观的培养方式、职业道德品质的养成方法、公务员的教育培训内容的设置等等都需要有一定的重复性、跳跃性和创新性,以符合人的心理认知和发展特点、符合复杂的思想政治教育过程规律。

---

① 韦冬雪:《论思想政治教育外化过程的内涵及其实现条件》,《学术论坛》2008 年第 2 期,第 190 页。

结　语

公务员职业道德建设在世界范围来说都是一个新的理论课题,它正式出现在学术界的视野中不到 30 年,对我国来说更是一个崭新的问题。研究此问题的国内学者大部分集中在公共管理领域或伦理学领域,西方行政伦理学的移植痕迹较为明显,尽管不少学者试图结合中国的现实情况更加紧密,但对策研究依然主要集中于机制解决或精神解决的路径上,未跳出西方的窠臼。而马克思主义理论领域,尤其是思想政治教育领域的学者对道德教育的关注又主要集中在学校、学生,较少有学者关注公务员职业道德领域的理论研究。因此,本研究一方面可以说有大量的潜力可挖,另一方面也因为前期研究成果阙如,从而增加了本研究的难度。本文尝试在三个方面做出了巨大努力:一是超越伦理学和行政管理学的视域,对公务员职业道德的矛盾进行分析,从马克思主义的基本原理出发论述了公务员职业道德的社会经济基础和政治基础,从而论证了公务员职业道德的根本矛盾以及在此基础上分析出来的对策;二是对我国公务员职业道德建设的历史、现状进行了深入研讨,尤其是新时代我国公务员职业道德建设所面临的历史挑战进行了较为深入的分析;三是完善了公务员职业道德建设的路径、对策,从个体和组织两个层面,内化和外化两个阶段立体式地论述了如何进行公务员职业道德建设。这是本书最重要的三个着力点和创新点。

尽管本研究为公务员职业道德建设的理论和实践问题做出了巨大的努力，但是还存在很多不足：第一，本书对公务员职业道德建设的理论分析尚未能很流畅地贯穿全文，理论探讨也只是粗糙的建构，缺乏深度，有待进一步研究；第二，由于数据调查资料的可获得性的困难超出预期，本书未能进行全国范围的、不同层级的公务员的实际问卷调查，只能从已有的一些报告来进行二次分析，数据的说服力有所欠缺；第三，由于笔者的知识结构、学术水平和精力所限，本书的学理性有待深化，这只能留待后续的深入研究了。

公务员职业道德建设研究是一个常谈常新的话题，新时代的公务员职业道德研究理应成为一个新的学术增长点。本书勉力为该领域的研究起到一点点促进作用，笔者将在后续研究中和学界同仁共同努力，希望将其拓展成为一片可研究的"蓝海"。

参考文献

一、经典文献与汇编

[1] 马克思恩格斯文集(第一～十卷)[M].北京：人民出版社.2009.

[2] 马克思恩格斯选集(第一～四卷)[M].北京：人民出版社,1995.

[3] 马克思恩格斯全集(第一卷)[M].北京：人民出版社,1960.

[4] 马克思恩格斯全集(第三卷)[M].北京：人民出版社,1960.

[5] 马克思恩格斯全集(第二十三卷)[M].北京：人民出版社,1972.

[6] 马克思恩格斯全集(第二版第三卷)[M].北京：人民出版社,2002.

[7] 马克思恩格斯全集(第二卷)[M].北京：人民出版社,1957.

[8] 列宁选集(第1卷)[M].北京：人民出版社,2012.

[9] 毛泽东选集(第一～四卷)[M].北京：人民出版社,2005.

[10] 毛泽东文集(第三卷)[M].北京：人民出版社,1993.

[11] 中共中央文献研究室编.毛泽东年谱(1949—1976)第三卷[M].北京：中央文献出版社,2013.

[12] 邓小平文选(第一～三卷)[M].北京：人民出版社,1993、1994.

[13] 江泽民文选(第一～三卷)[M].北京：人民出版社,2006.

[14] 江泽民.论"三个代表"[M].北京：中央文献出版社,2001.

［15］中共中央文献研究室.十四大以来重要文献选编(下)［G］.北京：人民出版社,1999.

［16］毛泽东邓小平江泽民论思想政治工作［M］.北京：学习出版社,2006.

［17］习近平.习近平谈治国理政［M］.北京：外文出版社,2014.

［18］习近平.习近平谈治国理政(第二卷)［M］.北京：外文出版社,2017.

［19］中国共产党第十九次全国代表大会文件汇编［G］.北京：人民出版社,2017.

［20］中共中央文件选集(第二册)［M］.北京：中共中央党校出版社,1989.

［21］中共中央文献研究室.习近平关于党风廉政建设和反腐败斗争论述摘编［G］.北京：中央文献出版社,2015.

［22］习近平.之江新语［M］.杭州：浙江人民出版社,2007.

［23］三中全会以来重要文献选编(下)［G］.北京：人民出版社,1982.

［24］社会主义精神文明建设文献选编［G］.北京：中央文献出版社,1996.

［25］十八大以来新党规党纪学习手册［G］.北京：中国法制出版社,2017.

［26］孙中山全集(第一卷)［M］.北京：中华书局,1981.

［27］胡锦涛文选(第三卷)［M］.北京：人民出版社,2016.

［28］中共中央宣传部.习近平总书记系列重要讲话读本(2016)［M］.北京：学习出版社,2016.

二、著作类

［1］［德］哈贝马斯著,曹卫东等译.公共领域结构的转型［M］.上海：

学林出版社,1999.

[2] [德]黑格尔著,范扬、张企泰译.法哲学原理[M].北京：商务印书馆,2011.

[3] [德]马克思·韦伯著,钱永祥等译.学术与政治[M].桂林：广西师范大学出版社,2010.

[4] [德]韦伯.支配的类型[M].桂林：广西师范大学出版社,2010.

[5] [日]辻清明著,王仲涛译.日本官僚制研究[M].北京：商务印书馆,2010.

[6] 宋希仁.马克思恩格斯道德哲学研究[M].北京：中国社会科学出版社,2012.

[7] 冯刚、郑永廷.思想政治教育学科30年发展研究报告[M].北京：光明日报出版社,2014.

[8] 谭培文.利益认同机制研究[M].北京：中国社会科学出版社,2014.

[9] [美]特里·L.库珀著,张秀琴译.行政伦理学：实现行政责任的途径(第五版)[M].北京：中国人民大学出版社,2010.

[10] 韦冬雪.思想政治教育过程矛盾和规律研究[M].北京：光明日报出版社,2011.

[11] 吴潜涛.中国化马克思主义伦理思想研究[M].北京：中国人民大学出版社,2015.

[12] 中国当代研究所编.中华人民共和国(1951年卷)[M].北京：当代中国出版社,2007.

[13] 罗国杰.马克思主义伦理学的探索[M].北京：中国人民大学出版社,2015.

[14] 人民日报评论部.习近平用典[M].北京：人民日报出版社,2015.

[15] 张耀灿. 思想政治教育学原理[M]. 北京：高等教育出版，2011.

[16] 沈士光. 职业道德[M]. 上海：上海人民出版社，2016.

[17] 周晓丽、彭仕东. 国家公务员制度[M]. 北京：知识产权出版社，2012.

[18] 黄达强. 各国公务员制度比较研究[M]. 北京：中国人民大学出版社，1990.

[19] [美]珍妮特. V. 登哈特，罗伯特. V. 登哈特. 新公务服务：服务，而不是掌舵[M]. 北京：中国人民大学出版社，2004.

[20] 蔡践、高立来. 公务员职业道德基础知识[M]. 北京：国家行政出版社，2012.

[21] 万俊人. 现代公共管理伦理导论[M]. 北京：人民出版社，2005.

[22] 张康之. 公共行政中的哲学与伦理[M]. 北京：中国人民大学出版社，2004.

[23] 费孝通. 乡土中国[M]. 北京：人民出版社，，2008.

[24] 石庆环. 美国文官群体研究[M]. 北京：社会科学文献出版社，2011.

[25] [美]马国泉. 行政伦理：美国的理论与实践[M]. 上海：复旦大学出版社，2006.

[26] 张康之、李传军. 行政伦理学教程[M]. 北京：中国人民大学出版社，2004.

[27] 张康之. 论伦理精神[M]. 南京：江苏人民出版社，2012.

[28] 张康之. 行政伦理的观念与视野[M]. 北京：中国人民大学出版社，2008.

[29] 张澎军. 德育哲学引论[M]. 北京：人民出版社，2002.

[30] 张松业等. 公务员道德概论[M]. 北京：国家行政学院出版社，1998.

［31］ 王伟.公共行政伦理读本［M］.北京：国家行政学院出版社，2005.

［32］ 王荣有.公共伦理学［M］.武汉：武汉大学出版社，2009.

［33］ 孟昭武、吕学芳.伦理化管理——现代行政发展的新趋势［M］.北京：人民出版社，2014.

［34］ 石国亮、张超、徐子梁.国外公务服务理论与实践［M］.北京：中国言实出版社，2011.

［35］ 杨正联.现代公共行政的制度逻辑［M］.北京：光明日报出版社，2013.

［36］ 万光侠.市场经济与人的存在方式［M］.北京：中国人民公安大学出版社，2002.

［37］ 骆郁廷、倪愫襄.道德　人生　社会——中国特色社会主义思想道德建设［M］.武汉：武汉大学出版社，2014.

［38］ 李锡炎.中国古代、近代领导思想述评［M］.北京：人民出版社，2008.

［39］ 王伟、车美玉，［韩］徐源锡.中国韩国行政伦理与廉政建设研究［M］.北京：国家行政学院出版，1998.

［40］ 张康之.寻找公共行政的伦理视角［M］.北京：中国人民大学出版社，2002.

［41］ 谭功荣.公务员制度比较研究［M］.重庆：重庆出版社，2007.

［42］ ［美］马国泉.美国公务员制度和道德规范［M］.北京：清华大学出版社1999.

［43］ 李贵鲜主编.公共行政概述［M］.北京：人民出版社，2002.

［44］ 方贻岩.西方行政思想史［M］.厦门：厦门大学出版社，1994.

［45］ 唐铁汉.公共行政道德概述［M］.北京：华文出版社，2005.

［46］ 刘祖云.行政伦理关系研究［M］.北京：人民出版社，2007.

[47] [美]柯尔伯格著,魏贤超译. 道德教育的哲学[M]. 杭州,浙江教育出版社,2000.

[48] 李世英. 市场经济条件下的政府官员道德建设[M]. 北京：中国人民公安大学出版社,2002.

[49] 郑德涛、林应武主编. 新加坡公共管理经验及启示[M]. 广州：中山大学出版社,2016.

[50] 孙景峰. 新加坡人民行动党执政形态研究[M]. 北京：人民出版社,2005.

[51] 李路曲,肖榕. 新加坡熔炼共同价值观[M]. 长沙：湖南人民出版社,2016.

[52] [新加坡]吴俊刚. 新加坡政党的基层工作：议员如何联系选民[M]. 长沙：湖南人民出版社,2016.

[53] 葛晨虹. 中国社会道德发展研究报告（2014）[M]. 北京：中国人民大学出版社,2015.

[54] 葛晨虹、鄡爱红. 中国社会道德发展研究报告（2015）[M]. 北京：中国人民大学出版社,2016.

[55] 葛晨虹等. 中国社会道德发展研究报告（2011—2012）[M]. 北京：中国人民大学出版社,2013.

[56] 樊浩等. 中国伦理道德报告[M]. 北京：中国社会科学出版社,2012.

[57] 国家公务员培训与监督司. 公务员职业道德读本[M]. 北京：中国人事出版社,2012.

[58] 皇甫中. 把权力关进制度的笼子里——与领导干部谈权力监督与制约[M]. 北京：红旗出版社,2013.

[59] 张之沧等. 西方马克思主义伦理思想研究[M]. 南京：南京师范大学出版社,2008.

[60] [美]戴维·奥斯本. 改革政府：企业精神如何改革着公营部门 [M]. 上海：上海译文出版社,1996.

[61] [英]亚当·斯密. 国民财富的性质与原因研究[M]. 北京：商务 印书馆 1981.

[62] 罗洪铁、韦冬雪、靳玉军. 思想政治教育专题研究[M]. 北京：中 央文献出版社,2007.

[63] 罗洪铁. 思想政治教育学原理[M]. 重庆：西南师范大学出版 社,2009.

[64] [英]亚当·斯密. 道德情操论[M],北京：中央编译局出版 社,2011.

[65] 彭和平等. 国外公共行政理论精选[M]. 北京：中共中央党校出 版社,1997.

[66] [美]麦金泰尔,万俊人等译. 三种对立的道德观探究[M]. 北京： 中国社会科学出版社,1999.

[67] 赵振洲. 现代西方道德教育策略研究[M]. 济南：山东人民出版 社,2010.

[68] 刘秀. 唯物事关的第一次系统阐述：《德意志意识形态》解读 [M]. 北京：现代出版社,2016.

[69] 李路路、秦广强. 当代中国的阶层结构分析[M]. 北京：中国人民 大学出版社,2016.

[70] 高兆明. 黑格尔《法哲学原理》导读[M]. 北京：商务印书 馆,2010.

[71] 崔立莉. 人类早期历史的科学审视：《家庭、私有制和国家的起 源》解读[M]. 北京：现代出版社,2016.

[72] 阎德民. 中国特色权力制约和监督机制构建研究[M]. 北京：人 民出版社,2011.

［73］ 景亭. 中国公务员职业化研究［M］. 南京：南京师范大学出版社,2009.

［74］ 吴德慧. 公务员职业道德建设读本［M］. 北京：中国言实出版社,2016.

［75］ 任剑涛、颜昌武. 推进公务员职业道德建设读本［M］. 北京：中国人事出版社,2016.

［76］ ［美］塞缪尔·亨廷顿著,李盛平等译,变革社会中的政治秩序［M］. 北京：华夏出版社,1988.

［77］ ［日］沟口雄三著,赵士林译. 中国的思想［M］. 北京：中国财富出版社,2012.

［78］ 魏英敏. 新伦理学教程［M］. 北京：北京大学出版社,2012.

［79］ ［德］乌尔里希·贝克. 风险社会［M］. 南京：译林出版社,2004.

［80］ 赵其文. 中国现行人事制度［M］. 台北：台湾五南图书出版公司,1984.

［81］ 徐颂陶、孙建立. 中国人事制度改革三十年［M］. 北京：中国人事出版社,2009.

［82］ Terry L Ccooper. Handbook of Administrative Ethics（2ed ed.）［M］. New York：Marcel Dekker, 2001.

三、期刊文献

［1］ 罗国杰,新中国道德建设的回顾与展望［J］,齐鲁学刊,2002(2)：5-10.

［2］ 韦冬雪. 对"道德教育"、"德育"和"思想政治教育"概念之辨析［J］. 探索,2007(1)：120-123.

［3］ 韦冬雪. 思想政治教育过程规律体系探微［J］. 学术论坛,2008(8)：19-21,26.

［4］韦冬雪.论思想政治教育外化过程的内涵及其实现条件[J].学术论坛,2008(2)：189-192.

［5］谭培文.行政伦理是一种责任伦理[J].成都行政学院学报,2003(9)：8-9.

［6］郑永廷.论当代西方国家思想道德教育方法[J].学术研究,2000(3)：82-87.

［7］龙静云.道德治理：国家治理的重要维度[J].华中师范大学学报(人文社会科学版),2015(3)：59-64.

［8］冯刚.以问题为导向推进思想政治教育创新发展[J].思想教育研究,2013(6)：3-7.

［9］刘伟,苏剑.“新常态”下的中国宏观调控[J].经济科学,2014(4)：5-13.

［10］陈文玲.新一轮超级增长周期还是疲软的复苏——未来十年全球经济形势研判[J].江海学刊,2014(2)：65-71.

［11］朱继东.“政治新常态”视角下改与不改的辩证统一[J].理论探索,2015(3)：51-54.

［12］陈琛.硬遏制反腐与中国政治新常态[J].前沿,2015(5)：3-7.

［13］许耀桐.习式政治新常态六大鲜明特征[J].人民论坛,2015(2)：14-19.

［14］张再生,白彬.新常态下的公共管理：困境与出路[J].2015(3)：38-42.

［15］邓纯东.新时代中国特色社会主义的若干问题[J].马克思主义研究,2017(12)：5-12;157.

［16］韩庆祥、陈曙光.中国特色社会主义新时代的理论阐释[J].中国社会科学,2018(1)：5-16.

［17］张明、尚庆飞.理解中国特色社会主义新时代的三重维度[J].南

京社会科学,2018(3):1-7.

[18] 金民卿. 理解中国特色社会主义新时代重大意义的三个维度[J]. 青海社会科学,2017(6):1-6.

[19] 周毅之. 认识中国特色社会主义新时代的三个历史视角[J]. 江苏社会科学,2018(2):1-5.

[20] 李君如. 社会主要矛盾新变化和中国特色社会主义新时代[J]. 学习论坛,2017,33(11):5-7.

[21] 杨兴林. 深入认识中国特色社会主义新时代[J]. 新视野,2018(2):13-18.

[22] 梁柱. 论毛泽东反对官僚主义和反特权思想[J]. 毛泽东邓小平理论研究,2013,(11):27-33.

[23] 付安玲、张耀灿. 大数据助力网络意识形态治理及提升路径[J]. 马克思主义研究,2016,(5):105-112.

[24] 曹群、郑永廷. 加强思想政治教育重要现实问题的理论研究[J]. 学校党建与思想政治教育,2016,(7):4-8.

[25] 邓泽球、郑永廷. 现代社会道德关系的新发展[J]. 福建工程学院学报,2004,2(3):262-269.

[26] 张耀灿、王智慧. 思想品德结构的生存论视域[J]. 湖北社会科学,2013,(8):172-177.

[27] 高德胜、王瑶、张耀灿. 思想政治教育学的当代转向——应用思想政治教育的内涵与特征[J]. 思想教育研究,2018,(5):27-31.

[28] 檀传宝. 德育形态的历史演进与现实价值[J]. 教育研究,2014,(6):25-32.

[29] 檀传宝. 论信仰教育与道德教育[J]. 北京师范大学学报(社会科学版),1997,(2):48-53.

［30］韩国明、史振磊. 民国期间中国推行公务员制度的经验与教训［J］,兰州学刊,1998(6)：62－64.

［31］朱金瑞、王少卿. 民国时期公务员制度论述［J］,史学月刊,1990(1)：68－72.

［32］陈培永. 文化大革命时期道德代价的当代反思［J］,红广角,2013(4)：32－35.

［33］晏智杰."按劳分配"评议［J］.北京大学学报(哲学社会科学版),2002,39(3)：85－90.

［34］周为民、陆宁. 按劳分配与按要素分配——从马克思的逻辑来看［J］.中国社会科学,2002,(4)：4－12.

［35］王婷."按劳分配为主体"的含义辨析［J］.经济学家,2013,(07)：17－23.

［36］杨承训."深化收入分配制度改革"的经济学解析——兼论以初次分配为重点架构中国特色社会主义分配理论［J］.经济学动态,2008,(1)：64－69.

［37］和军. 按劳分配的比例范围不等同于公有制的比例范围［J］.现代经济探讨,2013,(2)：8－12.

［38］余金成. 按劳分配的辩证内蕴与社会主义市场经济［J］.中国浦东干部学院学报,2016,10(3)：53－64.

［39］洪银兴. 非劳动生产要素参与按劳分配的理论辨析［J］.经济学家,2015,(4)：5－13.

［40］栗战书. 科学发展要有好的政治生态［N］.人民日报,2010－10－21.

［41］桑学成、周义程. 营造风清气正的政治生态：概念辨识与着力点考量［J］.江苏社会科学,2018,(1)：1－8.

［42］齐卫平. 党内政治生态建设科学化的思考［J］.理论与改革,

2018,(1)：9－19.

[43] 刘京希.民主与法治：构建良好党内政治生态的两大制度基石[J].理论与改革,2018,(1)：20－30.

[44] 马华,王红卓.从礼俗到法治：基层政治生态运行的秩序变迁[J].求实,2018,(1)：50－59.

[45] 杨平.党内民主：构建良好政治生态的根本途径[J].理论探讨,2018,(1)：120－125.

[46] 李东明、李辉山.略论全面净化党内政治生态[J].思想理论教育导刊,2018,(2)：65－68.

[47] 罗洪铁、王丽.思想政治教育环境理论的形成与发展研究[J].思想教育研究,2014,(9)：16－24.

[48] "Hatch Acts," In Frederick C. Mosher, Basic Documents of American Public Administration：1776－1950, New York：Holmes & Meier Publishers, Inc. 1983, pp. 149－157.

四、报纸与电子文献

[1] 郭振纲."没想法没办法没担当"请"对号入座"![N].工人日报,2015,12(16)：03.

[2] 习近平总书记在十八届中央纪委第二次、三次、五次全会上重要讲话选编[N].中国纪检监察报,2016,1(11)：1.

[3] 徐隽.纪念马克思诞辰200周年大会在京举行[N].人民日报,2018,5(5)：01.

[4] 谭培文."懒政怠政"行为的责任良心拷问[EB/OL].：人民论坛网,2015－6－23.

[5] 赵孟、廖晓琴.群众反映问题被怼"你不是人民",最新处理来了[EB/OL].：澎湃新闻网,2018－1－20.

［6］国务院总理李克强答中外记者提问［EB/OL］.：中国网,2013 - 3 - 17.

［7］新华社.习近平李克强栗战书赵乐际分别参加全国人大会议一些代表团审议［N］.人民日报,2018,3(11)：01.

［8］人事部.2001年—2005年国家公务员培训纲要［EB/OL］.：中国政府网,2001 - 9 - 4.

［9］国务院、办公厅国务院办公厅转发人事部"十一五"行政机关公务员培训纲要的通知［EB/OL］.：中国政府网,2007 - 2 - 7.

［10］人事部.我国行政机关公务员培训体系已初步建立［EB/OL］.：中国政府网,2007 - 9 - 21.

［11］国务院办公厅.国务院办公厅关于转发人力资源社会保障部国家公务员局2011—2015年行政机关公务员培训纲要的通知［EB/OL］.：中国政府网,2011 - 3 - 21.

［12］新华社.公务员局:"十二五"对公务员进行职业道德轮训［EB/OL］.：中国政府网,2011 - 11 - 2.

［13］国务院办公厅.国务院办公厅关于转发人力资源社会保障部国家公务员局"十三五"行政机关公务员培训纲要的通知［EB/OL］.：中国政府网,2016 - 12 - 13.

［14］中纪委回应领导干部用合法收入购豪车名表会否受处分［EB/OL］.：人民网,2015 - 11 - 18.

［15］习近平主持中共中央政治局第十八次集体学习［EB/OL］.：中国政府网,2014 - 10 - 13.

［16］"严书记事件"当事人、四川广安市委副书记严春风被查［EB/OL］.：腾讯网,2018 - 5 - 18.

［17］中共中央印发《干部教育培训工作条例》［EB/OL］.：中国政府网,2015 - 10 - 18.

[18] 三部门关于推进公务员职业道德建设工程的意见[EB/OL].：中国政府网,2016 - 7 - 07.

[19] 钟煜豪.高校新生发辱国言论被网友举报,校方取消入学资格[EB/OL][EB/OL].：澎湃新闻,2018 - 9 - 23.

五、学位论文

[1] 匡烈辉.《贞观政要》政治伦理思想研究[D].长沙：湖南师范大学,2015.

[2] 张永远.马克思主义人学视域中的现代官德问题研究[D].南京：南京理工大学,2010.

[3] 贾金易.当代中国官德建设研究[D].长春：东北师范大学,2011.

[4] 唐俐斌.官德建设问题探究[D].长沙：湖南师范大学,2006.

[5] 杨鑫.我国公务员行政道德建设研究[D].北京：中共中央党校,2009.

[6] 张丽娟.我国党政领导干部道德评价标准研究[D].北京：中共中央党校,2011.

[7] 刘畅.我国公务员职业伦理精神培育研究[D].长春：东北师范大学,2015.

[8] 褚玉清.中国新时期官德建设研究[D].大连：大连海事大学,2012.

[9] 刘彦芬.新时期中国官德建设研究[D].北京：中共中央党校,2013.

[10] 张国辉.公务员政治素养研究[D].长春：东北师范大学,2012.

[11] 宣妍.日本公务员伦理建设研究[D].吉林：吉林大学博士学位论文,2014.

[12] 杨海龙.公务员思想政治教育时代性研究[D].北京：中国地质大学,2015.

[13] 帅全锋.当代中国领导干部廉政道德建设研究[D].保定：河北大学,2017.

[14] 角云飞.基层公务员职业道德建设研究[D].北京：中国矿业大学,2017.

[15] 左秋明.道德何以成为法律——以美国公务员道德立法为视角[D].重庆：西南政法大学,2011.

[16] 李敏杰.论廉洁政治的制度基础——当代中国廉政建设研究[D].武汉：华中师范大学,2014.

[17] 姜彦国.重塑中国官德研究[D].长春：吉林大学,2014.

[18] 王中原.王阳明伦理思想研究[D].长沙：中南大学,2010.

[19] 张国立.纪昀伦理思想研究[D].长沙：中南大学,2011.

[20] 李明辉.通向善政之途——论廉政道德建设[D].长沙：湖南师范大学,2007.

后　记

　　本书是在我自己的同名博士论文的基础上整理形成的。回想四年多的博士生涯在生活的忙碌和阅读的静美中度过,掩卷沉思,一时间思绪万千。在这深深的喜悦和感激之情中,在对这段美好时光的不舍中,又掺杂着些许遗憾,多种情绪充斥胸间。

　　当时欣喜的当然是论文初步完成了,终于可以摆脱神游天外、反应迟钝、被朋友称之为"傻博士"的日子了,更欣喜的是通过那四年多努力,自己都能感觉到沉甸甸的收获和巨大的进步。我非常享受这种阅读、思考和写作的生活,尽管不时有写不出的苦闷和懊恼,但更多的是常常从其中遇到智慧碰撞的惊喜、惊叹和震撼,尤其对于出身工科、人文基础较差的我,时刻都能感受到知识空白被弥补的充实感。在今年修改书稿的过程中也常常重温这种感受。

　　深深的感恩是我在这里最重要的感受。首先感谢的当然是我的导师韦冬雪教授,若不是她当初不嫌弃我这个补录上来的弟子,我连读博的机会都没有,如果没有她不厌其烦的指导更不会有我今天的进步。她在我们弟子心中完美诠释了什么叫"才高为师,身正为范":学习上严格要求,生活中无微不至,指导上呕心沥血,思想上传道解惑。我深深地感受到,能够在韦老师的门下读博是我人生的幸运。其次,我要深深感谢我们的汤院长,他年轻有为、学识渊博,但他从来不摆架子、不打官腔,永远那么谦逊和蔼,和他谈话如沐春风,不知不觉就时间过去,收获满满。再次,要感谢敬爱的谭培文教授,他治学的风范和渊博的学识让学生高山仰止,他指导学生不厌其烦,对学术问题的分析直指要害,是我们学生心中当之无愧的大师。另外,感谢我们可敬可爱的钟瑞添教授,他是我们心中的"男神",他博学、幽默,他的课让人充满趣味而又深刻难忘;感谢林春逸教授,他无论工作生活多么忙碌,只要弟子们向他求教,他都推掉一切其他事务先指导学生,那种精神深深地印在学生们的心中;还要感谢我们的黄瑞雄教授,他不仅不厌其烦的指导我们的学习,还以身作则教我们如何做人做事,受益匪浅;感谢靳书君教授、高金岭教授、李长成教授、孙杰远教授等等诸多给予我们大力指导的老师,是他们的教导奠定了我们进步的基础。另外,要感谢我的 15 位博士同学,和他们在一起的日子如此的精彩,切磋探讨的日子是那么的幸福。最后,也要深深感谢我的妻子和两位可爱的女儿,她们的支持是我人生最大的精神动力,没有妻子数年的辛苦付出和默默支持,不会有论文的完成,也不会有今天书稿的完善。

正是这么多好老师、好同学的存在,读博的日子才那么精彩和怀念,让我充满了不舍。博学睿智的教授、温厚知心的师长、风光旖旎的校园,在这一刻如放电影般地闪过,这一切让我对母校的情感不知不觉之间深入骨髓,充满留恋。

欣喜之余,又有些遗憾。遗憾的是人到中年,工作和家庭都是义务,老人和孩子都是责任,没有能够彻底地、忘我地投入到学习中去,时常不免长叹"长恨此身非我有,何时忘却营营",但就如马克思所说"人的本质是一切社会关系的总和",人不可能只有学术一种生活的存在。"世间安得双全法,不负学术不负卿",亏欠的知识和学问在今后的日子里尽力弥补吧。

不管怎样,年届不惑的我终于穿上向往多年的博士服了,十年戎马十年公职的生涯里，学术一直是我心中不灭的亮光，这种人生曲折中迟来的幸福感使我倍感珍惜。我的兴奋与 20 多岁本科毕业时的激动别无二致，心中涌起了"心若在，梦就在，大不了从头再来"的豪迈，我坚信我的学术之路会越来越宽广。

洪巍城

2018 年 10 月 9 日凌晨完稿于桂林

2021 年 9 月 3 日修改于屏风山下

图书在版编目(CIP)数据

新时代中国公务员职业道德建设研究/洪巍城著.—上海：
上海三联书店,2021.11
ISBN 978-7-5426-7360-2

Ⅰ.①新… Ⅱ.①洪… Ⅲ.①公务员－职业道德－研究－中
国 Ⅳ.①D630.3

中国版本图书馆 CIP 数据核字(2021)第 040662 号

新时代中国公务员职业道德建设研究

著　者／洪巍城

责任编辑／张大伟
装帧设计／徐　徐
监　制／姚　军
责任校对／项行初

出版发行／上海三联书店
　　　　　(200030)中国上海市漕溪北路 331 号 A 座 6 楼
邮购电话／021－22895540
印　刷／上海惠敦印务科技有限公司

版　次／2021 年 11 月第 1 版
印　次／2021 年 11 月第 1 次印刷
开　本／640mm×960mm　1/16
字　数／270 千字
印　张／22.5
书　号／ISBN 978-7-5426-7360-2/D·486
定　价／68.00 元

敬启读者,如发现本书有印装质量问题,请与印刷厂联系 021－63779028